Marcel Minke

Wikipedia als Wissensquelle

Die Online-Enzyklopädie als Basis
einer Lernumgebung

disserta
Verlag

Minke, Marcel: Wikipedia als Wissensquelle: Die Online-Enzyklopädie als Basis einer Lernumgebung, Hamburg, disserta Verlag, 2013

Buch-ISBN: 978-3-95425-144-5
PDF-eBook-ISBN: 978-3-95425-145-2
Druck/Herstellung: disserta Verlag, Hamburg, 2013

Bibliografische Information der Deutschen Nationalbibliothek:
Die Deutsche Nationalbibliothek verzeichnet diese Publikation in der Deutschen Nationalbibliografie; detaillierte bibliografische Daten sind im Internet über http://dnb.d-nb.de abrufbar.

© disserta Verlag, Imprint der Diplomica Verlag GmbH
Hermannstal 119k, 22119 Hamburg
http://www.disserta-verlag.de, Hamburg 2013
Printed in Germany

Kurzfassung

In der heutigen Informationsgesellschaft erweist sich der effiziente Umgang mit dem Produktionsfaktor Wissen als entscheidender Wettbewerbsfaktor. Aufgrund der geringeren Halbwertszeit des Wissens tritt das reine Faktenlernen zunehmend in den Hintergrund, das Lernen von Zusammenhängen gewinnt demgegenüber an Bedeutung.

Diese Studie beschreibt einen auf der deutschen Wikipedia basierenden Prototyp, der zum einen zum automatisierten Abfragen von Zusammenhängen genutzt werden kann und zum anderen ein neuartiges didaktisches Konzept zum Lernen von Assoziationen einführt.

Zur Definition von Wissensdomänen werden Algorithmen vorgestellt, die die einem Wikipedia-Artikel zugeordneten Kategorien auf vordefinierte Hauptkategorien aggregieren. Da Daten zu inhaltlichen Zusammenhängen zwischen verschiedenen Wikipedia-Einträgen bisher noch nicht erhoben wurden, stellt diese Arbeit solche Assoziationen anhand der semantischen Ähnlichkeit her, die durch zwei Programme namens *Findlink* und *SENTRAX* berechnet wird. Die so generierte Liste ähnlicher Artikel formt ein spezielles Netz, in dem die Knoten einzelne Wikipedia-Artikel darstellen und die Kanten inhaltliche Zusammenhänge abbilden. Die Assoziationen werden anschließend in die Oberfläche des Prototyps integriert und um Mechanismen zum Tracken der Benutzerinteraktion erweitert.

Ein Kernproblem des Versuchsaufbaus stellt der Korpusumfang dar. Einerseits führt die enorme Artikelanzahl bei der Ähnlichkeitsberechnung durch Findlink zu Performanceproblemen, andererseits zeigen sich aufgrund der Vielzahl der Einträge Anomalien in der Netzstruktur der ähnlichen Artikel in Form vieler untereinander kaum verbundener Teilnetze. Als Problemlösungen werden mehrere Filterkriterien definiert und deren Auswirkungen auf den Korpusumfang skizziert. Zusätzlich wird ein eigenes Gütemaß eingeführt, das sich als hilfreich bei der Beurteilung der Relevanz eines Artikels erweist.

Die im entwickelten Prototyp implementierten Konzepte ermöglichen das spielerische Lernen von Zusammenhängen durch die Bearbeitung zufälliger oder vordefinierter Navigationsaufgaben. Darüber hinaus kann der erstellte Prototyp als Ausgangspunkt für weitere Forschungen zum Lernen von Zusammenhängen dienen. Das implementierte Tracking der Benutzerinteraktion legt die Basis für spätere Auswertungsalgorithmen.

Abstract

In today's information society, the efficient handling of knowledge as a production factor is of growing importance. Because of the decreasing half-life of knowledge, the mere study of facts becomes less relevant whereas learning of knowledge relations increases in importance.

In this doctoral thesis a prototype, based on the German Wikipedia, is introduced, which can be used to automatically retrieve knowledge about relations and which employs a novel didactic concept for learning associations.

In order to define knowledge domains, algorithms are presented for aggregating categories assigned to a specific Wikipedia article to predefined main-categories. Due to the lack of data regarding the content-based relations of Wikipedia articles, these associations are derived by means of the semantic similarity between them which is calculated by two programs, *Findlink* and *SENTRAX*. The resulting list of similar articles forms a particular network in which the nodes represent individual Wikipedia articles and the edges show the content-based relations. Subsequently, the associations are integrated into the user interface of the prototype and mechanisms for tracking user interactions are added.

The main problem of the experimental setup is the complexity of the corpus. On the one hand, the enormous amount of articles leads to problems when calculating the similarity using Findlink; on the other hand, the multitude of entries causes anomalies in the network structure, i.e. several detached sub-networks are generated. These problems are solved by defining several filter criteria whose effects on the complexity of the corpus are outlined. Additionally, a new validity measure is introduced which evaluates the relevance of an article.

The developed prototype and its implemented concepts allow learning knowledge relations through play by working on random or predefined navigation tasks. Moreover, the created prototype can serve as initial point for further research regarding the study of knowledge relations. The implemented tracking of user interaction lays the foundation for additional evaluation algorithms.

Inhaltsverzeichnis

Abbildungsverzeichnis

Tabellenverzeichnis

1 Einleitung

„Lernen ist wie Rudern gegen den Strom.
Sobald man aufhört, treibt man zurück."
(Benjamin Britten[1])

Wissen als vierter Produktionsfaktor gewinnt in der heutigen Informationsgesellschaft zunehmend an Bedeutung. Dieses Wissen effizient zu managen, stellt für viele Unternehmen eine Aufgabe von geschäftsstrategischem Stellenwert dar. Die Geschwindigkeit, mit der neue Informationen erstellt werden, und somit auch die Masse an Daten, die zu bewältigen ist, nimmt rapide zu und stellt Wirtschaft und Gesellschaft vor große organisatorische Herausforderungen. Die Informationsflut, u. a. bedingt durch eine geringere Halbwertszeit des Wissens, kann vielerorts kaum noch bewältigt werden, wenn es an wirksamen Methoden zum Filtern der im gegebenen Anwendungskontext relevanten Informationen fehlt.

Im schnelllebigen digitalen Zeitalter muss Wissen zudem oft ad hoc vernetzt werden, um zu einer Problemlösung beizutragen. Die Herstellung des Anwendungsbezugs wird jedoch häufig durch die Menge verfügbarer Informationen und ihre oft mangelhafte Struktur beeinträchtigt. Je nach Tiefe der vorliegenden Wissensbasis (Allgemeinwissen vs. Spezialwissen) erweist es sich mitunter als schwierig, Zusammenhänge in großen Informationsbeständen zu erkennen und einzelne Informationen in einen korrekten Bezug zueinander zu setzen. Dieses Problem betrifft insbesondere die Personen, die in wissensintensiven Bereichen tätig sind, deren Ausbildung sich jedoch oft einzig auf das Lernen einzelner Fakten beschränkte.

Der Weg vom Aneignen reinen Sachwissens hin zum Lernen von Beziehungen erfordert neue didaktische Konzepte. Damit verbunden stellt sich die Frage, auf welche Weise vorhandenes Wissen über Zusammenhänge (ggf. automatisiert) abgefragt werden kann, um den Wissensstand einer Person zu bestimmen. Ist es möglich, einen Software-Prototyp zu entwickeln, der – aufbauend auf einer umfangreichen Wissensbasis – eine neue, assoziative Form des Lernens unterstützt und gleichzeitig die automatisierte Abfrage vorhandenen Wissens ermöglicht?

Zur Beantwortung dieser Forschungsfrage ist zum einen zu evaluieren, welche Wissensbasis zur Bearbeitung der Fragestellung herangezogen werden kann, und zum anderen zu prüfen, in welchem Umfang die Größe der Datenbasis im Anwendungsfall zu Performanceproblemen führen kann. Die Thematisierung der methodischen Messbarkeit von Wissen ist ebenso zu bearbeiten wie die Frage nach Möglichkeiten zur Kategorisie-

---

[1] 1913 - 1976, englischer Dirigent, Komponist und Pianist

rung von Spezialwissen, da ermittelte Kenntnisse eines Nutzers – zwecks späterer Vergleichbarkeit mit den Daten anderer Versuchspersonen – auf denselben vordefinierten Kategorien beruhen müssen.

Innerhalb einer Wissensbasis stehen einzelne Informationen stets in einem kausalen Zusammenhang, charakterisiert z. B. durch eine inhaltliche Ähnlichkeit zwischen verschiedenen Texten. Wenn es gelänge, die Verbindung einzelner Inhalte untereinander mittels einer speziellen Metadaten-Annotation abzubilden und im Prototyp grafisch aufzubereiten, könnten Anwendern Aufgaben in der Form „Navigiere über die Liste ähnlicher Artikel von Eintrag X zu Artikel Y" gestellt werden. Diese könnten einerseits zur Abfrage vorhandener Kenntnisse sowie zum Testen der Assoziationsfähigkeit des Nutzers eingesetzt werden; andererseits wäre auch ein Einsatz als neuartiges Instrument zum Erlernen von Zusammenhängen denkbar.

Die Entwicklung des skizzierten Prototyps geschieht in mehreren Stufen. Vor einer Einführung in die implementierten Funktionen erfolgen eine Beschreibung der aktuellen Herausforderungen im Wissensmanagement sowie eine kurze Auseinandersetzung mit den Anforderungen an neue Lernkonzepte. Neben der Betrachtung des Problems der Informationsflut insbesondere aus ökonomischer Sicht wird in Kapitel 2 eine Einordnung in den Forschungszusammenhang vorgenommen sowie die Wahl der Forschungsmethode begründet.

Kapitel 3 setzt sich mit der als Wissensbasis für den Versuchsaufbau genutzten Online-Enzyklopädie *Wikipedia* auseinander und fasst u. a. den aktuellen Stand der Wikipediaforschung zusammen.

Um Benutzerinteraktionen auswerten, d. h. Aussagen bezüglich der Wissensausprägung in unterschiedlichen Wissensdomänen treffen zu können, ist zunächst eine Spezifizierung einzelner Wissensdomänen erforderlich. Hierzu wird in Kapitel 4 das Wikipedia-Kategoriesystem herangezogen. Auf Basis eines eigenen Algorithmus wird eine übergeordnete Zuordnung einzelner Artikel zu vordefinierten Oberkategorien ermittelt.

Die in Kapitel 5 behandelte Berechnung der Ähnlichkeiten zwischen Artikeln stellt sich vor allem unter Performancegesichtspunkten als Herausforderung dar. Zur Lösung der einzelnen Probleme werden vielfältige Optimierungsmöglichkeiten vorgestellt, um die verwendete externe Software an die Anforderungen der Aufgabenstellung anzupassen. Dazu wird in Kapitel 6 eine Simulation verschiedener Modellparameter vorgenommen, die der Bestimmung der optimalen Parameterkonfiguration dient.

Der Formalisierungsgrad der genutzten Forschungsmethoden verschiebt sich im weiteren Verlauf der Arbeit von quantitativ zu qualitativ (siehe auch Abb. 3) und mündet nach der Analyse der Simulationsergebnisse zunächst in einer Referenzmodellierung, die zu einem Prototyp weiterentwickelt wird. Diese Laborversion namens *Simpedia* integriert die zuvor erstellte Assoziationsliste mit der Wissensbasis der Wikipedia und verbindet beide Komponenten unter einer einheitlichen Oberfläche. Die einzelnen Entwicklungsschritte sind in Kapitel 7 ausführlich dokumentiert. Der programmierte Prototyp wird außerdem um Funktionen zur Protokollierung der Benutzerinteraktion erweitert, um die einleitend gestellte Hypothese untersuchen zu können, dass bei Bearbeitung verschiedener Navigationsaufgaben der vom Benutzer gewählte Weg durch das „Netz" Rückschlüsse auf dessen persönliche Kenntnisse zulässt, die Navigation sich also abhängig von den Vorkenntnissen des Benutzers gestaltet.

Abschließend erfolgt in Kapitel 8 eine Zusammenfassung der im Forschungsverlauf gewonnenen Erkenntnisse. Ein Ausblick auf mögliche Erweiterungen des entwickelten Systems bereitet das Feld für zukünftige Forschungen und stellt verschiedene Ansätze zur Datenauswertung vor.

2 Einführung und Forschungsaufbau

„Es ist nicht genug, zu wissen, man muss auch anwenden;
es ist nicht genug, zu wollen, man muss auch tun. "
(Johann Wolfgang von Goethe[2])

In dieser Einführung werden zunächst die auf das bearbeitete Themengebiet Einfluss nehmenden Faktoren vorgestellt. Dabei wird die Vielschichtigkeit des Forschungsfeldes bereits in der Auseinandersetzung mit den zentralen Begriffen deutlich. Die aufgezeigten Zusammenhänge beeinflussten die Themenfindung maßgeblich. Es zeigt sich, dass die gegenwärtige Forschung verschiedenster Institutionen vielversprechende Ansätze liefert, um Lösungen für die Probleme der Informationsgesellschaft zu erarbeiten. Dieses Feld soll durch eigene Untersuchungen um zusätzliche Methoden erweitert werden. Als Grundlage werden zunächst geeignete Forschungsmethoden herausgearbeitet, die je nach Aufgabengebiet variieren, jedoch durchweg einen konstruktivistischen Ansatz verfolgen.

2.1 Problem der Informationsflut

Im Jahr 1970 veröffentlichte der amerikanische Schriftsteller und Futurologe Alvin Toffler das Buch „Future Shock" (Toffler 1970), in dem er einen zentralen Begriff des heutigen Informations- und Wissensmanagements prägte: *Informationsflut*

Nach der von Toffler aufgestellten These krankt die Wissensgesellschaft demnach nicht am zu wenig vorhandenen Wissen, sondern sie ertrinkt im Gegenteil förmlich in der Flut von Daten und Informationen. Für Entscheidungsträger wird es immer schwieriger, die für sie relevanten Informationen aus dem allgemeinen Datenrauschen herauszufiltern.

In der retrospektiven Betrachtung lässt sich der Fortschritt der Kommunikationssysteme als einer der wesentlichen Schlüsselaspekte für die zunehmende Informationsflut identifizieren. Die fortschreitende Vernetzung der Kommunikationsmittel führt dazu, dass Wissen schneller ausgetauscht und neue Informationen immer schneller „produziert" werden. Dauerte es nach der Erfindung des Buchdrucks im Jahr 1447 noch drei Jahrhunderte, bis sich das Volumen der weltweiten Schriften verdoppelte, so geht der internationale Verband professioneller Futurologen davon aus, dass sich die in Büchern, Zeitungen, Zeitschriften und im Internet publizierte Textmenge in 25 Jahren schon alle

---

[2] 1749 - 1832, deutscher Dichter und Dramatiker

72 Tage verdoppeln wird (Müller-Soares 2009). In der Betrachtung vergangener Perioden scheint sich die Menge an Informationen exponentiell zu entwickeln. Erworbenes
Wissen veraltet – mit den daraus erwachsenen Folgen für die Gesellschaft – immer
schneller. Schon heute kann der Wissenserwerb in einigen Bereichen mit der rasanten
Entwicklung nicht mehr Schritt halten, was entsprechende Konsequenzen auf ökonomischer Ebene nach sich zieht. Die neuen Anforderungen verlangen die Entwicklung
entsprechender Lernkonzepte, wobei eine schnelle Aktualisierung der Lerninhalte und
ein ortsungebundener Zugriff auf solche Lernumgebungen durch eine webbasierte
Lösung begünstigt werden.

2.2 Ökonomische Betrachtung

Die traditionelle Volkswirtschaftslehre nach Adam Smith[3] basiert lediglich auf drei
Produktionsfaktoren: Arbeit, Kapital und Boden (Söllner 2001). In letzter Zeit wurden
diese Faktoren von vielen Wissenschaftlern um den Faktor Wissen erweitert. Demnach
stehen Unternehmen nicht nur in einem ständigen Wettbewerb um Arbeit, Kapital und
Boden, sondern zunehmend auch um Wissen. Die Unternehmensberatung Future Management Group AG fasst dies wie folgt zusammen: „Lebenslanges Lernen und das
'Wissen um das richtige Wissen zum richtigen Zeitpunkt' werden zu kritischen Wettbe-
werbsfaktoren." (Future Management Group AG 2009).

Nach (Putzhammer 2000) basieren inzwischen 60 bis 80% der Gesamtwertschöpfung
eines Unternehmens auf dem Produktionsfaktor Wissen. Bei vielen Unternehmen
nimmt die Rekrutierung entsprechend qualifizierter Mitarbeiter und die Aus- und Weiterbildung vorhandener Arbeitskräfte daher einen zunehmend strategischen Stellenwert
ein.

Die betriebliche Nutzung des Produktionsfaktors Wissen wirft viele Fragen auf (vgl.
(Bentz 2009, S. 12)), unter welchen Gesichtspunkten das in einem Unternehmen bereits
vorhandene Know-how optimal eingesetzt werden kann. Als Wissenspool (Wissen on
stock, vgl. Abb. 1) kann sowohl ein einzelner, hoch qualifizierter Mitarbeiter als auch
eine Sammlung von dokumentierten Erkenntnissen dienen. Im Vergleich zu den klassischen Produktionsfaktoren ist Wissen die einzige Ressource, die sich bei Gebrauch
vermehrt. Auf Basis dieser Überlegung legen Firmen große unternehmensinterne

---

[3] 1723 - 1790, schottischer Wirtschaftstheoretiker, gilt als Begründer der klassischen Volkswirtschaftslehre

Datenbanken an, die oft in Form von Wikis[4] realisiert sind. Ihre Zielsetzung besteht darin, das in einem Unternehmen verfügbare Wissen strukturiert zu erfassen und über moderne Informations- und Telekommunikationsmethoden für die gesamte Belegschaft nach Bedarf nutzbar zu machen (Wissen on demand). Dazu müssen die Informationen zunächst aus heterogenen Datenbeständen extrahiert werden, bevor sie anschließend über ein entsprechendes Wissensmanagementsystem von jedem Ort, zu jeder Zeit situativ nach Bedarf abgerufen werden können. Abb. 1 veranschaulicht den Zusammenhang zwischen Wissen on stock und Wissen on demand:

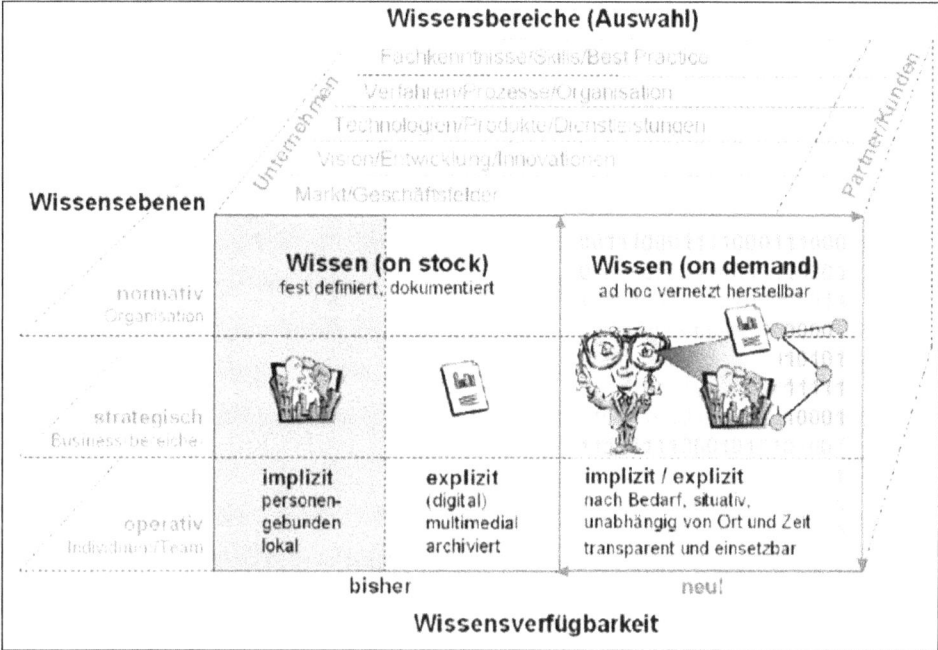

Abb. 1: Wissensbereiche und Formen der Wissensverfügbarkeit nach (Bentz 2002, S. 8)

In der dynamischen Informationsgesellschaft nimmt die Bedeutung von Wissen on demand als nachfrageorientierte Dienstleistung stetig zu. Der Wissensbedarf tritt häufig recht kurzfristig auf, z. B. wenn ein Außendienstmitarbeiter bei einem Kunden ein Problem lösen muss, ihm aber wichtige Informationen nicht direkt vor Ort zur Verfügung stehen. Dabei kann die Lösungskompetenz für das gegebene Problem zwar implizit oder explizit im Unternehmen vorhanden sein, ein Abrufen durch den Mitarbeiter ist jedoch nur möglich, wenn zuvor bereits eine informationstechnische Erfassung des on

---

[4] Der Begriff *Wiki* bezeichnet ein „offenes Autorensystem für Webseiten. Wiki [sic!] sind im World Wide Web veröffentlichte Seiten, die von den Benutzern online geändert werden können." (Lackes, Siepermann 2009).

stock vorliegenden Wissens in einem für den Anwender im situativen Kontext zugreifbaren Informationssystem durchgeführt wurde. Ferner muss der Mitarbeiter über eine Ausbildung verfügen, in der ihm das Wissen über eine geeignete Vernetzung der einzelnen Daten und Informationen vermittelt wurde.

Da implizites Wissen personalgebunden ist, stehen gerade Unternehmen mit hoher Mitarbeiterfluktuation vor dem Problem, neues Personal zeitaufwändig einzuarbeiten und mit vorhandenen Prozessen und Organisationsstrukturen vertraut zu machen. Geht mit einem erfahrenen Mitarbeiter auch unternehmenswichtiges Wissen verloren, so kann dies einschneidende Auswirkungen auf die Geschäftstätigkeit haben. Wenn die Ressource Wissen formal erfasst und für alle Beteiligten ortsunabhängig zugreifbar wird, kann dieser Entwicklung in einem gewissen Maße entgegengewirkt werden. Effektives Wissensmanagement und moderne didaktische Konzepte zur Wissensvermittlung stellen daher einen Schlüssel zum Erhalt von Innovationskraft, Handlungsfähigkeit und Effektivität auf Basis des Produktionsfaktors Wissen dar.

2.3 Definition Wissen/Wissensmanagement

In der Literatur finden sich viele verschiedene Wissensmanagementansätze[5]. Die bekanntesten sind der eher technisch orientierte Ansatz von Laudon und Laudon (vgl. (Laudon, Laudon 2006)), das auf einem Wissenskreislauf basierende Modell nach Probst/Raub/Romhardt (vgl. (Probst et al. 2003)) und das Modell der Wissensschaffung von Nonaka und Takeuchi (vgl. (Nonaka et al. 1997)). Letztere können als Mitbegründer des Wissensmanagements angesehen werden. Ihr Buch „The Knowledge Creating Company" übte großen Einfluss auf spätere Veröffentlichungen und Forschungen zum Wissensmanagement aus. In einer im Jahr 2004 erschienenen Publikation definierten sie Wissensmanagement als „ process of continuously creating new knowledge, disseminating it widely through the organization, and embodying it quickly in new products/services, technologies and systems" (Takeuchi, Nonaka 2004). Die Definition verdeutlicht sehr anschaulich einige zentrale Aspekte des Wissensmanagements. Danach muss zunächst die Möglichkeit geschaffen werden, dass in einem Unternehmen fortlaufend Wissen generiert wird. Dieses muss nachfolgend so organisiert werden, dass es über alle horizontalen und vertikalen Organisationsebenen eines Unternehmens verbreitet wird und so rasch in neue Produkte und Dienstleistungen wertschöpfend einfließen kann.

---

[5] Eine übersichtliche Gegenüberstellung verschiedener Ansätze findet sich in (Bodrow, Bergmann 2003).

Während für den Begriff *Wissensmanagement* schon eine Vielzahl von Definitionen existiert, ist die Anzahl der Definitionen des zugrunde liegenden Terminus *Wissen* kaum zu überblicken. Francis Bacon[6] entwickelte in seinem 1620 veröffentlichten Werk „Novum Organum" die These „scientia est potentia", was im Deutschen allgemein mit „Wissen ist Macht." übersetzt wird. Die Vereinfachung dieser Aussage ist jedoch kontextuell nicht korrekt. Im Bedeutungszusammenhang sollte der Ausspruch eher mit „Macht des Wissens" übersetzt werden, da auch der etymologische Ursprung des Wortes *Macht* eher als „Befähigung einen Unterschied zu machen" zu interpretieren ist (Lay, Posé 2006) und Wissen demzufolge als die Befähigung zum Handeln aufgefasst werden kann.

Die Begriffe *Wissen* und *Handeln* finden sich auch in der von Klaus North erarbeiteten Wissenstreppe wieder:

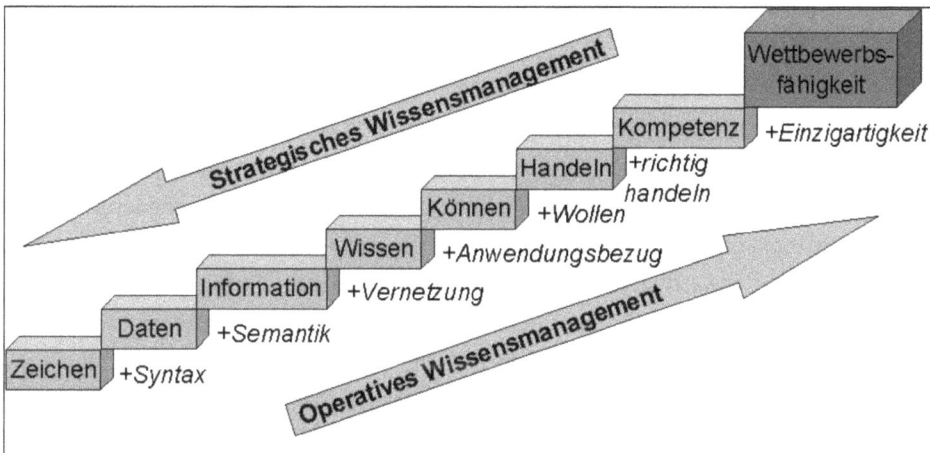

Abb. 2: Wissenstreppe nach (North 2005)

Die Wissenstreppe illustriert den Zusammenhang zwischen Informationswissenschaft auf der einen und Betriebswirtschaft auf der anderen Seite. Technisch gesehen basiert alle Information auf Daten. Die Art und Weise, wie auf verschiedenen Stufen mit diesen Daten gearbeitet wird, beeinflusst letztendlich die Wettbewerbsfähigkeit einer Unternehmung. (North 2005) fasst dies wie folgt zusammen: „Informationen sind Daten, die in einem Bedeutungszusammenhang stehen und aus betriebswirtschaftlicher Sicht zur Vorbereitung von Entscheidungen und Handlungen dienen. Diese Informationen sind für die Betrachter wertlos, die sie nicht mit anderen aktuellen (…) Informationen vernetzen können." Nur wenn es gelingt, die vorhandenen Informationen sinnvoll zu ver-

---

[6] 1562 - 1626, englischer Philosoph und Staatsmann

knüpfen, kann aus ihnen Wissen entstehen und im weiteren Verlauf Kompetenz entwickelt werden. Auf ein reales Beispiel übertragen bedeutet dies, dass ein Mitarbeiter – beispielsweise im technischen Außendienst – ein Problem bei einem Kunden lösen kann, indem er formal vorhandene Informationen wie Typbezeichnung einer Maschine, Schaltpläne und eine Fehlermeldung (z. B. mangelnde Stromspannung) vernetzt und einen Anwendungsbezug herstellt (Erkenntnis: suche für Maschinentyp passenden Schaltplan und überprüfe Elektrik). Nur wenn er die gegebenen Informationen in einen korrekten Bezug zueinander setzt und die richtige Handlungsalternative wählt, kann er das Problem lösen, und die Kunden schreiben ihm bzw. dem Unternehmen eine konkrete Kompetenz zu. Eine Voraussetzung dieses essentiellen Schrittes der Transformation von Information zu Wissen stellt die Assoziationsfähigkeit des Mitarbeiters dar. Im Gegensatz zum reinen Faktenwissen („Was bedeutet Fehlermeldung X?") nimmt die didaktische Vermittlung des *Wie* (Anwendungsbezug: „Wie kann ich das aktuelle Problem lösen?") in der Ausbildung meist einen geringen Stellenwert ein, doch gerade bei der Vernetzung von Informationen scheitern viele Anwender später im realen Problemlösungsprozess.

In der Wissenstreppe nach North wird der *Information* eine zentrale Bedeutung zugewiesen. Eine genaue Definition[7] erweist sich aufgrund der vielschichtigen Verwendung des Begriffes in unterschiedlichen Disziplinen der Wissenschaft als schwierig. Häufig wird Information mit *Bedeutung* gleichgesetzt, so dass jede Information einen unterschiedlichen Wert je nach situationsbedingtem Kontext besitzt. Demgegenüber steht die Definition von Information in der Informationstheorie nach Shannon[8] (vgl. (Shannon 1948) und (Shannon 1951)), wonach Informationen losgelöst von ihrem Bedeutungszusammenhang zu betrachten sind. Der Fokus liegt auf dem *Informationsgehalt*, einer logarithmischen Größe, die Aussagen über die Menge an Information in einer Nachricht ermöglicht und als die statistische Signifikanz eines Zeichens aufgefasst werden kann.

Bezogen auf das Beispiel des Außendienstmitarbeiters ist weiterhin entscheidend, in welchem Format eine Information vorliegt. Würde bei einem Problem lediglich eine rote Warnlampe leuchten, so wäre diese Information wenig zielführend für die Problemlösung, da dieses Format der Informationsübermittlung keine Aussage über die Ursache des Problems zulässt. Würde der Defekt jedoch nicht visuell über eine Warnlampe angezeigt, sondern beispielsweise durch einen konkreten Fehlercode auf einer digitalen Anzeige oder gar einer kompletten Fehlerbeschreibung („zu geringe Stromspannung in Modul X") auf einem Computermonitor, so wäre dieses Format deutlich

---

[7] Eine Übersicht der gängigsten Definitionen, die das Tripel *Daten - Informationen - Wissen* betrachten, kann (Laudon et al. 2010, S. 662-664) entnommen werden.
[8] 1916 - 2001, gilt als Mitbegründer der Informationstheorie und prägte in seiner Arbeit „A Mathematical Theory of Communication" (Shannon 1948) den Begriff *Bit*.

geeigneter, um im geschilderten Kontext die Information zur Fehlerbehebung verwenden zu können.

Ein Schlüsselaspekt liegt in der adäquaten Vernetzung der gegebenen Informationen. Dabei stellt sich die Frage, ob und auf welche Weise formalisiert vorhandene Information bereits grundlegend computergestützt „vorvernetzt" werden kann, um die individuelle Assoziationsfähigkeit eines Menschen zu fördern und ihn bei seiner Kompetenzentwicklung zu unterstützen (vgl. Problemstellungen in Kapitel 2.4).

Dieses Vorgehen erfordert zunächst die Analyse, wie eine Assoziation formalisiert werden kann. Unter Betrachtung von Information als Bedeutung tragendes Element der Sprache sind zwei Wörter (Informationen) miteinander assoziiert, wenn sie einen ähnlichen inhaltlichen Bezug aufweisen. Um Aussagen zu einer semantischen Relation treffen zu können, muss das gemeinsame Auftreten verschiedener Informationen untersucht werden. Die von (Doyle 1962) geprägte *Assoziations-Hypothese* besagt, dass häufig kookkurrierende[9] Wörter in einem assoziativen Zusammenhang stehen. Sie ist Gegenstand vieler Forschungsarbeiten im Information Retrieval. Bereits in den 60er Jahren entwickelte (Doyle 1962) ein erstes auf Kookkurrenzen basierendes Assoziationsmaß und erläuterte dessen maschinelle Berechnung, doch erst 1993 konnten (Wettler et al. 1993) diese These systematisch verifizieren. Es gelang ihnen, eine hohe Übereinstimmung zwischen maschinell erzeugten Assoziationen und gedanklichen Assoziationen von Versuchspersonen nachzuweisen (Ackermann 2000); eine grundlegende Feststellung, die später auch von (Rapp 1996) eingehend untersucht und bestätigt wurde.

2.4 Einordnung in den Forschungszusammenhang

Algorithmen zur Ähnlichkeitsbestimmung auf Basis von Kookkurrenzen sind inzwischen schon recht ausgereift. Die Anwendbarkeit auf große Datenbestände oder umfangreiche Textmengen kann jedoch nur in Grenzen erfolgen, die durch die Art der Ähnlichkeitsberechnung bestimmt werden. Mit zunehmendem Umfang der zu bearbeitenden Daten steigt der Berechnungsaufwand für die Ähnlichkeit meist exponentiell (vgl. Kapitel 5). Aufgrund großer Fortschritte in der Hardwaretechnologie wurden zunehmend bessere Voraussetzungen geschaffen, um auch für größere Datenbestände mittels spezieller Softwarealgorithmen Assoziationen zu berechnen.

Bei einigen digitalen Enzyklopädien werden die „siehe auch"-Verweise nicht mehr durch ein spezielles Redaktionsteam verfasst, sondern durch intelligente Software automatisiert zusammengestellt. Eine Vorreiterrolle nimmt die von Bertelsmann

---

[9] Kookkurrenz bezeichnet das gemeinsame Auftreten zweier Wörter in einer übergeordneten Einheit.

herausgegebene „Bertelsmann Lexikodisc" ein. Diese digitale Version des bekannten Bertelsmann Lexikons verfügt über eine Funktion zum Anzeigen verwandter Artikel[10], die jeweils einen direkten inhaltlichen Bezug zum Ursprungsartikel aufweisen.

Mathematisch gesehen können die ermittelten Relationen als gerichteter Graph aufgefasst werden, der allerdings nicht symmetrisch ist (zu den Details siehe Kapitel 6). Die einzelnen Lexikonartikel können als Knoten des Graphen betrachtet werden, die über Kanten (Ähnlichkeit) mit einem oder mehreren anderen Artikeln verbunden sind. Durch die Verknüpfung der Artikel untereinander entsteht ein Netz, in dem der Benutzer sich auf Basis der Liste ähnlicher Artikel bewegen kann. So ist es bei der Lexikodisc z. B. möglich, in nur drei Schritten über die angezeigten ähnlichen Artikel vom Artikel über *Eskimos* zum Artikel über *Australien* zu gelangen. Die Betrachtung des Navigationspfades über die Liste ähnlicher Artikel zeigt den zunächst nicht vermuteten inhaltlichen Zusammenhang zwischen Ausgangs- und Zielartikel:

Eskimo → Indianer → Kolonialismus → *Australien*

Weitere Versuche (siehe z. B. (Minke 2007)) führen zu der Hypothese, dass bei Bearbeitung verschiedener Navigationsaufgaben[11] der vom Benutzer gewählte Weg durch dieses Netz eventuell Rückschlüsse auf dessen persönliche Kenntnisse zulässt, die Navigation sich also abhängig vom Wissen des Benutzers gestaltet.

Diese Hypothese bietet Raum für zwei interessante Forschungsfelder. So ist durch Einsatz der Assoziationslisten einerseits die Abfrage vorhandenen Wissens denkbar, andererseits ergibt sich für die Probanden bei der Bearbeitung von Navigationsaufgaben die Möglichkeit, auf einfache Art und Weise neue Zusammenhänge zu lernen (Artikel X hängt über Artikel Y mit Artikel Z zusammen) und damit ihr Wissensspektrum quasi spielerisch zu erweitern.

Die skizzierte Nutzung von Assoziationslisten greift eine Überlegung auf, die Martin Ackermann im Fazit seiner Arbeit „Statistische Korpusanalyse zum Extrahieren von semantischen Wortrelationen" (Ackermann 2000) als weiteren Einsatzbereich von automatisch generierten Ähnlichkeitsbeziehungen herausarbeitet:

„Für intelligente Tutorsysteme können anhand von Assoziationslisten automatisch Multiple-Choice-Tests erzeugt werden. Damit besteht die Möglichkeit, ohne größeren redaktionellen Aufwand und auf spielerische Weise die Vorkenntnisse eines Anwenders einzugrenzen." (Ackermann 2000, S. 126)

---

[10] Für weiterführende Informationen siehe (Minke 2005).
[11] „Navigiere von Artikel X über die Liste der ähnlichen Artikel zu Artikel Z."

Als wesentlicher Teil dieser Arbeit sollen die genannten Ansätze weiter verfolgt und vertieft werden, woraus die folgenden Fragestellungen resultieren:

1. Wie lassen sich Softwaretechniken zur Ähnlichkeitsbestimmung in eine vorhandene Wissensbasis benutzerfreundlich integrieren?

2. Inwiefern können Assoziationslisten genutzt werden, um den Wissenserwerb durch neue didaktische Konzepte zu fördern und die Ausnutzung des Produktionsfaktors Wissen zu optimieren?

3. Auf welche Weise lassen sich die unter 1. und 2. genannten Aspekte in einem Software-Prototyp zusammenführen, der von der Zielgruppe ortsunabhängig über das Internet genutzt werden kann?

4. Besteht weiterhin die Möglichkeit, ein automatisiertes Tracking der Navigationsschritte der Anwender zu implementieren, um später durch Analyse der Benutzerinteraktion Rückschlüsse auf deren Wissen zu ziehen?

Diese Fragestellungen werden in den Folgekapiteln ausführlich untersucht und Lösungsansätze aufgezeigt.

2.5 Forschungsaufbau

Zu Beginn der Überlegungen stellt sich die Frage nach der optimalen Herangehensweise zur Lösung der skizzierten Problemstellungen. Da die Auswahl einer geeigneten Forschungsmethode eine wegweisende Entscheidung zur erfolgreichen Bearbeitung einer Fragestellung darstellt, erhält dieser Aspekt im Vorfeld besondere Bedeutung.

Für die Informatik existiert eine Vielzahl verschiedener Forschungsmethoden. Eine Literaturrecherche liefert einen umfassenden Überblick und offenbart methodenspezifische Vor- und Nachteile bezogen auf die verschiedenen Problemstellungen. In Anlehnung an (Wilde, Hess 2007) bietet Abb. 3 eine Übersicht der vorherrschenden Methoden:

Laborexperiment

Formal
deduktive
Analyse

Simulation

quantitativ

Quantitative
Querschnitts-
analyse

*Referenz-
modellierung*

Konzeptionell
deduktive
Analyse

**Formalisie-
rungsgrad**

Prototyping

qualitativ

Qualitative
Querschnitts-
analyse

Fallstudie

Aktions-
forschung

Argumentativ
deduktive
Analyse

verhaltenswissenschaftlich   konstruktiv

← Paradigma →

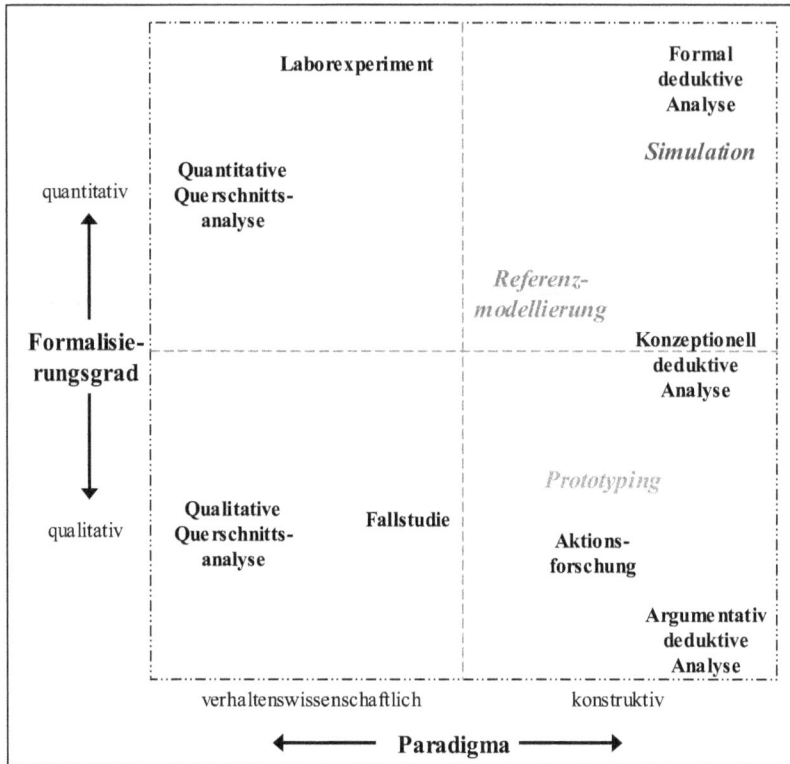

Abb. 3: Portfolio der Forschungsmethoden nach (Wilde, Hess 2007)

Die Grafik kategorisiert verschiedene Instrumente aus Real-, Formal-, und Ingenieurswissenschaften, deren sich die Wirtschaftsinformatik als „Wissenschaft mit einer methoden-pluralistischen Erkenntnisstrategie" (Wissenschaftliche Kommission Wirtschaftsinformatik 1994) bedient. Wie schon in (Becker, Pfeiffer 2006) aufgezeigt, können die vorherrschenden erkenntnistheoretischen Paradigmen in zwei Klassen unterteilt werden: Erfolgt eine Analyse von IT-Lösungen durch Erstellen und Evaluieren verschiedener Komponenten in Form von Modellen und Methoden, entspricht diese Vorgehensweise einem konstruktionswissenschaftlichen Paradigma. Die Untersuchung der Ausgestaltung und Wirkung von IT-Lösungen im Unternehmens- oder Marktumfeld wird als verhaltenswissenschaftlicher Ansatz klassifiziert[12] (Wilde, Hess 2007).

Ausgehend von den in Kapitel 2.4 aufgeführten Fragestellungen kann die Schlussfolgerung gezogen werden, dass ein konstruktivistisch ausgelegter Ansatz am geeignetsten erscheint. Aus dem erarbeiteten Portfolio (vgl. Abb. 3) kristallisieren sich die folgenden Ansätze als vielversprechend heraus (Definitionen nach (Wilde, Hess 2007)):

---

[12] In englischsprachigen Publikationen werden synonym die Begriffe *Behavioral Science* bzw. *Design Science* genutzt.

1. **Simulation**

   Die Simulation bildet das Verhalten des zu untersuchenden Systems formal in einem Modell ab und stellt Umweltzustände durch bestimmte Belegungen der Modellparameter nach. Sowohl durch die Modellkonstruktion als auch durch die Beobachtung der endogenen Modellgrößen lassen sich Erkenntnisse gewinnen.

2. **Referenzmodellierung**

   Die Referenzmodellierung erstellt induktiv (d. h. ausgehend von Beobachtungen) oder deduktiv (beispielsweise aus Theorien oder Modellen) meist vereinfachte und optimierte Abbildungen (Idealkonzepte) von Systemen, um so bestehende Erkenntnisse zu vertiefen und daraus Gestaltungsvorlagen zu generieren.

3. **Prototyping**

   Es wird eine Vorabversion eines Anwendungssystems entwickelt und später evaluiert. Beide Arbeitsschritte können neue Erkenntnisse generieren.

Die konkrete Auswahl einer Forschungsmethode hängt im Sinne der Aufgabenstellung auch davon ab, welcher Datenbestand letztendlich als Wissensbasis für die Untersuchung herangezogen wird. Da Daten aus unternehmensinternen Wissensmanagementsystemen für die Bearbeitung der Problemstellung nicht zugänglich waren, mussten alternative Wissensquellen recherchiert werden. Nach dem Vergleich verschiedener Alternativen fiel die Wahl schließlich auf die freie Enzyklopädie Wikipedia. Sie repräsentiert nicht nur den derzeit umfangreichsten Bestand an verfügbaren Lexikonartikeln, sondern basiert auch auf einer quelloffenen Software (Mediawiki), die ohne Lizenzeinschränkungen genutzt und abgeändert werden darf.

Für eine vertiefende Forschung bietet dies den Vorteil, dass die Performance der Ähnlichkeitsberechnung auf Basis sehr großer Datenmengen untersucht werden kann (vgl. Kapitel 5) und über eine Modifikation der Anwendungssoftware die Einbindung kontextsensitiver Assoziationslisten direkt in den Wikipedia-Artikel umgesetzt werden kann (vgl. Kapitel 7.1.2).

3 Die freie Enzyklopädie Wikipedia

> *„Stell dir eine Welt vor, in der jeder Mensch auf der Erde*
> *freien Zugang zum gesamten menschlichen Wissen hat."*
> *(Jimmy Wales[13])*

Die freie Enzyklopädie Wikipedia kennen inzwischen weite Teile der Bevölkerung. Als Nachschlagwerk wird sie jeden Monat von einer Vielzahl Nutzer aufgesucht und belegt inzwischen den 7. Platz auf der Liste der weltweit am häufigsten aufgerufenen Internetseiten (Alexa Internet 2009). Wikipedia wird als eines der dynamischsten, ehrgeizigsten und größten Projekte zur Erstellung eines universellen Wissens-Lexikons eingestuft (Ortega 2009, S. 1). Im Jahr 2008 wurde die Marke von 10 Millionen Artikeln erreicht, die in mehr als 250 Sprachen und Dialekten verfasst sind (Zachte 2009d).

Das Wort *Wikipedia* setzt sich zusammen aus *Wiki*, der hawaiianischen Vokabel für *schnell*, und dem Wortbestandteil *pedia*, der auf den englischen Begriff für Enzyklopädie, *Encyclopedia*, zurückzuführen ist. Inzwischen hat sich der Terminus *Wiki* als Sammelbegriff für eine internetbasierte Software zum gemeinsamen Schreiben von Texten etabliert. Da innerhalb eines Wiki-Systems verschiedene Autoren gemeinsam an Texten arbeiten, können sie als eine spezielle Form von Content-Management-Systemen angesehen werden. Ihr hauptsächlicher Nutzen besteht darin, die Erfahrungen und den Wissensschatz mehrerer Autoren kollaborativ zusammenzuführen. Dieser neuartige Ansatz der kollektiven Intelligenz führte innerhalb der letzten Jahre zu einem starken Wachstum der freien Enzyklopädie Wikipedia, da immer mehr Nutzer sich an diesem globalen Projekt beteiligen und ihr Wissen in das Online-Lexikon einfließen lassen.

Zur Hervorhebung der Vielschichtigkeit des Wikipedia-Projektes erfolgt in den anschließenden Kapiteln eine Betrachtung unter verschiedenen Gesichtspunkten. Abschnitt 3.1 befasst sich mit der überaus schnellen Entwicklung sowie der internen Organisationsstruktur, um den Leser mit den Hintergründen vertraut zu machen. Daran anschließend werden in Kapitel 3.2 die wichtigsten Schwesterprojekte vorgestellt, die – wie die Wikipedia – von der Wikimedia Foundation verwaltet werden.

Als wesentlicher Erfolgsfaktor kann das Prinzip der kollaborativen Wissensgenerierung aufgefasst werden, das in Unterkapitel 3.3 näher betrachtet wird und auch in der Vorstellung der aktuellen Forschung zu Wikipedia im daran anschließenden Abschnitt 3.4 Erwähnung findet.

---

[13] * 7. August 1966, Gründer der Wikipedia und langjähriger Vorsitzender der Wikimedia Foundation

Die im Rahmen dieser Ausarbeitung entwickelte eigene Software setzt auf der Wikipedia-Technologie auf, die grundlegenden Algorithmen können jedoch auch auf jede andere Informationsressource angewandt werden, in der die Daten ähnlich strukturiert vorliegen. Im letzten Teilkapitel dieses Abschnittes wird der technische Aufbau der Wikipedia skizziert, gefolgt von Anmerkungen zur Einrichtung der Testumgebung.

3.1 Entwicklung und Organisationsstruktur

Die Einschätzung der Bedeutung eines Projektes wie Wikipedia gelingt am besten durch die Betrachtung seiner geschichtlichen Entwicklung, die dem Leser in Abschnitt 3.1.1 nähergebracht wird. Dabei kommt der Historie sowie der internen Selbstverwaltung innerhalb der verschiedenen Wikipedia-Ableger eine zentrale Rolle zu. Zudem orientieren sich alle Wikipedias an ähnlichen, allgemeinen Wertvorstellungen, die Auslegung bestimmter, selbst auferlegter Richtlinien divergiert jedoch zwischen den verschiedenen Ablegern. Mit diesen Details setzt sich Kapitel 3.1.2 eingehend auseinander.

3.1.1 Wikipedia in Zahlen

Die Idee der Entwicklung eines Systems zur internetbasierten, kollaborativen Inhalte-Erstellung durch mehrere Autoren stammt bereits aus dem Jahr 1994. Damals arbeitete Ward Cunningham[14] am ersten Wiki namens *WikiWikiWeb*, das Programmierern den Kenntnissaustausch erleichtern sollte. Innerhalb der Softwareentwickler-Gemeinde fand dieses Konzept des Wissensaustausches schnell viele Anhänger (Ortega 2009, S. 7f).

Wikipedia selbst wurde erst viele Jahre später, am 15. Januar 2001, der Öffentlichkeit vorgestellt. In der Anfangszeit wurde zunächst das technische Konzept getestet, ohne großen Wert auf die Qualität der Artikel zu legen. Über den ersten je veröffentlichten Artikel existieren widersprüchliche Angaben. Als älteste bekannte Artikelversion lässt sich der Eintrag über West Virginia identifizieren. Dieses kann aufgrund technischer Änderungen am Datenbanksystem aber nicht als gesicherte Information angesehen werden. Die Gegenüberstellung der ersten Artikelversion[15] mit der aktuellen Version[16] veranschaulicht eindrucksvoll die im Laufe der Zeit vorgenommenen qualitativen und quantitativen Verbesserungen.

---

[14] * 26. Mai 1949, Begründer des WikiWikiWebs und Pionier bei Entwurfsmustern, Extreme Programming und agiler Software-Entwicklung

[15] Erste Artikelversion: http://en.wikipedia.org/w/index.php?title=West_Virginia&oldid=294282

[16] Gegenwärtige Artikelversion: http://en.wikipedia.org/w/index.php?title=West_Virginia&oldid =467540839 (Stand 24.12.2011). Die jeweils aktuelle Version kann unter http://en.wikipedia.org/wiki /West_Virginia aufgerufen werden.

Im März 2001 entstanden die ersten nicht-englischsprachigen Ableger, zunächst eine deutsche Version, gefolgt von der katalanischen und französischen Ausgabe. Bis Ende 2001 wurden Wikipedias in 18 verschiedenen Sprachen etabliert (König 2009, S. 1) und auch die Medien berichteten zunehmend über das Projekt. Den ersten Aufsehen erregenden Artikel über die Wikipedia veröffentlichte die New York Times im September 2001 unter dem Titel „Fact driven? Collegial? This site wants you" (Meyer 2001).

Ausgelöst durch das positive Medienecho konnte Wikipedia in der Folgezeit hohe Wachstumsraten erzielen. Der Ansatz der eigenständigen, unabhängigen Selbstverwaltung und die für alle Nutzer gegebene Möglichkeit, Artikel selbst zu erstellen oder zu editieren, werden als wichtige Erfolgsfaktoren angesehen (Ortega 2009, S. 8).

Im Jahr 2003 überschritt die englische Wikipedia die Grenze von 100.000 Artikeln (vgl. Abb. 4). Ihre Vorreiterrolle lässt sich schon daran ablesen, dass der damals zweitgrößte Ableger, die deutsche Wikipedia, in diesem Jahr erst die Marke von 10.000 Einträgen erreichte. Bereits ein Jahr später waren über 100 Sprachversionen verfügbar und es wurde der insgesamt einmillionste Artikel verfasst (Wikipedia - History 2009). Die Pionierfunktion der englischen Sprachversion stützt sich auch auf die Tatsache, dass im Januar 2002 noch 90% aller Artikel dieser Version zugeordnet wurden. Dieser Anteil verringerte sich stetig von 50% im Januar 2004 auf 25% in 2007 (ICMR 2008). Das bei Internetprojekten auftretende Phänomen, dass erst nach Erreichen einer kritischen Nutzermasse ein starkes Wachstum einsetzt, das später seine Grenzen erreicht, zeigt Abb. 5:

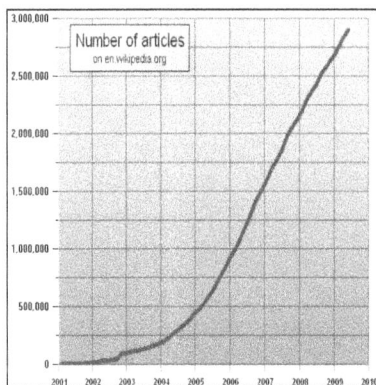

Abb. 4: Wachstum der englischen Wikipedia[17] **Abb. 5: Neue Wikipedia-Artikel/Monat**[18]

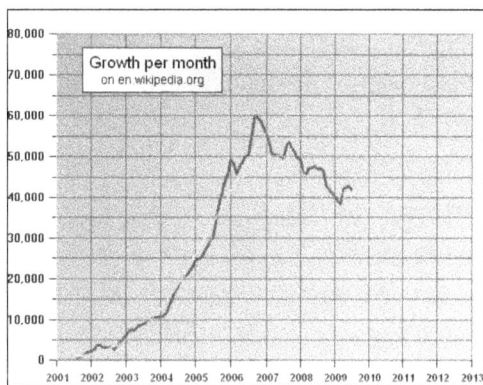

---

[17] Quelle: http://commons.wikimedia.org/w/index.php?title=File:EnwikipediaArt.PNG& oldid=21888933
[18] Quelle: http://commons.wikimedia.org/w/index.php?title=File:Enwikipediagrowth6.PNG& oldid=21888964. Zu dieser Grafik existieren Darstellungen ab Juni 2006, die zum damaligen Zeitpunkt bereits den weiteren Verlauf vorausberechneten. Die Betrachtung der Entwicklung bis zur Version von

Mit zunehmender Bekanntheit des Projektes setzte ein schnelles Wachstum ein, das ohne den Ausbau der Serverstruktur rasch an die technischen Grenzen gestoßen wäre. Wurden im Jahr 2004 insgesamt 39 neue Server installiert, wuchs diese Zahl 2005 auf 129 Neuanschaffungen (Wikimedia Foundation 2009a).

In den folgenden Jahren vollzogen die nach der englischen Version gegründeten Wikipedia-Ableger deren Wachstum zeitversetzt nach, während spätere lokale Ableger sich analog dazu zunächst langsamer entwickelten. Bezüglich der Inhalte verschiebt sich der Fokus gleichzeitig von der Quantität zur Qualität. Trotzdem werden weitere Wachstumsrekorde aufgestellt: In 2007 sind insgesamt bereits über 7,5 Millionen Artikel mit über 1,74 Milliarden Wörtern vorhanden. Ein Jahr später wird bereits die Grenze von 10 Millionen Artikeln überschritten (Wikipedia - History 2009). Im 2. Quartal 2009 konnten die drei nach der englischen Wikipedia größten Ableger das Erreichen weiterer Meilensteine vermelden: die deutsche Wikipedia erreichte 900.000 Artikel, die französische Version wuchs auf 800.000 Einträge und der polnische Ableger verzeichnete den 600.000 Artikel. Um diese immensen Wachstumsraten zu verdeutlichen, sei folgendes Beispiel angeführt, basierend auf Daten von 2006: Der Mensch ist in der Lage, rund 600 Wörter in der Minute zu lesen. Würde sich jemand einen ganzen Monat lang volle 24 Stunden am Tag der Lektüre von Wikipedia-Inhalten widmen, so nähme er rund 26 Millionen Wörter auf. Im Juli 2006 wuchs Wikipedia jedoch monatlich insgesamt um 30 Millionen Wörter. Selbst bei ununterbrochenem Lesen wäre diese Person nicht in der Lage aufzuschließen (Wikipedia - Statistics 2009).

Heutzutage entstehen pro Tag rund 8.000 neue Artikel. Jeden Monat werden über 8,5 Millionen Seitenbearbeitungen registriert. Die Gesamtgröße der Datenbank wird auf ca. 45 Gigabyte geschätzt und beinhaltet mehr als 4,2 Milliarden einzelne Wörter[19].

Die zentralen Server müssen pro Sekunde durchschnittlich rund 46.000, in Spitzenzeiten bis zu 70.000 Anfragen an die verteilten Servercluster weiterleiten. Das dabei anfallende Datenvolumen wird für den ausgehenden Datenstrom mit 4,2 Gigabit/s und den eingehenden Datenstrom mit 570 Megabit/s beziffert, unter Höchstlast wachsen diese Werte auf 6.9 Gigabit bzw. 915 Megabit je Sekunde (siehe (Wikimedia Foundation 2009b) sowie Anhang 9.1.1 und 9.1.2). Den wachsenden Ansprüchen an Hardware und Bandbreite wird mittels einer sukzessiven Aufrüstung der Rechenzentren sowie einer zunehmend anforderungsspezifischen lokalen Einrichtung von Knotenpunkten Rechnung getragen. Eine Abnahme des Gesamtwachstums ist derzeit noch nicht zu verzeichnen, lediglich einige lokale Ableger weisen eine Verlangsamung des Wachstums auf, während eine Vielzahl kleinerer Sprachvarianten sich weiterhin rasant entwickelt.

Juni 2009 zeigt auf, dass die damaligen Prognosen nahezu deckungsgleich eintrafen. Siehe dazu „File History" auf der Seite http://commons.wikimedia.org/wiki/File:Enwikipediagrowth6.PNG.
[19] Eigene Hochrechnungen basierend auf (Kozák 2009), (Zachte 2009e) und (Zachte 2009g)

3.1.2 Interne Organisation

Als Schirmherr sämtlicher lokaler Wikipediaversionen und aller Schwesterprojekte fungiert die Wikimedia Foundation mit Sitz in San Francisco. Rechtlich gesehen handelt es sich um eine internationale und nicht staatliche Non-Profit-Organisation in Form einer Stiftung (Wikipedia - Wikimedia 2009). Die Wikimedia Foundation wurde 2003 vom Wikipedia-Gründer Jimmy Wales gegründet und trägt vorwiegend für Öffentlichkeitsarbeit, Finanzierung und Wartung der technischen Infrastruktur (vgl. Kapitel 3.5) die Verantwortung. Redaktionelle Angelegenheiten gehören nicht zu ihrem Aufgabenbereich, diese werden von den lokalen Verwaltungsorganen bearbeitet. Fast jeder größere Ableger verfügt über eine als *chapter* bezeichnete nationale Wikimedia-Organisation, überwiegend organisiert in Form eines (eingetragenen) Vereins (Wikipedia - Wikimedia 2009).

Die Finanzierung geschieht vollständig über Geld- und Sachspenden, für die mittels Banner in den einzelnen Wikipedias geworben wird. Alle Finanzangelegenheiten werden zentral von der Wikimedia Foundation verwaltet. Analog zu dem wachsenden Bekanntheitsgrad ist eine deutliche Zunahme des Finanzbedarfs zu verzeichnen (siehe Tabelle 1). Den größten Kostenträger stellt der Bereich Technologie (Bandbreite, Hardware, Gehälter) dar[20], auf den im Abrechnungs-

Zeitraum	$\sum$ in US-$
2004/2005	200.000$
2005/2006	800.000$
2006/2007	2.100.00$
2007/2008	4.600.000$
2008/2009	5.900.000$

Tabelle 1: Spendenerlöse

zeitraum 2007/2008 rund 57% der Aufwendungen entfallen, gefolgt von Finanzen und Verwaltung mit lediglich 15%. Nach aktuellem Planungsstand sollen in 2008/2009 noch 45% der Ausgaben auf die Technik entfallen, während sich die Kosten für Finanzen und Verwaltung auf 27% nahezu verdoppeln[21].

Laut ihrem Statut „Imagine a world in which every single human being can freely share in the sum of all knowledge. That's our commitment." (Wikipedia - Wikimedia 2009) fokussiert die Wikimedia Foundation den weltweiten Wissensaustausch über das Internet. Die Lizenz[22] ist daher so ausgelegt, dass jeder Mensch von jedem Ort der Welt die Inhalte jeglicher Wikipedia-Projekte bearbeiten darf. Dieser Ansatz ist in den nationalen Richtlinien[23] aller Wikipedias festgehalten und senkt die Einstiegshürden für neue Nutzer. So kann jeder Anwender sowohl die Rolle des Lesers als auch die Rolle des

---

[20] Siehe http://wikimediafoundation.org/w/index.php?title=Planned_Spending_Distribution_2007-2008 &oldid=25331
[21] Siehe http://wikimediafoundation.org/w/index.php?title=Planned_Spending_Distribution_2008-2009 &oldid=29946
[22] Die sogenannte „GNU Free Documentation Licence" ist in englischer Sprache unter folgender URL abrufbar: http://www.gnu.org/licenses/fdl.html.
[23] Teilweise geführt unter dem Anglizismus *Policies*. Weitere Kernpunkte sind a) Objektivität/Neutralität, b) Beschränkung auf belegte Fakten, c) Anführung verlässlicher Quellenangaben, d) formale Korrektheit.

Autors übernehmen. Gerade die Tatsache, dass eine große Anzahl Nutzer an der Wikipedia schreibt, sorgt – im Vergleich zu herkömmlichen Enzyklopädien – für die hohe Aktualität der Beiträge, so dass auch wichtige Ereignisse des Tagesgeschehens schnell ihren Niederschlag im entsprechenden Artikel finden (vgl. (Pentzold, Seidenglanz 2006)).

Die Richtlinien der verschiedenen lokalen Wikipedia-Ableger ähneln sich zumeist, Unterschiede manifestieren sich vorwiegend in den Vorgaben zur Artikelqualität. Die englische Wikipedia richtet sich z. B. nach dem Grundsatz, dass jegliche Art von Wissen – und sei es nur in sehr kurzen Artikeln – aufgenommen werden sollte. Daraus resultiert auch die deutlich höhere Artikelanzahl. Die deutsche Wikipedia hingegen stellt Qualität vor Quantität und löscht kurze Artikel, wenn diese nicht innerhalb einer gewissen Zeitspanne weiter ausgebaut und überarbeitet werden. Die unterschiedlich strikte Auslegung von Qualitäts- und Löschkriterien wirkt sich unvermittelt auf die Benutzerstruktur aus[24]. Die englische Wikipedia[25] verfügt bei rund dreifacher Artikelanzahl über mehr als sechsmal so viele aktive Benutzer[26] wie das deutsche Pendant[27].

Neben nicht registrierten Benutzern und solchen mit einem herkömmlichen Benutzeraccount existieren Anwender mit bestimmten erweiterten Rechten: Das „Administratorrecht" ermöglicht das Löschen und Schützen einzelner Artikel sowie das Sperren von Benutzerkonten und Bearbeiten von geschützten Seiten. Es wird nach Antrag und Abstimmung durch die Nutzer vergeben. „Bürokraten" werden ebenfalls von der Gemeinschaft ernannt und kümmern sich in erster Linie um die Verwaltung von Benutzerkonten (Umbenennung, Rechtevergabe, Löschung). Über stark eingeschränkte Rechte verfügen „Bots", Programme zum automatisierten Bearbeiten von Inhalten. Sie fügen beispielsweise neuen Artikeln Links zu äquivalenten Artikeln in anderen Sprachen hinzu oder normalisieren Datumsangaben und korrigieren bekannte Rechtschreibfehler. Einige Bereiche innerhalb der Wikipedias sind der Gruppe der „Entwickler" vorbehalten, die so neue Features in einer geschützten Zone testen können.

---

[24] Weitere Details zu Forschungen über die Wikipedia-Community finden sich in Kapitel 3.4.
[25] Vgl. http://en.wikipedia.org/wiki/Special:Statistics
[26] Registrierte Benutzer mit mindestens einer Bearbeitung innerhalb der letzten 30 Tage
[27] Vgl. http://de.wikipedia.org/wiki/Spezial:Statistik

3.2 Schwesterprojekte

Abb. 6: Schwesterprojekte
Quelle: (Wikimedia - Logo 2009)

Neben dem bekannten Hauptprojekt Wikipedia existiert eine Vielzahl weiterer Schwesterprojekte[28], die ebenfalls unter der Trägerschaft der Wikimedia Foundation mit Sitz in San Francisco (USA) stehen. Wie auch Wikipedia liegen die Schwesterprojekte in mehreren Sprachen vor und bedienen die unterschiedlichsten Themenfelder.

Da die einzelnen Projekte meist nur spezifische Nutzergruppen ansprechen, verfügen sie über einen weitaus geringeren Bekanntheitsgrad im Vergleich zur Wikipedia. Diese Tatsache lässt sich zum einen durch die spätere Gründung dieser Projekte erklären, zum anderen fehlt ihnen häufig die gesamtgesellschaftliche Relevanz, ablesbar an den niedrigeren Nutzerzahlen:

	Wikipedia	*Wikibooks*	*Wikinews*	*Wikiquote*
Gegründet	01/2001	07/2003	12/2004	07/2003
Reine Artikel	13.058.389	119.843	77.080	92.272
Seiten gesamt	46.858.954	434.058	301.443	317.671
Bearbeitungen	698.404.706	3.825.087	2.781.162	2.982.580
Administratoren	4.600	268	220	256
Reg. Benutzer	17.511.111	374.406	168.294	238.056
	Wikipedia	*Wikisource*	*Wikiversity*	*Wiktionary*
Gegründet	01/2001	11/2003	08/2006	12/2002
Reine Artikel	13.058.389	624.245	23.368	5.554.080
Seiten gesamt	46.858.954	1.804.928	135.515	7.549.424
Bearbeitungen	698.404.706	5.826.634	940.908	31.069.061
Administratoren	4.600	290	79	558
Reg. Benutzer	17.511.111	213.123	156.882	404.124

Tabelle 2: Gegenüberstellung Wikipedia-Schwesterprojekte, Datenstand: April 2009[29]

---

[28] Für eine vollständige Übersicht inklusive aller vorhandenen Sprachvarianten siehe:
http://de.wikipedia.org/wiki/Spezial:Liste_der_Wikimedia-Wikis.
[29] Die Daten für einzelne lokale Wikipedia-Ableger sind teilweise älter, weshalb die hier gelisteten aggregierten Daten keinen Anspruch auf absolute Korrektheit erheben. Zur vergleichenden Gegenüberstellung ist die Datenlage jedoch ausreichend.

Die in Tabelle 2 abzulesende Differenz zwischen *Seiten gesamt* und *reine Artikel* erklärt sich durch das Vorhandensein von Benutzer,- Diskussions-, und Koordinationsseiten, die zu den reinen Artikelseiten hinzugerechnet werden. Durch das System der Versionierung – von jedem Artikel wird nach einer Änderung eine eigene Version gespeichert – ergibt sich wiederum die hohe Anzahl an berechneten Bearbeitungen. Auch bei mehreren Artikelversionen wird ein Artikel nur einmal unter *reine Artikel* erfasst.

Da die tabellarische Übersicht nur einzelne Aussagen zum Stand der Projekte zu einem konkreten Zeitpunkt erlaubt, lässt sich daraus wenig über die bisherige Entwicklung und das zukünftige Potential ablesen. Wesentlich aufschlussreicher gestaltet sich die Betrachtung vergangener Perioden, die Aufschluss über die Geschwindigkeit des Wachstums sowie die zunehmende Bedeutung des Portals geben:

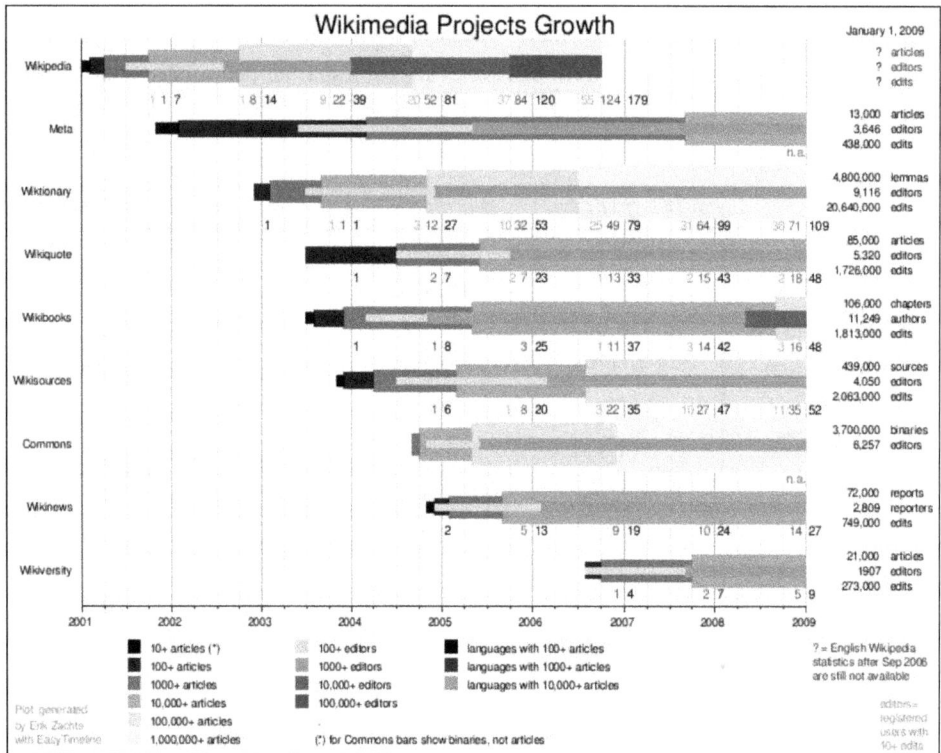

Abb. 7: Entwicklung der einzelnen Wikipedia-Projekte, Quelle: (Zachte 2009e)

Abb. 7 aggregiert eine Vielzahl aufschlussreicher Daten; konkret handelt es sich um eine Gegenüberstellung des Wachstums verschiedener Projekte (Y-Achse), von denen jeweils Daten zu Artikelanzahl, Anzahl beteiligter Nutzer sowie Sprachversionen mit einer vordefinierten Mindestanzahl an Artikeln unterhalb des jeweiligen Balkens in chronologischer Reihenfolge (X-Achse) angegeben sind. Schnell erschließt sich dem

Betrachter der Beginn des Projektes, und auch der Status zu Beginn des Jahres 2009 lässt sich – mit Ausnahme unvollständiger Daten für Wikipedia – leicht vergleichen. So können als erfolgreichste Schwesterprojekte Wiktionary und Commons identifiziert werden. Sie wachsen schneller und weisen die höchste Anzahl von Artikeln und registrierten Nutzern aus, während Wikiquote und Wikinews deutlich längere Phasen zum Erreichen bestimmter Artikel-/ bzw. Benutzergrenzen benötigen.

Diese Daten sollten jedoch nicht isoliert betrachtet werden, eine Bewertung sollte immer im jeweiligen Projektkontext erfolgen. So ist Wikimedia Commons eher als ein zentrales Repository für alle anderen Schwesterprojekte einzustufen und kein eigenständiges Projekt im eigentlichen Sinne. Zur genaueren Differenzierung werden daher im Folgenden die einzelnen Schwesterprojekte – in alphabetischer Reihenfolge – sowie verwandte Projekte näher beschrieben.

3.2.1 Wikibooks

Wikibooks verfolgt das Ziel, eine offene Bibliothek von Fach-, Lehr- und Sachbüchern zu erstellen, an denen jeder mitarbeiten kann. Die vorgenommene Beschränkung des Literaturformates schließt sowohl fiktionale als auch nicht-fiktionale Literatur aus. Um den vorgegebenen Relevanzkriterien und Richtlinien[30] gerecht zu werden, existieren in einigen lokalen Versionen weitere Ableger, beispielsweise Wikibooks-Sektionen speziell für Kinder oder in der englischen Wikibooks-Version eine eigene Rubrik für Kochbücher.

Gegründet am 10. Juli 2003 (englische Version) finden Nutzer weltweit rund 120.000 Artikel – Wikibooks benutzt dafür den Terminus *Kapitel* – in über 70 verschiedenen Sprachen und Dialekten, wobei jedoch nur zwei lokale Ableger mehr als 10.000 und 17 mehr als 1.000 Artikel aufweisen. Das Spektrum reicht dabei von Abhandlungen über die europäische Geschichte über Bücher zur Kommunikationstheorie bis hin zu sozial- und naturwissenschaftlichen Werken.

Aufgrund des Wikicharakters des Projektes – jeder kann jederzeit jeden Artikel verändern – werden Bücher in Wikibooks nie wirklich abgeschlossen, sondern befinden sich in einem Zustand kontinuierlicher Bearbeitung. Diese Dynamik erschwert mitunter die Bestimmung des Autors oder der Hauptautoren eines Buches. Für die auf Reputation basierende Wissenschaftspublizistik stellt gerade die unklare Autorenschaft eine wesentliche Hürde für das Wikibooks-Projekt dar, die einer herausragenden Bedeutung in der wissenschaftlichen Publizistik entgegensteht. Folglich ist ein überproportional hoher

---

[30] Für eine klare Abgrenzung vergleiche: http://en.wikibooks.org/wiki/WB:WIW.

Laienanteil unter den Autoren (für weitere Details vergleiche (König 2009, S. 23)) sowie eine Konzentration auf Einführungswerke zu verzeichnen.

Obwohl ursprünglich als Instrument für die schulische und universitäre Lehre gedacht, ist die Verbreitung und Bekanntheit von Wikibooks in diesem Bereich noch sehr gering und eher experimentell geprägt. (König 2009) führt die Zurückhaltung unter den Lehrenden insbesondere auf die mangelnde Kontrollierbarkeit der Beiträge und die damit verbundene Unkalkulierbarkeit der Qualität zurück. Die Attraktivität für Lehrende, selbst innerhalb von Wikibooks als Autor tätig zu werden, wird gemindert durch die geringe Nachvollziehbarkeit der Leistung des Einzelnen und der nicht eindeutig ausweisbaren Urheberschaft.

3.2.2 Wikinews

Wikinews, das Nachrichtenportal der Wikimedia, sieht sich selbst als alternative Informationsquelle zu kommerziellen Nachrichtenseiten. Die Inhalte werden kollaborativ von verschiedenen Nutzern erarbeitet und decken mannigfache Themengebiete ab, wobei auch externe Quellen herangezogen werden, sofern sie dem Neutralitätsaspekt gerecht werden. In mittlerweile 27 Sprachen (Zachte 2009f) kann sich jeder als „Bürgerjournalist" an der Erstellung und Verbreitung journalistischer Artikel beteiligen. Die Auswahl der Nachrichten für die Hauptseite und die konkrete Ausgestaltung einzelner News geschieht durch Abstimmung innerhalb der Community und entspricht dem aus der Wikipedia bekannten Grundprinzip der Konsensfindung[31]. Um den sich selbst gestellten hohen Qualitätsanforderungen gerecht zu werden, müssen sämtliche Informationen durch verlässliche Quellen belegt werden, andernfalls droht die umgehende Löschung des Newsartikels oder der entsprechenden Abschnitte (Wikinews 2008).

3.2.3 Wikiquote

Zitate aus zahlreichen Quellen finden sich der mittlerweile in 88 Sprachen (Zachte 2009b) verfügbaren freien Zitatensammlung Wikiquote. Die hier aggregierten bekannten Aussprüche werden unterteilt in *überprüfte Zitate*, für die eine eindeutige Quellenangabe vorliegt, *zugeschriebene Zitate*, deren Herkunft nicht eindeutig belegt werden kann, und *Zitate über* die betreffende Person selbst.

---

[31] Für weiterführende Informationen vergleiche die Studie „The Hidden Order of Wikipedia" von (Viégas et al. 2007).

Wikiquote ist eng mit Wikipedia verknüpft. In vielen Wikipedia-Artikeln wird auf die Zitate von oder über die jeweilige Person verlinkt, Wikiquote wiederum verweist innerhalb des eigenen Portals zurück auf den entsprechenden Wikipedia-Eintrag.

3.2.4 Wikisource

Wikisource dient nicht – wie der Name vermuten lässt – der Sammlung von Programmquelltexten (engl. "Source Code"), sondern widmet sich der Sammlung lizenz- und urheberrechtsfreier Texte, um diese für die Nachwelt verfügbar zu machen. Aus Urheberrechtsgründen überwiegen ältere Texte, da zur Freistellung eines Textes von Rechtsansprüchen nach deutscher Gesetzgebung der Autor vor mindestens 70 Jahren verstorben sein muss.

Die Schriften wurden zumeist bereits veröffentlicht, liegen aber noch nicht in digitaler Form vor, so dass die Digitalisierung solcher Texte den Arbeitsschwerpunkt des Wikisource Projektes bildet. Hierzu wird die Originalquelle zunächst gescannt oder abfotografiert. Mittels Texterkennungsprogrammen kann der Großteil der Textbausteine vollautomatisch digitalisiert werden. Eine manuelle Nacharbeitung wird aber stets durchgeführt, da die teils sehr alten oder in seltenen Schriftsätzen vorliegenden Werke nicht immer automatisiert verarbeitet werden können und kein Text ohne Endkontrolle aufgenommen wird.

Wikisource möchte keine schlichte Textsammlung sein, sondern legt den Schwerpunkt auf seltene Texte, die für gewöhnlich über das Internet nicht zugänglich sind. Zusätzlich bietet das Projekt die Möglichkeit, einführende oder erklärende Texte dem Originaltext hinzuzufügen, z. B. um Fachvokabular begreiflich zu machen (Wikisource 2008).

3.2.5 Wikispecies

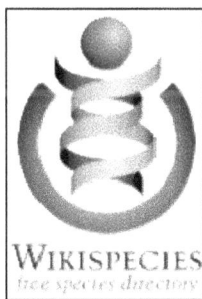

Die Erstellung eines offenen, für jeden frei zugänglichen Artenverzeichnisses verfolgt Wikispecies (Wikispecies 2009). Aufgrund des sehr spezifischen Charakters definiert Wikispecies als Zielgruppe primär Nutzer aus den Naturwissenschaften, während alle anderen Schwesterprojekte sich den allgemeinen Internetnutzern verpflichtet sehen. Eine mehrsprachige Ausrichtung liegt – im Unterschied zu anderen Projekten – nicht vor, da sich die Taxonomien aus den lateinischen Fachtermini ergeben und nur ein Verzeichnis der Übersetzungen der jeweiligen Unterart wie z. B. *Aal* oder *Afrikanischer Elefant* geführt wird.

3.2.6 Wikiversity

 Die vergleichsweise geringe Artikelanzahl (vgl. Tabelle 2) erklärt sich dadurch, dass es sich bei Wikiversity um das jüngste unter den Schwesterprojekten handelt. Von der strategischen Ausrichtung – "Durch die Entwicklung und Bereitstellung freier Kurs- und Lernmaterialien soll der ungehinderte Zugang zum Wissen verbessert werden." (Wikiversity 2009) – dem Wikibooks-Projekt sehr ähnlich (vgl. Kapitel 3.2.1), basiert es doch auf einer anderen Grundstruktur. Während sich Wikibooks in seinem Design und seiner Terminologie an einem herkömmlichen Sachbuch orientiert, ist Wikiversity wie eine Universität mit mehreren Fachbereichen und einem Campus als zentraler Plattform organisiert. Das Projekt verfügt sogar über eine virtuelle Bibliothek, die Nutzern über Hyperlinks den strukturierten Zugriff auf externe Informationen wie frei zugängliche wissenschaftliche Ressourcen (z. B. in anderen Wikimedia-Projekten) und Informationsdienste einräumt.

Diese Wikiversity-Plattform soll dem gemeinschaftlichen Lernen, Lehren, Nachdenken und Forschen dienen sowie den fachlichen Gedankenaustausch fördern. Die didaktische Aufbereitung von Wissen findet in Kursen statt, die für jeden frei zugänglich sind. Darüber hinaus werden Kolloquien abgehalten, die dem fachlichen Gedankenaustausch dienen. Zusammengefasst werden diese Veranstaltungen in einzelnen Projekten, die sich jeweils einer konkreten Fragestellung widmen (Wikiversity 2009).

Das Niveau entspricht nicht immer dem einer herkömmlichen Universität, sondern deckt unterschiedliche Lernlevel ab. Wissensvermittlung findet primär in Formen des „Learning by Doing" oder experimentellen Lernens statt. Als derzeit einziges Schwesterprojekt bietet Wikiversity interaktive Möglichkeiten in Form von fragebasierten Lernzielkontrollen. Auch der ansonsten geforderte „neutrale Standpunkt" rückt bei den vorgegebenen Richtlinien in den Hintergrund, um den Autoren bei der Vermittlung von Forschungsergebnissen eine gewisse akademische Freiheit zu gewähren und die Erzeugung neuen Wissens nicht durch starre Restriktionen zu behindern.

Nach einer Studie von (König 2009) konnte sich die Plattform bisher nicht weitläufig etablieren; die bei solchen Internetprojekten benötigte kritische Benutzermasse scheint noch nicht erreicht (für weitere Hintergrundinformationen und Begründungen vergleiche auch (Wannemacher 2008)).

3.2.7 Wiktionary

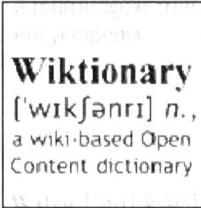

Mit über 170 lokalen Ablegern und mehr als fünf Millionen Einträgen (Zachte 2009c) ist Wiktionary – innerhalb des deutschen Ablegers *Wikiwörterbuch* genannt – nach Wikipedia das bekannteste Projekt der Wikimedia Foundation. Jeder lokale Ableger des frei verfügbaren, mehrsprachigen Wörterbuches verfolgt das Ziel, Übersetzungen in allen anderen Sprachen bieten zu können, ein Anspruch, der weit über den Funktionsumfang herkömmlicher Wörterbücher hinausgeht. Neben der reinen Übersetzung einer Vokabel werden ihre verschiedenen Bedeutungen und Synonyme angeführt; auch Angaben zur Aussprache – teilweise mit Hörbeispielen – sowie zu Silbentrennung und Herkunft des Wortes sind dort verzeichnet. Es bleibt jedoch anzumerken, dass nicht alle diese Einträge durch Nutzer erfolgt sind. Aufgrund der fest vorgegebenen Datenstruktur werden zahlreiche Daten automatisch von Bots eingepflegt, die sich bestehender Wörterbücher oder Thesauri bedienen, um fehlende Einträge zu ergänzen (Wikipedia - Wiktionary 2009).

3.2.8 Verwandte Projekte

Mediawiki

Die internetbasierte, freie Wiki-Software Mediawiki wird von allen Wikimedia-Projekten und einer Vielzahl von Firmen und Privatnutzern als Wissens- und Content-Management-System genutzt (zu den technischen Details vgl. Kapitel 3.5). Nachdem das Projekt zu Beginn nur von einigen wenigen Programmierern vorangetrieben wurde, beteiligen sich inzwischen über 150 Entwickler an der Verbesserung der PHP-basierten Software (Wikimedia 2009 - Subversion user list). Der große Entwicklerkreis sorgt durch sukzessive Verbesserungen dafür, dass das Programm auf einer der am häufigsten besuchten Internetseiten (Wikipedia) auch bei hohen Benutzerzahlen schnell und zuverlässig arbeitet. Diese Robustheit, zusammen mit der Vielzahl an Erweiterungen für das System, hat insbesondere in Unternehmen und öffentlichen Einrichtungen zu einer weiten Verbreitung geführt.

Metawiki

Metawiki wird von der Wikimedia Foundation als Koordinationsseite für alle Projekte und zur Dokumentation wichtiger Informationen genutzt. Dort werden grundlegende Richtlinien diskutiert, die für alle Schwesterprojekte relevant sind, sowie länderübergreifende Aspekte abgestimmt. Ursprünglich als Auslagerungsseite für alle nicht direkt die Wikipedia betreffenden Inhalte erstellt, verlagert sich die Aufgabe dieses speziellen Wikis heute zunehmend in den Bereich eines Koordinationstools. Es dient der Wikimedia Foundation als Sprachrohr für offizielle Nachrichten, verzeichnet die einzelnen Mailinglisten, Wikipedia-Ableger und Schwesterprojekte und listet außerdem verschiedene Statistiken auf.

Commons

Lanciert im September 2004, verfolgt Wikimedia Commons das Ziel, den Schwesterprojekten einen zentralen Speicherort für alle denkbaren Mediendaten zur Verfügung zu stellen, entsprechend einer projektübergreifenden Medienbibliothek, aus der sich alle Ableger bedienen können. Während zuvor alle Projekte ihre Daten selbst verwalteten, werden nach der Umstellung bereits über 4,5 Millionen Dateien in Wikimedia Commons vorgehalten (Wikipedia - Wikimedia Commons 2009).

3.3 Kollaborative Wissensgenerierung – Analyse eines revolutionären Konzeptes

In den letzten Jahren entstanden unter dem Modewort *Web 2.0* eine Vielzahl Internetplattformen, die sich dem Grundsatz des „User generated content" verschrieben. Aus diesem Hype gingen einige sehr bekannte und inzwischen etablierte Internetseiten hervor, zu denen auch die Wikipedia zu zählen ist.

Es stellt sich die Frage sowohl nach den wesentlichen Erfolgsfaktoren, dem Funktionieren der weltweiten Zusammenarbeit in der Realität sowie der Ursache des Scheiterns anderer Projekte. Eine satirische Erklärung für den Erfolg Wikipedias liefert der amerikanische Komiker Stephen Colbert[32]: „The problem about Wikipedia is, that it just works in reality, not in theory." (Wikiquote 2009).

---

[32] * 13. Mai 1964, politischer Satiriker und Parodist

Die Frage nach den Ursachen der Popularität von Wikipedia wird ebenso wie die nach den theoretischen Grundlagen des Begriffs *Wisdom of Crowds* im folgenden Abschnitt bearbeitet. Es folgt eine Betrachtung der Qualität der Artikel unter Einbeziehung des Vandalismusproblems sowie die Diskussion der Nutzung von Wikipedia als Quelle wissenschaftlichen Arbeitens. Der Abschnitt schließt mit einer Untersuchung der Mitgliederstruktur, wobei der kausale Zusammenhang zur Artikelqualität hergestellt wird.

3.3.1 Der Grundgedanke

Wikipedia selbst kann als das umfassendste Projekt zur kollaborativen Zusammenarbeit und Inhalteerstellung angesehen werden. Oft fällt in diesem Zusammenhang der Begriff *Wisdom of Crowds* (*Weisheit der Vielen*). Er entstammt dem 2004 von James Surowiecki veröffentlichten Werk „The Wisdom of Crowds – Why the Many Are Smarter Than the Few and How Collective Wisdom Shapes Business, Economies, Societies and Nations" (Surowiecki 2004). Seine Argumentation mündet in der These, dass die Aggregation von Informationen durch eine Gruppe zu einem Ergebnis führt, das meist näher an der Wahrheit liegt als die Schätzungen der einzelnen Individuen. Übertragen auf die Inhalte einer Enzyklopädie sollte deren Qualität durch die Einflussnahme vieler verschiedener Benutzer positiv geprägt werden. Inzwischen hat sich die Informationswissenschaft dieses Phänomens angenommen und es umfassend untersucht (vgl. Kapitel 3.4).

Theoretisch ließe sich aufgrund der hohen Mitgliederanzahl von Wikipedia die These aufstellen, dass das vorhandene Artikelspektrum die verschiedenen wissenschaftlichen Fachrichtungen gleichmäßig abdecken müsste. Wie Kapitel 3.4.1 jedoch aufzeigt, handelt es sich hierbei um eine falsche Schlussfolgerung. Trotz des breiten Nutzerspektrums existieren Nischen, die von dem positiven Effekt der Weisheit der Vielen ausgenommen bleiben.

3.3.2 Vandalismus, „Edit Wars" und Maßnahmen zur Qualitätssicherung

In der Wikipedia kann grundsätzlich jeder Benutzer neue Inhalte hinzufügen oder vorhandene Inhalte korrigieren und sogar löschen. Gerade die geringen Einstiegshürden zur Beteiligung am kollaborativen Schreiben sind als eine der Hauptursachen dafür anzusehen, dass das vorliegende Konzept funktioniert und sich Wikipedia weltweit als führende Online-Enzyklopädie etablieren konnte. Gleichzeitig scheint die Möglichkeit zum Löschen einzelner Artikelabschnitte oder sogar ganzer Artikel nachvollziehbare Befürchtungen bezüglich Vandalismus hervorzurufen, denen Wikipedia mittels verschiedener Maßnahmen entgegenwirkt. So wird nach jeder Änderung eine neue

Artikelversion erstellt, während die vorherigen Versionen in der Datenbank archiviert werden. Dieses Vorgehen führt dazu, dass bei unsinnigen Änderungen oder sogar Löschen eines Artikels – ob irrtümlich oder durch bewussten Vandalismus – dieser aus der Historie wiederhergestellt werden kann. Zudem führten Untersuchungen (vgl. (Bichlmeier 2006, S. 149)) zu dem Ergebnis, dass Vandalismus sehr schnell von den Benutzern bemerkt und korrigiert wird[33]. Sogenannte Beobachtungslisten unterstützen diese Selbst-regulation. Diese Listen, die auf der Benutzerseite erscheinen, enthalten eine Auflistung der kürzlich editierten Artikel, die von registrierten Nutzern beobachtet werden.

Aufgrund des vorgenommenen Monitorings besteht die Möglichkeit, bei Vandalismus sehr schnell einzugreifen und korrigierend tätig zu werden, was durch folgende Grafik belegt wird:

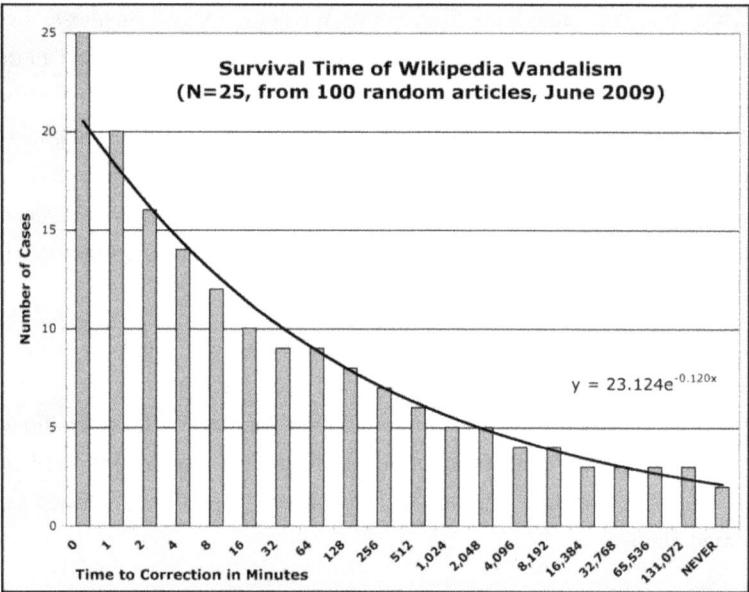

Abb. 8: Überlebensdauer von Vandalismus in Wikipedia, Quelle: (Cobb 2009)

Das Ändern von Artikelinhalten kann sich, insbesondere bei inhaltlich sensiblen Artikeln zu geschichtlichen, religiösen oder politischen Themen, als problematisch erweisen, da hier die Autorenschaft durchaus unterschiedliche Sichtweisen vertreten kann, die eine Konsensfindung erschweren. Um bei einer großen Anzahl beteiligter Personen mit differenten Ansichten einen für alle Seiten akzeptablen Text zu formulieren, erfolgt eine Einigung häufig auf Basis des kleinsten gemeinsamen Nenners. Lässt sich dieser nicht

---

[33] Aktuelle Zahlen für die englische Wikipedia finden sich unter http://en.wikipedia.org/wiki/Wikipedia: Vandalism_statistics.

finden, mündet der Konflikt mitunter in sogenannten *Edit Wars*, in denen Autoren mit gegensätzlichen Ansichten die Änderungen anderer Verfasser umgehend verwerfen, um ihre eigene Sicht der Dinge durchzusetzen. Diese Konflikte werden innerhalb der Community auf speziellen Seiten diskutiert und durch Administratoren überwacht. Diese verfügen über erweiterte Rechte und können die Bearbeitung eines Artikels temporär blockieren oder uneinsichtige Nutzer sperren.

Zentraler Anlaufpunkt für alle Formen des Qualitätsmanagements ist das Wartungsportal, das eine Übersicht gegenwärtiger Maßnahmen und Projekte bietet. Bewährt hat sich das Konzept der Markierung von Artikeln mittels Wartungsbausteinen, um auf unzureichende Qualität hinzuweisen und zugleich zur Verbesserung des Artikels aufzurufen. Analog erfolgt die Auszeichnung besonders hochwertiger Artikel als *exzellent* oder *lesenswert*. Wie in der Wissenschaftpublizistik geht solch einer Auszeichnung zunächst ein Reviewprozess[34] voraus, bei dem:

- der Artikel durch eine größere Leserschaft analysiert wird,
- mögliche Mängel aufgezeigt werden und
- eine Diskussion zur weiteren Optimierung angestoßen wird.

Im Mai 2008 wurde zusätzlich im Rahmen der Qualitätsoptimierung das Prinzip der *gesichteten Artikel* eingeführt. Nicht angemeldete Benutzer sehen seitdem nicht automatisch die aktuelle Version eines Artikels, sondern werden auf die zuletzt als gesichtet markierte Version verwiesen. Die Sichtung eines Artikels kann nur von Nutzern mit Sichtungsrechten vorgenommen werden, dies sind in der Regel erfahrene Wikipedianer mit einer Mindestanzahl von 200 Artikelbearbeitungen (Wikipedia - Gesichtete Versionen 2009). Anonyme Anwender dürfen zwar weiterhin Änderungen an Artikeln vornehmen, die bearbeitete Version wird aber erst nach erneuter Überprüfung allen Nutzern zugänglich (Kleinz 2008).

In einem weiteren Schritt soll die Einführung von *geprüften Artikeln* innerhalb der Wikipedia-Community diskutiert werden. Dieses Prinzip zielt darauf ab, alle Kernaussagen eines Artikels durch Sekundärliteratur zu verifizieren. Schrittweise sollen auf diese Weise der Artikelbestand sowohl auf Fehler überprüft als auch Fakten durch zusätzliche Quellen belegt werden, für deren Erfassung ein zusätzliches Kommentarfeld eingeführt werden soll (Wikipedia - Geprüfte Versionen 2009).

---

[34] Für weiterführende Details siehe (Viégas et al. 2007).

3.3.3 Verwendbarkeit von Wikipedia als Quelle

In welchem Umfang die im vorherigen Kapitel geschilderten Schritte zur Qualitätssteigerung durch die Wikipedianer umgesetzt werden können, bleibt fraglich, da sie mit einem erheblichen Aufwand verbunden sind. Zwar hat sich das zuvor exponentielle Wachstum der Artikelanzahl – zumindest bei den größeren Wikipedias – mittlerweile abgeschwächt, damit einhergehend verringerte sich jedoch ebenfalls die Anzahl der Autoren, deren Hilfe für Maßnahmen zur Qualitätssicherung benötigt wird (Ortega 2009). Alle geplanten Vorhaben basieren auf anerkennenswerten Intentionen, ob Wikipedia jedoch den Weg von einem Online-Lexikon zu einem verlässlichen, zitierfähigen Werk einschlagen kann, bleibt zweifelhaft. Aktuell wird sowohl von Seiten der Universitäten als auch durch schulische Institutionen davon abgeraten, Wikipedia als verbürgte Quelle zu nutzen (Bichlmeier 2006, S. 153f). Um einen generellen Überblick zu einem Themengebiet zu erhalten, stellt Wikipedia eine sinnvolle erste Informationsquelle dar; sobald jedoch die Verifizierung konkreter Fakten über angemessene Quellen gefragt ist, erweist sich das Heranziehen zusätzlicher Literatur als unabdingbar.

In diesem Zusammenhang ist zu eruieren, wie Qualität innerhalb einer Enzyklopädie gemessen werden kann, eine Frage, die bereits von mehreren Forschergruppen unter verschiedenen Aspekten betrachtet wurde (vgl. Kapitel 3.4). Ein breites Medienecho rief seinerzeit ein Artikel in der Zeitschrift „nature" hervor, in welchem (Giles 2005) insgesamt 42 Artikel der englischen Wikipedia den Einträgen in der Encyclopaedia Britannica gegenüberstellte. Die Untersuchung ergab ein gleichwertiges Qualitätsniveau, lediglich bei den Punkten „geringfügige sachliche Fehler", „missverständliche Formulierungen" und „Vollständigkeit" konnte die Encyclopaedia Britannica besser abschneiden (Bichlmeier 2006, S. 152). Die Ergebnisse riefen einen Disput zwischen dem Wissenschaftsjournal und dem Herausgeber der Encyclopaedia Britannica hervor, der nature eine methodisch falsche Untersuchung vorwarf (Encyclopædia Britannica 2006). In einer Stellungnahme wies nature alle Vorwürfe zurück (nature Publishing Group 2006) und verteidigte die wissenschaftliche Vorgehensweise (zu den Details vergleiche (Becker, Pfeiffer 2006)).

Anhand dieses Beispiels konnte dargelegt werden, dass die Messung der Artikelqualität, unter verschiedenen Gesichtspunkten betrachtet, in kontroverse Diskussionen einmünden kann. Bezüglich der o. g. Untersuchung bleibt auszuführen, dass die Aggregation von Untersuchungsergebnissen nichts über die Qualität einzelner Artikel aussagt. Gerade innerhalb der Wikipedia finden sich sowohl exzellente als auch schlechte Einträge, während die Artikelqualität innerhalb der Encyclopaedia Britannica aufgrund der hohen Qualifikation der Autoren ein konstanteres Niveau aufweist.

Ein weiterer Untersuchungsaspekt bleibt in der Studie unberücksichtigt: Aufgrund der Bereitstellung der Artikel im Internet und bedingt durch die große Nutzeranzahl besitzt Wikipedia deutliche Vorteile in Bezug auf die Aktualität der Inhalte. Umgekehrt ergeben sich aus diesen Voraussetzungen mitunter negative Konsequenzen in Form von schlecht geschriebenen und häufig sehr unstrukturierten Artikeln. Solche Mängel treten in der Encyclopaedia Britannica wesentlich seltener auf (Giles 2005, S. 901).

Aufschlussreich ist in diesem Zusammenhang eine Studie von (Rosenzweig 2006), der Artikel über historische Persönlichkeiten aus drei verschiedenen Quellen untersuchte: der englischsprachigen Wikipedia, der Enzyklopädie „Encarta" von Microsoft und der „American National Biography Online". Im Ergebnis sind die Artikel in Wikipedia denen der Encarta qualitativ ebenbürtig, jedoch deutlich umfangreicher, während die auf das historische Fachgebiet spezialisierte American National Biography in quantitativer und qualitativer Hinsicht deutlich besser abschneidet. Analog zu der nature-Untersuchung bemängelt auch (Rosenzweig 2006) ähnliche Qualitätsaspekte in Wikipedia-Artikeln. Quellen- und Literaturangaben folgen nicht immer wissenschaftlichen Grundsätzen und Artikel beinhalten vielfach triviale, überflüssige Aussagen, so dass sich ihre Struktur oft als zusammengewürfelt darstellt. Diese mangelnde Konsistenz charakterisiert eine offensichtliche negative Konsequenz des kollaborativen Schreibens. Professionellen Autoren hingegen gelingt es besser, sich in wenigen Worten exakt auszudrücken, Zitate einzubauen und einen nachvollziehbaren Kontextbezug herzustellen (Rosenzweig 2006, S. 130).

(Bichlmeier 2006) zieht in seiner Untersuchung zur Qualität der Wikipedia-Inhalte ebenfalls die Schlussfolgerung, die Online-Enzyklopädie nicht als Quelle heranzuziehen (Bichlmeier 2006, S. 153). Sein Fazit basiert zum einen auf der bereits angesprochenen problematischen Nachvollziehbarkeit der Qualifikationen und Referenzen der Autoren, die sich in einem ungenauen Gebrauch fachlicher Terminologien ausdrückt (vgl. auch (Miller et al. 2006)). Zum anderen führt er die zu einem Artikel angeführten Bibliografien an, die oft nicht den neusten wissenschaftlichen Stand widerspiegeln oder, trotz der Forderung, jede Kernaussage eines Artikels mit einer angemessenen Quelle zur Verifizierung zu belegen, unvollständig sind. Wichtige Merkmale wissenschaftlichen Arbeitens bleiben somit vielfach unberücksichtigt.

Abschließend sei auf einen weiteren Umstand hingewiesen: Mag auch auf den ersten Blick der Eindruck entstehen, dass sich an jedem Artikel stets eine Vielzahl von Autoren beteiligt, so bleibt die Tatsache hervorzuheben, dass das große Artikelspektrum sehr vielschichtige Fachrichtungen abdeckt. Dieser Umstand widerspricht teilweise der These der Weisheit der Vielen, die oft mit Wikipedia in Verbindung gebracht wird und besagt, dass bei einer Vielzahl von Autoren Fehler in einem Text schnell bemerkt und korrigiert werden. Die hohe Anzahl von Einträgen in der Wikipedia bewirkt jedoch, dass dieses Prinzip nicht in allen Nischen greifen kann, eine Tatsache, die durch die mitunter stark ausgeprägten Unterschiede bezüglich Artikelqualität und Artikelumfang untermauert wird.

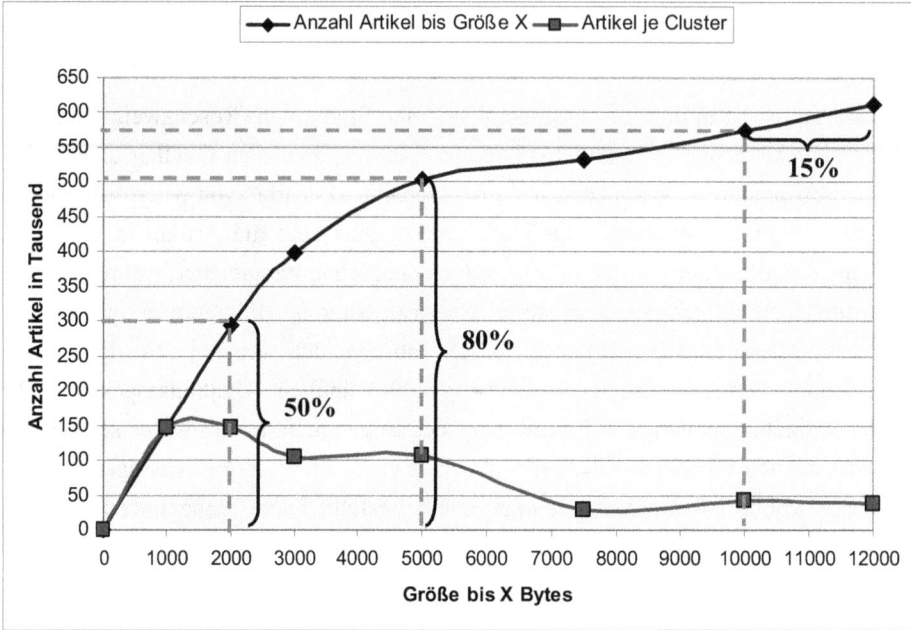

Abb. 9: Verteilung der Artikelgröße bei Wikipedia-Artikeln

Abb. 9 veranschaulicht die Verteilung der Artikelgrößen: Ca. 50% aller Artikel der deutschen Wikipedia erreichen lediglich einen Umfang von 2.000 Bytes, 80% nicht mehr als 5.000 Bytes und lediglich 15% aller Einträge können mit einer Gesamtgröße von mehr als 10.000 Bytes als ausführliche Artikel angesehen werden.

Die aus der Analyse der Artikelgrößen abzuleitenden Konsequenzen sind nicht zu unterschätzen, denn sehr spezielle und daher von der breiten Masse wenig frequentierte Einträge spiegeln gelegentlich nur die Sichtweise eines einzelnen Autors wider. In Ermangelung der Einbeziehung weiterer Aspekte oder einer kritischen Auseinandersetzung mit konträren Standpunkten sollten besonders diese Inhalte – trotz evtl. schwieriger Quellenlage – nicht zitiert werden.

Im Rahmen dieser Arbeit wird die Wikipedia deshalb lediglich als Referenz für Daten über Wikipedia selbst und zu ihren Schwesterprojekten herangezogen, da die von der Wikimedia-Foundation zur Verfügung gestellten Informationen nicht in gedruckter Form bereitgestellt werden bzw. Alternativquellen nicht verfügbar sind. Hier handelt es sich um den Sonderfall, dass Informationen über eine bestimmte Institution nur von dieser selbst herausgegeben werden, so dass Angaben Dritter nicht genutzt werden können.

3.4 Wikipediaforschung

Einhergehend mit der zunehmenden Bekanntheit der Wikipedia findet die Beschäftigung mit der Online-Enzyklopädie Eingang in die wissenschaftliche Forschung. Vielfach wird in den Medien undifferenziert vom „Phänomen Wikipedia" gesprochen. Da Wissenschaft danach strebt, nicht näher definierte ungewöhnliche Erscheinungen sachlich zu untersuchen, bildete sich unter dem Terminus *Wikipedistik* gleich ein ganzer Forschungszweig, der sich der Analyse von Wikipedia aus verschiedenen Blickwinkeln annimmt. Nachdem sich anfänglich hauptsächlich die Computerwissenschaft mit Wikipedia auseinandersetzte (vgl. Kapitel 3.4.1), stießen im Laufe der Zeit weitere Fachbereiche hinzu, darunter auch weniger bekannte wie die Bibliothekswissenschaft (siehe z. B. die Arbeit von (Danowski, Voß 2005)).

Der folgende Abschnitt befasst sich hauptsächlich mit Arbeiten aus den Forschungsgebieten Computerwissenschaft (Untersuchungen über kollektives Schreiben), Sozial- und Verhaltenswissenschaft (Analyse der Community-Struktur und Benutzermotivation, vgl. Kapitel 3.4.1) sowie Bildungswissenschaft (Betrachtung der Artikelgüte, vgl. Kapitel 3.4.2).

Zwei wegweisende Veröffentlichungen befassten sich bereits weit vor der Wikipedia-Ära mit Kollaboration innerhalb eines größeren Netzwerkes: Im Jahr 1990 veröffentlichten (Neuwirth et al. 1990) eine erste Studie, die sich mit den Möglichkeiten der gemeinsamen Inhalte-Erstellung über das Internet auseinandersetzt. Ihre Abhandlung mündet in der Herausarbeitung einiger zentraler Aspekte als wesentliche Voraussetzungen für die erfolgreiche Umsetzung eines solchen Projektes, die auch heute noch ihre Gültigkeit besitzen (vgl. (Ortega 2009, S. 19)).

Ein ähnlicher Untersuchungsansatz liegt der Forschungsarbeit von (Dourish, Belotti 1992) zugrunde. In ihrer Arbeit befassen sie sich ebenfalls mit dem kollaborativen Schreiben in einem Netzwerk, konzentrieren sich in ihren Betrachtungen jedoch auf die Kommentare der Teilnehmer und den gegenseitigen Meinungsaustausch. Sie führten bereits 1992 den Terminus *Shared Feedback* in den wissenschaftlichen Diskurs ein, der in zahlreiche Forschungsarbeiten zu Wikipedia übernommen wurde.

Während sich diese frühen Abhandlungen mit der Theorie des kollaborativen Schreibens befassten, basiert der größte Teil der jüngeren publizistischen Werke auf der Betrachtung konkreter Praxisbeispiele. Grundlage aller Forschungsbemühungen sind die umfangreichen und sehr detaillierten Datenbestände in der Wikipedia, aus denen sich vielfältige Informationen gewinnen lassen. Wie in Kapitel 3.3.2 bereits erwähnt, wird jede einzelne Bearbeitung in der Datenbank gespeichert, so dass die Möglichkeit besteht, aus diesen einzelnen Momentaufnahmen z. B. Historien abzuleiten. Einhergehend mit der enormen Datenmenge sieht sich die Informationswissenschaft jedoch vor die Herausforderung gestellt, immer effizientere Algorithmen zu entwickeln, um Analysedaten aus solch großen Datenbeständen performant zu selektieren; ein Problem, für das im Rahmen dieser Forschungsarbeit bei vielen Aspekten eine Lösung erarbeitet werden musste (siehe Kapitel 4-7).

3.4.1 Community und Motivation der Benutzer

Bereits vor der Etablierung von Wikipedia als größte Online-Enzyklopädie erfolgte die Erforschung von Organisationsstruktur und Kontributoren bei anderen Open-Source-Projekten[35]. (Raymond 2001) verglich das in der herkömmlichen Softwareentwicklung dominierende Kathedralenmodell mit dem von vielen Open-Source-Projekten genutzten Bazarmodell. Ersteres basiert auf einer strengen Hierarchie und Aufgabenverteilung mündend in einem Release-Zyklus, bei dem eine Software stets erst nach Abschluss eines bestimmten Entwicklungszeitraumes zur Verfügung gestellt wird. Beim Bazarmodell hingegen kann der jeweils aktuellste Quellcode jederzeit von interessierten Nutzern abgerufen werden und es dominieren flache Hierarchien. Für die dezentral geprägte Softwareentwicklung in Open-Source Projekten hat sich das Bazarmodell als deutlich überlegen herausgestellt.

Den Einfluss, den die Ausgestaltung von Organisationsstrukturen und die Hierarchisierung ausüben, untersuchten Krowne und Bazaz in ihrer Ausarbeitung „Authority models for collaborative authoring" am Beispiel von CSCW-Projekten (Computer Supported Collaborative Work – computerunterstützte Gruppenarbeit). Seinerzeit stellte das auf den Gruppenleiter fokussierte Modell das vorherrschende CSCW-Paradigma dar. Die Untersuchung ergab jedoch, dass offenere Modelle, bei denen viele verschiedene Autoren mit gleichen Rechten an einer Aufgabe arbeiten, eine höhere Produktivität aufweisen (Krowne, Bazaz 2004). Eine Analyse der Organisationsstruktur von Wikipedia

---

[35] *Open-Source* ist ein 1998 eingeführter Marketingbegriff, der quelloffene Software beschreibt, die größtenteils kostenlos bezogen werden kann und im Rahmen unentgeltlicher Mitarbeit kollaborativ entwickelt wird (Thiemann 2006). Als bekannteste Beispiele gelten die verschiedenen Linuxdistributionen und der durch Offenlegung des Netscape Quellcodes entstandene Internetbrowser *Firefox*.

durch (Spek et al. 2006) identifizierte ebenfalls einen vorherrschenden Bottom-Up-Ansatz innerhalb Wikipedia, wie er in den meisten Open-Source Projekten nachzuweisen ist. Demgegenüber stehen Untersuchungsergebnisse von (Cosley et al. 2007), die Benutzerengagement und Produktivität bei Zuweisung von Aufgaben durch ein selbst entwickeltes Task-Routing-System maßen. Das System identifiziert zunächst die Interessengebiete eines Nutzers, um diesem dann spezifische Aufgaben aus seinen präferierten Bereichen zuzuweisen. Die Entscheidungsfreiheit wurde dadurch zwar eingeschränkt, die Zuweisung von Aufgaben aus dem Interessenbereich des Benutzers führte jedoch zu einer höheren Produktivität und steigenden Benutzerbeiträgen.

Weitere Forschungen befassen sich mit der Frage nach den Eigenschaften, die Wikipedia- und Open-Source-Projektmitglieder auszeichnen sowie mit der zugrunde liegenden Motivation, die sie ihre Arbeitskraft kostenlos für ein bestimmtes Projekt zur Verfügung stellen lässt. Der Vergleich früherer Forschungserkenntnisse über Open-Source-Communities mit Untersuchungsdaten für Wikipedia zeigt – bei gleichem Untersuchungsaufbau – dass hier eine große Ähnlichkeit vorliegt. Ein wesentlicher Unterschied besteht lediglich in der Größe der verglichenen Benutzergruppen, denn kein Open-Source-Projekt weist auch nur annähernd ähnlich hohe Mitgliederzahlen auf wie Wikipedia. Diese Tatsache lässt sich auf den Umstand zurückführen, dass mittels der vorhandenen Benutzeroberfläche jeder Anwender die Artikeltexte in Wikipedia ändern kann, es aber nur einem Bruchteil der Internetnutzer möglich ist, sich in ein auf einer bestimmten Programmiersprache basierendes Softwareprojekt einzubringen.

Beide Benutzergruppen unterscheiden sich in anderen wesentlichen Merkmalen jedoch kaum. Die bei vielen Open-Source-Projekten nachgewiesene Beziehung zwischen der Anzahl von Beiträgen einer Person zu einem Projekt und der Anzahl von Personen mit einem gleich hohen Engagement folgt nach einer Studie von (Danowski, Voß 2005) auch in der Wikipedia Lotkas Gesetz[36].

In Untersuchungen zu verschiedenen demographischen Charakteristika kamen u. a. (Schroer 2008, S. 66) und (Wikipedia - Wikipedistik/Soziologie 2009) zu dem Ergebnis, dass sich der durchschnittliche Wikipedianer als männlich, ca. 33 Jahre alt und überdurchschnittlich gebildet beschreiben lässt. Unter wissenschaftlichen Gesichtspunkten muss auf den geringen Stichprobenumfang (Schroer: N = 348, Wikipedia: N = 1168) hingewiesen werden. Da beide Studien jedoch zu sehr ähnlichen Resultaten kommen, kann die Validität der Daten als ausreichend angesehen und somit die Ergebnisse als verifiziert eingestuft werden. Weitere Ähnlichkeiten zwischen den Studien bestehen in der hohen Streuung bei den Angaben zum Alter bei einer gleichzeitigen Konzentration der Nutzer in der Altersgruppe der 18-32jährigen. Diese Aussagen wer-

---

[36] Zu den Details dieser Gesetzmäßigkeit siehe (Lotka 1926).

den untermauert von eigenen Erhebungen durch Wikipedia, in denen die statistische Verteilung der Wikipedianer (basierend auf eigenen Angaben auf den Benutzerseiten) auf vordefinierte Kompetenzbereiche analysiert wurde[37]. Die Herausarbeitung junger, männlicher, hoch gebildeter Anwender als größte Nutzergruppe lässt sich ebenfalls aus den Angaben zu eigenen Kompetenzbereichen ableiten, bei denen Themen mit Bezug zu Informations- und Kommunikationstechnologien sowie den Naturwissenschaften überwiegen (König 2009, S. 13).

Die sozialwissenschaftliche Forschung bereicherte die Wikipedistik um die Kenntnisse über kulturelle Unterschiede zwischen den Kontributoren und lieferte deckungsgleiche Ergebnisse (vgl. (Pfeil et al. 2006)). Aufschlussreich ist die aus Umfragen gewonnene Erkenntnis, dass nur wenige der registrierten Wikipedianer fest gebunden (27%) bzw. verheiratet (15%) sind, offensichtlich ist die mit durchschnittlich 2 Stunden/Tag ange-gebene Zeit für Mitarbeit innerhalb der Wikipedia (Schroer 2005, S. 2) nur schwer mit einer festen Bindung zu vereinbaren.

Dieser Umstand wirft die Frage auf, aus welchen Beweggründen Menschen einen nicht unwesentlichen Teil ihrer Freizeit in den Dienst an der Wikipedia stellen. Untersuchun-gen zur Motivation der Wikipedianer betrachten diese Fragestellung aus verschiedenen Perspektiven. Eine Analyse mittels psychologischer Verfahren führt (Schroer 2008) in seiner Dissertation auf Grundlage mehrerer Online-Umfragen durch. Basierend auf dem *Job Characteristics Modell* von Hackman & Oldham (siehe (Hackman, Oldham 1974) und (Hackman, Oldham 1980)), das davon ausgeht, dass die Motivation aus der Ar-beitsaufgabe selbst erwächst und von persönlichen Eigenschaften sowie Kollegen und Vorgesetzten beeinflusst wird, untersucht Schroer die wesentlichen Einflussfaktoren auf die intrinsische Motivation der Wikipedianer. Er bestimmt als wichtigstes Motiv die Überzeugung der Nutzer, dass Informationen frei verfügbar sein sollten, eine Motivati-onsgrundlage, die auch nach (Cedergen 2003) den wesentlichen Erfolgsfaktor in Wiki-Projekten ausmacht. Obwohl die Leistungen finanziell nicht vergütet werden, entsteht letzten Endes ein Mehrwert für die Gemeinschaft, da jeder Autor wiederum von den Beiträgen anderer Mitglieder profitiert. Zusammen mit der Freude am Schreiben stellt dies die zentrale Antriebskraft der Nutzer dar, die Qualität der Wikipedia zu verbessern und eigenes Wissen zu teilen. Anzuführen ist ebenfalls die starke Identifikation der Wikipedianer mit dem Projekt als Ganzem, eine Charakteristik, die noch vor der Identi-fikation mit einer bestimmten eigenen Position oder Aufgabe rangiert (Schroer 2005). Weitere Untersuchungen zur Motivation der Wikipedianer, insbesondere von Rafaeli ((Rafaeli et al. 2005a), (Rafaeli et al. 2005b) und (Rafaeli et al. 2006)) sowie Bryant

---

[37] „Die Wikipedianer nach Wissensgebieten": http://de.wikipedia.org/w/index.php?title=Wikipedia: Die_Wikipedianer/nach_Wissensgebieten&oldid=54213960

(Bryant et al. 2005) und Kuznetsov (Kuznetsov 2006) kommen zu gleichlautenden Schlussfolgerungen.

Einen interessanten Aspekt in Schroers Studie stellt die Erkenntnis dar, dass ein stärkeres Engagement im Vergleich zu weniger engagierten Nutzern zu einer negativen Wahrnehmung des Kosten-Nutzen-Effektes führt (Schroer 2008), ein rational widersprüchliches Ergebnis, da es die Frage aufwirft, warum sich Nutzer stärker einbringen sollten, wenn sie dadurch nicht einen entsprechenden Mehrwert erzielten? (Stegbauer 2008) greift diese Fragestellung auf und versucht, sie mit Methoden der Netzwerkanalyse zu beantworten. Er formuliert die Hypothese, dass die Beteiligung über die Einbindung in einen sozialen Zusammenhang reguliert wird (Stegbauer 2008, S. 13). Während der Erkenntnisgewinn mittels Umfragen über die Kombination und Aggregation von Merkmalen geschieht, untersucht die Netzwerkanalyse die Eigenschaften von Akteuren nicht isoliert, sondern betrachtet das Beziehungsgeflecht, das Einfluss auf die Handlungsmöglichkeiten der Akteure ausübt. Das Herunterbrechen auf die soziale Position als wesentliche Triebkraft entspricht der von Georg Simmel[38] postulierten Auffassung, dass der wesentliche Einflussfaktor auf menschliches Handeln im Kontext der Beziehungen liegt. Anhand der Diskussion zu einem Artikel verdeutlicht Stegbauer die Bedeutung einzelner Rollen innerhalb der Wikipedia und die daraus resultierenden Möglichkeiten zur Einflussnahme: Er zeigt auf, dass ein beliebiger Akteur, der geplante Änderungen an einem Artikel mit mehreren Personen diskutiert, durch die Interaktion in eine zentrale Position aufrückt, die er vorher nicht bewusst angestrebt hat. Ein zweiter autoritärer Akteur (in diesem Fall der Koordinator des übergeordneten Projektes) schaltet sich in die Auseinandersetzung ein und begrüßt die vom Nutzer vorgeschlagenen Änderungen. Ohne Rücksprache mit anderen Teilnehmern wird dem Initiator der Diskussion die Funktion des neuen Artikelkoordinators zugewiesen und ein Teil der Autorität des Projektkoordinators überträgt sich auf die untergeordnete Ebene (Stegbauer 2008, S. 14–15). Obwohl nicht beabsichtigt, findet sich der neue Artikelkoordinator in einer mit einer gewissen Autorität ausgestatteten Position wieder, die auch mit einem Erwartungsdruck anderer Nutzer verbunden ist. Verallgemeinernd lässt sich ausführen, dass der soziale Zusammenhang maßgebend für sich entwickelnde Handlungsweisen und Motivationen ist, ein Prozess, der von den betroffenen Personen oft nicht einmal direkt erkannt wird.

---

[38] 1858 - 1918, deutscher Soziologe und Philosoph, Vertreter der klassischen Soziologie

Durch den oben beschriebenen Vorgang allein lässt sich die vielschichtige Partizipation unterschiedlicher Nutzergruppen jedoch nicht erklären. Es existieren daher in der Forschung auch gegensätzliche Ansätze, die ein bewusstes Streben nach Macht als Motivationsgrundlage ausmachen (vgl. (Reagle 2005) und (Reagle 2007)). Danach fußt – gerade bei sehr engagierten Nutzern – die Aktivität und das Einbringen in das Projekt auf dem Ziel, eine Führungsposition innerhalb des sozialen Gefüges anzustreben[39]. Diese These wird durch (Anthony et al. 2005) untermauert, die in einer umfassenden Studie zwei Gruppen von Autoren identifizierten, die hochwertige Inhalte beisteuern: Die Gruppe der *Zeloten* besteht aus registrierten Nutzern, die sich dem Projekt stark verbunden fühlen. Sie zielen durch Ihre Partizipation in erster Linie auf die Manifestierung eines guten Rufes innerhalb der Community ab. Die zweite Gruppe wird als *gute Samariter* bezeichnet, die nur sporadisch an den ihr Fachgebiet tangierenden Artikeln schreiben, deren Arbeit sich jedoch aufgrund ihrer Expertise als qualitativ hochwertig erweist. Die aufgeführte Segmentation der Autoren in einen kleinen Kern, der sich für eine Vielzahl von Beiträgen verantwortlich zeichnet und eine große Nutzergruppe, die nur vereinzelt an Artikeln arbeitet, kann durch aussagekräftige Zahlen belegt werden: 80-85% der Bearbeitungen werden von einem kleinen Kern der Autorenschaft vorgenommen, der lediglich 15% aller Nutzer repräsentiert (Ortega et al. 2008, S. 27).

Die Ursachen, die Mitglieder nach z. T. langjähriger Teilnahme zum Verlassen von Wikipedia bewegen, stellen einen Untersuchungsaspekt vor allem der Sozialwissenschaft dar, die in diesem Zusammenhang auch Methoden zur Gewinnung und Motivation neuer Nutzer erforscht. Anzuführen ist hier eine umfangreiche Untersuchung von (Miller 2005), der sich mit den Ursachen des *disappearing authors* auseinandersetzt, sowie eine frühe Fallstudie von (Ciffolilli 2003), der einen Selbstselektionsprozess als Ursache konstatiert. Nach seiner Feststellung gelingt es der Wikipedia-Community demnach nicht, neue Autoren für eine längere Mitarbeit zu gewinnen, wodurch erhebliches Potenzial verloren geht.

---

[39] Als Beispiel für das Streben nach bzw. den Erhalt von Machtpositionen siehe auch Spiegel Online: „Alles ist noch viel schlimmer" (http://www.spiegel.de/netzwelt/web/0,1518,521286,00.html). Der Artikel befasst sich mit der Aufdeckung einer geheimen Mailingliste, betrieben von hochrangigen Wikipedia-Administratoren, die dieses Instrument nutzten, um gegen Personen vorzugehen, die ihnen die erlangte Machtposition streitig machen wollten.

3.4.2 Gütekriterien und Zeitreihenanalysen

Im Gegensatz zu Kapitel 3.3.3, in dem die Eignung von Wikipedia als Quelle erörtert wurde, befasst sich der folgende Abschnitt mit verschiedenen Maßstäben, die für die Beurteilung der Qualität eines einzelnen Artikels angelegt werden können.

Ein naheliegender Ansatz ist das Heranziehen der in Wikipedia als „lesenswert" bzw. „exzellent" ausgezeichneten Einträgen (vgl. hierzu auch Kapitel 3.3.2). Eine Ausweitung der Betrachtung dieser Artikel führt zu der Fragestellung, ob aus den Beiträgen einzelner Autoren zu diesen Texten Rückschlüsse auf die Qualität ihrer Arbeit in der Wikipedia gezogen werden können. Als einfachen Maßstab schlagen (Stein, Hess 2007) vor, die Anzahl der Beiträge eines Autors zu lesenswerten und exzellenten Artikeln als Bewertungsgrundlage für dessen Reputation zu nutzen. Sie analysierten diesen Zusammenhang für die deutsche Wikipedia und identifizierten eine enge Korrelation zwischen Autor und Artikelqualität. (Ortega 2009, S. 109ff) greift diesen Ansatz auf und verifiziert den Zusammenhang für die zehn größten Wikipedias.

Da es sich in Zeiten der Informationsflut immer schwieriger gestaltet, aus der Masse der zur Verfügung stehenden Informationen jene von hoher Qualität zu selektieren, greift die Informationstechnologie teilweise auf althergebrachte, bewährte Verfahren zurück. In der Wissenschaft gilt die Zitationshäufigkeit als verlässlicher Maßstab zur Einstufung der Qualität einer Quelle. Dieses Kriterium lässt sich auf Inhalte im Internet oder einer Online-Enzyklopädie übertragen, denn Artikel von hoher Qualität sind – auch innerhalb der Wikipedia – deutlich häufiger verlinkt. (Bellomi, Bonato 2005) entwickelten auf dieser Basis einen Algorithmus namens HITS (Hyperlink-Induced Topic Search), der, auf die interne Verlinkungsstruktur von Wikipedia angewandt, zu einem vorgegebenen Kontext die verwandten Artikel identifiziert und nach Qualität der Inhalte sortiert. Ihre Untersuchung zeigte, dass innerhalb des erstellten Rankings die Einträge mit konkretem, klar definiertem und abgrenzbaren Bezug meist vor solchen mit eher allgemeinen und abstrakten Inhalten platziert sind.

Der Suchmaschinengigant Google nutzt für seinen Algorithmus *Pagerank* den gleichen Ansatz[40]; auch hier stellt die Anzahl Links auf eine bestimmte Website das wesentliche Bewertungskriterium dar[41]. Ein Vergleich des Pageranks, also der Qualität, die Google einer Internetseite zuweist, mit der Popularität eines Artikels in Wikipedia weist daher erstaunliche Parallelen auf (Spoerri 2007).

---

[40] Zu den Details des Pagerank-Algorithmus siehe http://www.google.de/corporate/tech.html.
[41] Zur Nutzung von Links als Bewertungskriterium für die Artikelgüte siehe auch die Einführung des eigenen Gütemaßes *Wertung* in Kapitel 6.6.

Andere Wissenschaftler nutzen diese Erkenntnisse zur Verbesserung der wikipedia-internen Suchfunktion. So erarbeiteten (Hu et al. 2007b) verschiedene Qualitätskriterien basierend auf dem Zusammenhang zwischen Artikelqualität und Autor und brachten Vorschläge in die Diskussion ein, einige dieser Maße als Basis für eine nach Artikelqualität sortierende Suchfunktion zu nutzen (Hu et al. 2007a).

Für diese Arbeit wurden einige der angesprochenen Ansätze übernommen, um die Anzahl der zu analysierenden Artikel nach bestimmten Kriterien zu beschränken (siehe Kapitel 6). Darunter fällt auch die Artikelgröße, die weitestgehend mit der Popularität eines Eintrags und der Anzahl der internen Verlinkungen korreliert, da umfangreiche Artikel in der Mehrzahl bekannte Themen behandeln und daher häufiger verlinkt werden. (Ortega et al. 2007) bestätigen diese These für die zehn größten Wikipedias und nehmen eine Unterteilung in zwei Kategorien von Einträgen vor: kleine Artikel mit weniger als 200 Bytes ohne besondere Inhalt tragende Elemente und Artikel > 200 Bytes, die Aussagen zu einer bestimmten Thematik beinhalten (zur Verteilung der Artikelgröße vgl. Abb. 9).

In diesem Zusammenhang ist ein weiteres Gütekriterium anzuführen: die Anzahl der Bearbeitungen, die im Laufe der Zeit an einem Artikel vorgenommen wurden – denn bis ein Eintrag eine bestimmte Größe erreicht, wurde er zumeist wiederholt editiert. (Wilkinson, Huberman 2007) stellten in ihrer Studie ebenfalls den Zusammenhang zu Googles Pagerank her. Sie belegten die enge Beziehung zwischen Artikelpopularität und Anzahl der Artikelbearbeitungen in der englischen Wikipedia und definierten einen eigenen Maßstab für die Qualität eines Eintrags.

Die Evolution eines Artikels über einen längeren Zeitraum kann mittels eines von (Viégas et al. 2004) entwickelten Programms namens *History Flow*[42] visualisiert werden. Das folgende Beispiel des englischen Wikipedia-Artikels *Capitalism* verdeutlicht die Entwicklung:

Zu Beginn nur aus wenigen Sätzen bestehend (linker grüner Bereich), wurde der Artikel zu einem bestimmten Zeitpunkt stark ausgebaut (neuer grauer Bereich) und von da an sukzessive erweitert, wobei Textpassagen verloren gehen und neue hinzugefügt werden.

---

[42] Für weitere Details siehe http://www.research.ibm.com/visual/projects/history_flow/.

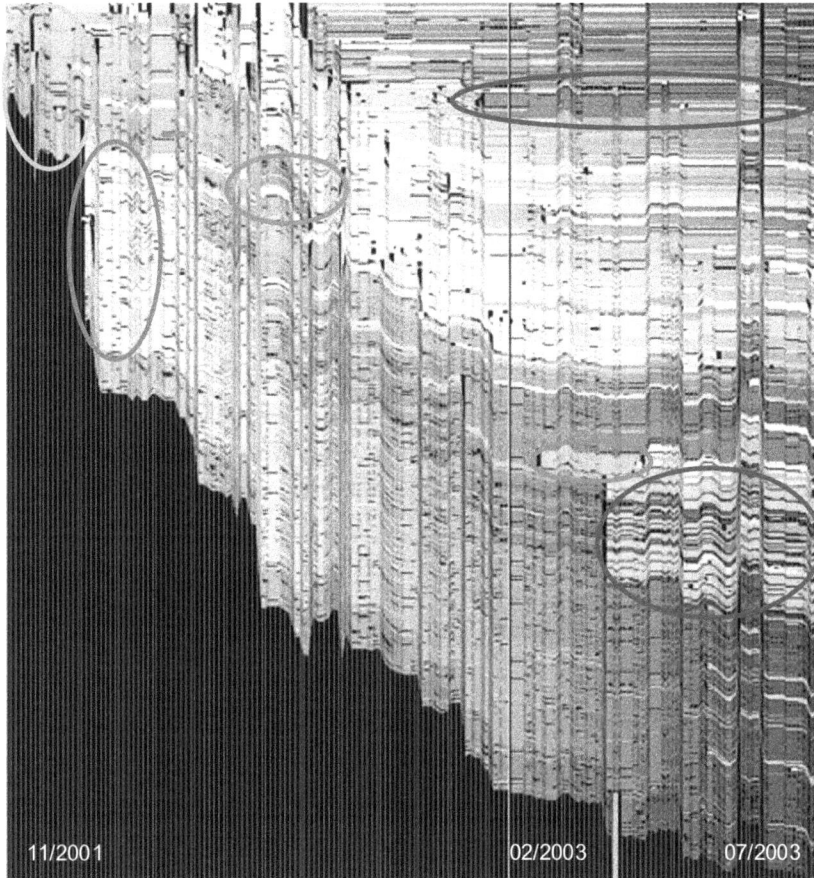

Abb. 10: History Flow Darstellung des englischen Artikels *Capitalism*
Quelle: (Viégas, Wattenberg 2003)

Der Capitalism-Artikel weist Kontributionen von über 40 verschiedenen Autoren auf, von denen jedoch rund 2/3 nur einmalig den Artikel bearbeiteten und bis auf einen Nutzer mit 22 Edits und einen weiteren Anwender mit fünf Edits niemand mehr als drei Änderungen vorgenommen hat. Die Betrachtung der Bearbeitungen eines Artikels über die Zeit liefert nicht nur wichtige Informationen zu den Kontributoren, sie kann auch Aufschluss geben über gegenwärtig im Fokus der Benutzer stehende Inhalte. (Bowman 2008) entwickelte eine Visualisierungsmethode, die Änderungen an einem Artikel auf einem Zeitstrahl markiert und Häufungen farblich hervorhebt. Als Beispiel nennt er den Artikel über die Politikerin *Sarah Palin*, der im Oktober 2008 insgesamt 8644 Bearbeitungen aufwies, von denen aber 90% nach ihrer damaligen Nominierung als potentielle Vizepräsidentin unter John McCain vorgenommen wurden.

Die meisten Bearbeitungen in der Wikipedia werden nur von ein paar wenigen Autoren vorgenommen. Mittels der vorgestellten Gütekriterien und Zeitreihenanalysen lassen sich weiterführende Erkenntnisse aus dem Datenbestand ableiten, die sich zur Beurteilung der Reputation eines Autors eignen. So untersuchten (Korfiatis et al. 2006) die Überlebensdauer der von einem bestimmten Verfasser einem Artikel hinzugefügten Textpassagen, um die Qualität der beigesteuerten Inhalte beurteilen zu können. Werden Beiträge eine Autors überdurchschnittlich schnell wieder gelöscht oder überarbeitet, so resultiert dies in einer negativen Bewertung, während sich lange bestehende Textpassagen positiv auf die Beurteilung des Autors auswirken. Ihr Verfahren greift Überlegungen von (Adler, de Alfaro 2007) auf, die erstmals den Zusammenhang zwischen der Qualität eines Artikels und den beitragenden Autoren widerspruchsfrei für alle Wikipedia-Ableger belegen konnten. Der zugrunde liegende Algorithmus wurde im Rahmen weiterer Forschungsarbeiten in ein Mediawiki-Plugin[43] implementiert und weiterhin der Begriff *Level of Trust* zur Beurteilung einzelner Textpassagen eingeführt. Ihre Arbeiten ermöglichen es, Abschnitte eines Artikels farblich hervorzuheben und auf diese Weise den *Trust* einzelner Inhalte – basierend auf den jeweiligen Verfassern – zu visualisieren.

3.5 Technischer Aufbau und Konfiguration der Testumgebung

Die Programmierung eigener Wikipedia-Erweiterungen setzt detaillierte Kenntnisse über die interne Arbeitsweise des Systems und dessen Architektur voraus. Daher sollen im Folgenden zunächst der technische Aufbau der Wikipedia skizziert und die genutzten Technologien vorgestellt werden. Im weiteren Verlauf des Kapitels wird auf die Konfiguration einer lokalen Testumgebung unter Erwähnung möglicher Fehlerquellen und systembedingter Ressourcenschranken eingegangen.

3.5.1 Genutzte Technologien

Wikipedia besteht im Kern aus zwei Komponenten: einem Datenbanksystem, in dem alle Daten gespeichert werden, und einer Software, die eine Oberfläche zur Erstellung neuer Artikel zur Verfügung stellt und sowohl das Schreiben neuer Informationen in die Datenbank als auch den Zugriff auf den vorhandenen Datenbestand koordiniert. Diese *Mediawiki* genannte Software (vgl. Kapitel 3.2.8) benötigt einen Webserver und ist größtenteils in der Skriptsprache PHP geschrieben. Zur Gestaltung von Design und Layout gelangen HTML und CSS zum Einsatz; seit Version 1.8.0 (Juli 2006) wird in der Suchfunktion zusätzlich AJAX (Asynchronous JavaScript and XML) genutzt, um

---

[43] http://wikitrust.soe.ucsc.edu

bereits vorhandene Artikel anzuzeigen, die dem eingegebenen Suchstring entsprechen[44]. Mediawiki ist unter der Gnu General Public License (GPL) lizenziert und darf kostenfrei genutzt werden.

Zum einfacheren Einstieg in die später detaillierter beschriebenen Features und Funktionen sei zunächst Bezug genommen auf die wesentlichen Elemente einer von Mediawiki dargestellten Seite. Abb. 11 illustriert beispielhaft die verschiedenen Elemente und die Darstellung von Artikelinhalten anhand des Wikipedia-Artikels über die Mediawiki-Software:

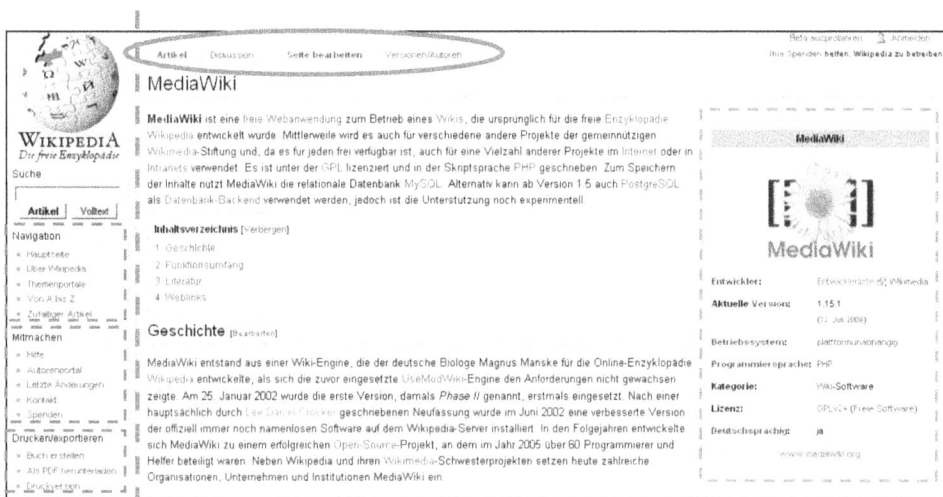

Abb. 11: Übersicht der Oberfläche anhand des Beispielartikels *Mediawiki*,
Quelle: (Wikipedia - Mediawiki 2009)

Die Seite ist unterteilt in zwei Segmente (rote vertikale Trennlinie): In der linken Spalte befinden sich das Suchfenster und darunter – in Kategorien gegliedert – verschiedene Links zu weiterführenden Informationen und hilfreichen Werkzeugen (grün). Den Hauptbereich nimmt die Artikelseite ein, die im oberen Abschnitt vier Tabs aufweist (rote Ellipse). Das *Artikel*-Tab verweist auf den eigentlichen Artikel. Zusätzlich verfügt jeder Artikel über eine *Diskussionsseite*, auf der Änderungen am Artikel vorgeschlagen oder Alternativformulierungen diskutiert werden können. Das *Bearbeiten*-Tab ist hervorgehoben, um dem Anwender zu verdeutlichen, dass über diese Schaltfläche Änderungen am Eintrag vorgenommen werden können. Unter *Versionen/Autoren* ist die Artikelhistorie verzeichnet, die alle bisherigen Änderungen und Autoren auflistet.

---

[44] Zu den Details der Implementierung vergleiche http://www.mediawiki.org/w/index.php?title=Manual: $wgAjaxSearch&oldid=211179.

Der Artikel selbst besteht aus einem kurzen Einleitungstext, genannt *Teaser*, an den das Inhaltsverzeichnis anschließt, über das einzelne Abschnitte des Artikels direkt angesprungen werden können. Der auf das Verzeichnis folgende Artikeltext ist meist in verschiedene Abschnitte gegliedert und beinhaltet sowohl interne Links auf weitere Wikipediaseiten als auch Links zu externen Webseiten. Im betrachteten Beispiel befindet sich rechter Hand die eingebundene Vorlage „Infobox Software" (orangefarben), ein Baustein, der auch in anderen Einträgen eingesetzt wird, um wesentliche Merkmale strukturiert aufzulisten.

Nicht sichtbar sind in der o. g. Abbildung die ebenfalls jedem Eintrag zugewiesenen Kategorien. Sie befinden sich am Ende des Artikels und werden von den Autoren händisch in Form von Links hinzugefügt. Klickt der Nutzer auf einen solchen Kategorielink, so gelangt er zu einer Übersichtsseite, die alle Einträge auflistet, denen ebenfalls diese Kategorie zugewiesen wurde (zum Kategoriesystem vgl. Kapitel 4).

3.5.2 Konfiguration der Testumgebung

Die Installation des Gesamtsystems auf dem eigenen Rechner gestaltet sich mitunter schwierig. Die Ursache dafür liegt nicht in schlechten Installationsanweisungen oder komplizierter Konfiguration begründet, ursächlicher ist vielmehr, dass das Einspielen der enormen Datenmengen schnell zu Performanceengpässen führen kann. Die Daten werden jedoch zur Programmierung der eigenen Erweiterungen benötigt, unter anderem, um die Performance testen und evaluieren zu können (siehe Kapitel 6).

Für diese Arbeit wurde der Apache-Webserver in der Version 2.2.9 mit PHP 5.2.6 genutzt, als Datenbankmanagementsystem kam MySQL 5.0.24 zum Einsatz. Die verwendete Mediawiki-Software wurde im Verlauf der Arbeit mehrmals aktualisiert, die abschließenden Tests und die Integration der eigenen Entwicklungen wurden auf Basis von Version 1.14 vorgenommen.

Die Wikimedia-Foundation stellt auf einer speziellen Downloadseite[45] verschiedene Pakete zur Verfügung, um interessierten Nutzern auf ihre Bedürfnisse zugeschnittene Daten anzubieten. Nicht jeder Anwender ist daran interessiert, einen über 6 Gigabyte großen Datenbankdump mit allen Artikeln und deren gesamter Historie herunterzuladen, zumal diese komprimierten Daten nach dem Entpacken die hundertfache Größe erreichen können. Für die vorliegende Arbeit wurde ein 2,5 Gigabyte großes Paket genutzt, das lediglich die aktuelle Version aller Artikel der deutschen Wikipedia enthält; später wurden zusätzliche Datensätze mit weiterführenden Informationen hinzugefügt, die zur Bearbeitung der Aufgabenstellung notwendig waren (vgl. Kapitel 4.4).

---

[45] Siehe http://download.wikimedia.org/backup-index.html

Da beim Einrichten der Entwicklungsumgebung eine Vielzahl von Schwierigkeiten zu bewältigen war, sei auf die gravierendsten Fehlerursachen kurz eingegangen: Aufgrund der speziellen Voraussetzungen – es werden nur die aktuellen Artikeldaten aber mit vielen zusätzlichen Informationen benötigt – ist zur Berücksichtigung von vorhandenen Abhängigkeiten zwischen den Datensätzen das Einhalten einer bestimmten Reihenfolge beim Einspielen der Daten zwingend erforderlich. Zuerst wird die im Ordner mediawiki/maintenance/tables.sql zu findende Tabellendefinition in die Datenbank eingelesen. Nach Anlegen der Tabellenstruktur können die Artikeldaten hinzugefügt werden. Hierzu wird das Tool *mwdumper*[46] genutzt, das das komprimierte Datenarchiv extrahiert und die Daten in die vordefinierte Datenbankstruktur importiert. In einem weiteren Schritt werden Zusatzinformationen über die interne Verlinkung der Artikel untereinander sowie Angaben zu den Kategorien aller Einträge eingepflegt. Hierbei können größere Probleme auftreten, da die Importdatei *categorylinks.sql* fehlerhafte Datensätze enthalten kann, weshalb Datumsangaben ggf. nicht korrekt importiert werden können. Um dieses Problem zu lösen, wurde ein eigenes Skript programmiert, das dem Importprozess vorgeschaltet ist und alle Datumsangaben analysiert, fehlerhafte Einträge erkennt und diese automatisch in valide Datumsangaben umwandelt.

Insgesamt nahm das Einspielen aller benötigten Daten auf einem PC mit 3 Gigahertz Prozessor und 2 Gigabyte Arbeitsspeicher fast 14 Tage in Anspruch; insbesondere der Import der Millionen internen Links erwies sich als ein langwieriger Prozess. Die Gesamtdatenmenge, mit der im weiteren Verlauf gearbeitet wurde, erreichte nach Abschluss der Installation eine Größe von beinahe 10 Gigabyte.

Auf Grundlage der erstellten Datenkollektion wurde der in den folgenden Kapiteln näher vorgestellte Prototyp entwickelt, der als eigenständiges Modul auf der Mediawiki-Software aufsetzt. In diesem Kontext erfolgte ein Informationsaustausch mit anderen Wikipedia-Projekten. Anzuführen ist insbesondere das Projekt *Vorlagenauswertung*[47], in dessen Rahmen mit den Projektinitiatoren verschiedene Problemstellungen erörtert und Lösungsvorschläge diskutiert wurden (vgl. dazu Kapitel 6.8). Die eingespielten Zusatzdaten über Artikelkategorien und interne Verlinkungen werden durch den eigenen Prototyp in einen völlig neuen Zusammenhang gesetzt. Mittels selbst entwickelter Algorithmen werden ferner weiterführende Informationen aus dem Datenbestand gewonnen, sie bilden die Basis, auf der anschließend die Wikipedia-Oberfläche um neuartige Funktionen erweitert und das Gesamtsystem um ein Konzept zum Verfolgen von Benutzerinteraktionen ergänzt wird.

---

[46] Zu beziehen unter http://www.mediawiki.org/wiki/MWDumper
[47] Siehe http://de.wikipedia.org/wiki/Wikipedia:WikiProjekt_Vorlagenauswertung

4 Ableitung von Kategorien zur Abbildung von Wissensdomänen

„Wissen, was man weiß,
und wissen, was man nicht weiß,
das ist wahres Wissen"
(Konfuzius[48])

Dieses Kapitel setzt sich mit der Betrachtung von Kategoriesystemen und ihrer internen Struktur auseinander. Dabei rückt die Frage in den Fokus, welche Informationen aus Kategorien gewonnen werden können und wie diese Daten im Forschungszusammenhang genutzt werden können. Abschnitt 4.1 präzisiert diesen Untersuchungsansatz ausführlich.

Weiterhin werden im Rahmen der Erstellung eines eigenen Prototyps der aktuelle Stand im Forschungsgebiet „Kategorisierung" sowie das Kategoriesystem der als Untersuchungsgrundlage genutzten Wikipedia vorgestellt. Im Anschluss folgt eine Betrachtung des selbst programmierten Algorithmus, der erweiterte Möglichkeiten zur Datenextraktion aus dem Kategoriesystem schafft. Anhand von mehreren Beispielen werden diese Verfahren erläutert sowie Konzepte eingeführt, um problematische Anomalien im Kategorienetz durch spezielle Programmiertechniken gesondert zu behandeln.

Der Abschnitt schließt mit einer Zusammenfassung der erzielten Ergebnisse und einer Evaluation der Eignung der Hauptkategorien zur Abbildung von Wissensdomänen eines Benutzers.

4.1 Zielsetzung

Die in Kapitel 2.4 aufgestellte Hypothese, dass „bei Bearbeitung verschiedener Navigationsaufgaben[49] der vom Benutzer gewählte Weg durch dieses Netz Rückschlüsse auf dessen persönliche Kenntnisse zulässt", dient als Grundlage für das Implementationskonzept von Simpedia. In diesem Zusammenhang scheint eine Untersuchung der Messbarkeit „persönlicher Kenntnisse" sinnvoll, zusammen mit der Eruierung, auf welcher Basis eine Einordnung in verschiedene Wissenskategorien stattfinden kann. Insbesondere die Tatsache, dass dafür in der deutschen Wikipedia mehrere hunderttausend Artikel in Wissenskategorien einzuteilen sind, lässt nur einen systematischen, softwaregestützten Aufbau dieser Zusammenstellung als zielführend erscheinen.

---

[48] 551 - 479 v. Chr., chin. Philosoph, bestimmend für die Gesellschafts- u. Sozialordnung Chinas
[49] Beispiel: „Navigiere von Artikel X über die Liste der ähnlichen Artikel zu Artikel Z."

Da die Informationsbestände nicht in der benötigten Form in der Datenbank vorliegen, muss dieser Katalog von Grund auf neu erstellt werden. Die Erhebung zusätzlicher, nicht direkt in der Datenbank verzeichneter Informationen berührt das zunehmend in den Fokus der Informationswissenschaft tretende Arbeitsfeld der Gewinnung von Informationen aus unstrukturierten Daten. Diese Art der Informationsgewinnung erweist sich als notwendig, da trotz der zunehmenden Organisation von Informationssystemen in Richtung eines semantischen Webs auch in der Wikipedia nicht alle Daten in einer für den Computer bearbeitbaren Form vorliegen. Der vorhandene Datenbestand muss daher zunächst in eine entsprechende Struktur überführt werden, um mittels spezieller Algorithmen Beziehungen zwischen den Datensätzen zu kennzeichnen und zu formalisieren; dies stellt die Grundlage des von Tim Berners-Lee skizzierten *Semantic Webs* dar (Berners-Lee et al. 2001). Im Idealfall können durch die Verknüpfung der Informationen neue, zuvor nicht erkennbare Zusammenhänge entdeckt werden, was auch als *Serendipity-Effekt* bezeichnet wird (Merton 1957, S. 12).

4.2 Das Kategoriesystem in Wikipedia

Das Kategoriesystem in Wikipedia wurde im Mai 2004 mit der Mediawiki-Softwareversion 1.3 eingeführt und seitdem konsequent weiter ausgebaut (Wikipedia - FAQ Categorization 2010). Die Annotation von Kategorien erfolgt manuell durch die Autoren und kann von jedem Nutzer geändert werden. Im genutzten Datenbestand sind jedem Artikel im Durchschnitt rund 19 Kategorien zugewiesen (unkategorisierte Artikel existieren kaum), die aus einem Pool von ca. 39.000 verschiedenen Einträgen stammen. Im Standardtemplate von Wikipedia erscheinen diese Kategorien am Ende des Artikels in der vom Nutzer eingegebenen Reihenfolge; die Anordnung vom Besonderen zum Allgemeinen sollte dabei laut den Vorgaben in (Wikipedia - Kategorien 2009) den Regelfall darstellen. Klickt der Benutzer auf den Link einer zugewiesenen Kategorie, so gelangt er auf eine Übersichtsseite, die alle mit der gleichen Rubrik verschlagworteten Einträge sowie weitere Unterkategorien der gerade betrachteten Kategorie auflistet.

Einem Artikel können mehrere Kategorien aus verschiedenen Ebenen zugeordnet werden, so dass das Kategoriesystem auf den ersten Blick eine einfache Baumstruktur darstellt[50]. Als Beispiel dient der folgende Ausschnitt zum Artikel *Napoleon Bonaparte*:

---

[50] Bei strikter Auslegung der Definition muss der Ausdruck *Baum* als definitorisch ungenau bezeichnet werden, da es sich um einen multihierarchischen Kategoriegraphen handelt und mehrfache Zuordnungen erlaubt sind, so dass eher von einer Hierarchie gesprochen werden muss.

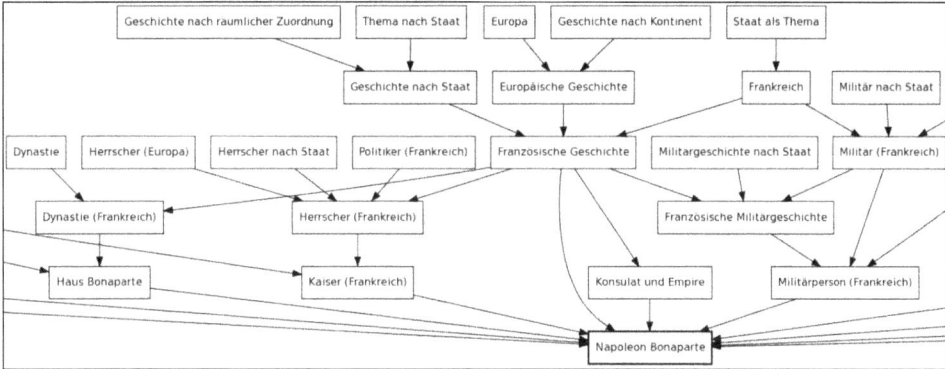

Abb. 12: Ausschnitt der Kategoriestruktur zum Artikel *Napoleon Bonaparte*

Abb. 12 zeigt, dass die Struktur der Kategorien einer Taxonomie ähnelt, vergleichbar mit semantischen Wortnetzen wie *Wordnet*[51]. Zur klaren Abgrenzung werden die in dieser Arbeit verwendeten grundlegenden Begriffe auf die Taxonomie bezogen zunächst wie folgt definiert:

- *Kategorie*: auf beliebiger Ebene zugewiesenes Merkmal, das einen Artikel charakterisiert

- *Hauptkategorie*: eine von rund 40 Kategorien[52] auf oberster Ebene, die keine weitere Elternkategorie besitzt

- *Elternkategorie/Oberkategorie*: Sammelbegriff für ein übergeordnetes Element einer aktuell betrachteten Kategorie

- *Kindkategorie/Unterkategorie*: eine oder mehrere Bestandteile einer Oberkategorie, die eine Spezialisierung des Oberbegriffes darstellen

Kategorien können vereinfacht in zwei Bereiche[53] unterteilt werden: einfache Listen (z. B. „im Jahr 1920 geborenen Personen" oder „Städte in der Türkei") und Klassifikatoren zur Einordnung in eine inhaltliche Systematik (z. B. „Wissenschaft" als Oberkategorie für „Biologie" und „Physik"). Die hierarchische Anordnung von Kategorien erlaubt es, das System als einen skalenfreien Graphen zu betrachten (Zesch et al. 2007); dabei stellen die Kategorien die Knoten des Graphen und die Verlinkungen dessen Kanten dar (Chernov et al. 2006). Weiter spezifizierend kann ausgeführt werden, dass

---

[51] Siehe http://wordnet.princeton.edu/
[52] Bezogen auf die deutsche Wikipedia zu Untersuchungsbeginn im Jahr 2007
[53] Neben inhaltsbezogenen Annotationen existieren Spezialkategorien, die beispielsweise die im Artikel verwendeten Vorlagen kennzeichnen oder zugewiesene Wartungsbausteine ausweisen, aber nicht zur Charakterisierung des Artikelinhaltes herangezogen werden können.

es sich grundsätzlich um einen azyklisch gerichteten Graphen mit gerichteten Relationen handelt (Medelyan et al. 2009, S. 8), in dem Kreise nicht vorkommen[54].

Die besonders in den Anfangsjahren zu verzeichnende Inkonsistenz im Wikipedia-Kategoriesystem führte bei der Entwicklung eigener Algorithmen zu Problemen, die durch spezielle Programmierparadigmen abgefangen und gesondert behandelt werden mussten. Die Auswertung entsprechender Fachliteratur, in der das Kategoriesystem als willkürlich, planlos, inkonsistent und redundant kritisiert wird (vgl. u. a. (Itzhack et al. 2007) und (Chernov et al. 2006)) sowie die eigenen Forschungen belegen, dass diese Problematik länderübergreifend in allen lokalen Wikipedias vorhanden ist, ein Befund, der hauptsächlich auf dem manuellen Aufbau der Struktur beruht. In den vergangenen Jahren ist ein Rückgang dieses Kritikpunktes zu verzeichnen, die Ursache liegt in der kontinuierlichen Verbesserung und Erweiterung der Kategoriestruktur.

Im Gegensatz zu automatisierten Verfahren bietet die manuelle Annotation durch den Benutzer – trotz aller Kritik – auch unbestreitbare Vorteile, denn jede Zuweisung einer Kategorie kann definiert werden als eine durch einen Menschen geprüfte Klassifikation, die es ermöglicht, diese Daten als verlässliche und vertrauenswürdige Informationen anzusehen. Die Auswertung von Forschungsarbeiten, in denen das Wikipedia-Kategoriesystem Teil des Untersuchungsaufbaus ist, legt dar, dass die Wikipedistik zunehmend die Möglichkeiten erkennt, die dieser umfangreiche Thesaurus bietet.

4.3 Forschungsgebiet Kategorisierung

Zur Klärung der Forschungsfrage, wie Wissensgebiete festgelegt werden können und inwiefern hierzu auf das Wikipedia-Kategoriesystem zurückgegriffen werden kann, wurden zunächst eine Literaturrecherche durchgeführt und die Ergebnisse verschiedener Studien ausgewertet. Während die Evolution der Wikipedia, ihre Benutzerstruktur und die Artikelqualität in zahlreichen Studien umfassend behandelt wurden (vgl. Kapitel 3.4), ziehen einige Forscher das Fazit, dass das Heranziehen der Kategoriestruktur zur Abbildung von Themengebieten in Wikipedia bisher nur einer sehr spärlichen Untersuchung unterzogen wurde (Kittur et al. 2009, S. 1509f). Dabei bieten verschiedene Ansätze aussichtsreiche Möglichkeiten, zusätzliche Daten aus der Wikipedia zu gewinnen.

In Deutschland befasste sich (Kozlova 2005) erstmalig mit den Grundlagen zur automatisierten Extraktion semantischer Informationen aus Wikipedia, um so eine Ontologie zu erstellen. Da sich zu dieser Zeit das Kategoriesystem in der deutschen Wikipedia noch

---

[54] Vgl. hierzu die Problematik möglicher Endlosschleifen bei der Bestimmung von Oberkategorien in Abschnitt 4.4.2, die der Theorie eines azyklischen Graphen teilweise widerspricht.

in seiner Anfangsphase befand, beschränkte sich der Ansatz der Autorin auf die Klassifikation von Kategorien anhand der den Artikeln zugewiesenen Links sowie die Betrachtung des umgebenden Textes.

Ponzetto verfolgte in ihrer Arbeit die Zielsetzung, die im Kategoriesystem der Wikipedia versteckten Beziehungen zwischen Ober- und Unterkategorien für eine Ontologie zu nutzen (Ponzetto 2007). Die dabei extrahierten Informationen basieren auf einer einfachen „X isA Y" Relation mit „Y" als Definition der Oberklasse und „X" als Unterklasse, Beispiel: isSubclassOf(Apples, Fruit).

(Zirn et al. 2008) führten eine Erweiterung des o. g. Ansatzes ein und entwickelten Konzepte, um automatisiert zwischen Klassen und Instanzen innerhalb der Taxonomie zu unterscheiden. Eine mögliche Differenzierung basiert auf der Tatsache, dass nur Klassen weitere Instanzen und Unterklassen besitzen. Aus der Analyse der Kategoriestruktur folgt daher, dass eine Kategorie mit Unterkategorien eine Klasse darstellen muss. Zum Einsatz kamen weiterhin verschiedene NLP-Methoden wie Named-Entity-Recognizer (benannte Entitäten = Instanzen), die Analyse von Groß-/Kleinschreibung des untersuchten Wortes oder die Betrachtung von Pluralformen. Es zeigte sich, dass der Einsatz von Named-Entity-Recognizern und die Analyse der Groß- und Kleinschreibung die besten Ergebnisse lieferten, eine Kombination aller Verfahren jedoch zu einer Gesamtoptimierung führt. Eine ähnliche Vorgehensweise nutzten (Zesch et al. 2007), die Wikipedia als lexikalische und semantische Quelle analysierten und mit klassischen Ressourcen wie Wörterbüchern, Thesauri und semantischen Wordnetzen verglichen. In ihre Betrachtung schlossen sie den Artikelgraph und den Kategoriegraph von Wikipedia ein und zogen die Schlussfolgerung, dass sich aus diesen Quellen vielfältiges Wissen extrahieren lässt, z. B. über Named Entities, domänenspezifische Ausdrücke und seltene Wortbedeutungen. Zur besseren Nutzung dieses Wissen für NLP-Aufgaben erstellten sie eine javabasierte API, um so auf einfache Weise mittels externer Programme auf diese Ressource zugreifen zu können.

Erste Forschungen, ob Links zwischen Wikipedia-Kategorien semantische Bedeutung tragen, finden sich bei (Chernov et al. 2006). Die Autoren untersuchten die Hypothese, ob Artikel, denen die gleiche Kategorie zugeordnet ist, inhaltliche Ähnlichkeiten aufweisen. Hierzu analysierten sie verschiedene Maße auf der Basis einer Kollektion von 257 Ländern. Die erforderliche Liste wurde manuell aus einem Wikipedia-Artikel extrahiert, anstatt auch hierfür bereits das Kategoriesystem heranzuziehen. Als Begründung für diese Vorgehensweise wird angeführt, dass dies nicht anders möglich gewesen wäre, da in der Kategorie „Länder" nochmals zwischen „asiatische Länder" und „europäische Länder" unterschieden wird und die Artikel nicht alle in der gleichen Kategorie zusammengeführt sind (Chernov et al. 2006, S. 5). Die Struktur der Kategorien verhinderte demnach, dass diese Arbeit softwaregestützt und automatisiert durchgeführt werden konnte. Eine Lösung für das Problem der über verschiedene Ebenen verteilten Kategorien wird im folgenden Abschnitt vorgestellt, da mit dem für die vorliegende Arbeit entwickelten Algorithmus Informationen auch von divergenten Ebenen des Kategoriesystems zusammengeführt werden können.

Chernovs Ansatz verfolgt weiterhin das Ziel, durch Einbeziehen von Kategorieinformationen die Suchfunktion zu verbessern, die insbesondere bei unscharfen Suchen an ihre Grenzen stößt. Standardmäßig werden bei einer Suche in Wikipedia zunächst die Artikeltitel durchsucht. Erst wenn kein Eintrag mit gleicher Schreibweise existiert, wird die Suche auf eine Volltextsuche ausgeweitet. Sucht ein Nutzer jedoch nach unscharfen Informationen wie „Länder, in denen im Jahr 1918 friedliche Revolutionen stattfanden", können diese Informationen, obwohl in verschiedenen Artikeln vorhanden, nicht gefunden werden. Eine Erweiterung der Suche um Kategorien könnte diesen Prozess vereinfachen, indem z. B. nur Artikel mit den zugewiesenen Kategorien „Land" und „friedliche Revolution" berücksichtigt und diese dann nach dem Jahr „1918" durchsucht werden. Chernovs Ergebnisse bestätigten zwar die Hypothese, dass die Einbeziehung von Kategorien zu einer Verbesserung der Suchfunktion führt, aufgrund des sehr spezifischen und kleinen Ausschnittes aus der Wikipedia sind die Ergebnisse jedoch kritisch zu hinterfragen und können – gleichwohl schlüssig und aus eigener Erfahrung plausibel – nicht als allgemeingültig angesehen werden.

Methoden zur Verbesserung von Klassifikationsprozessen – z. B. durch die Betrachtung gleicher Elternkategorien – werden auch in anderen Wikipedia bezogenen Forschungsarbeiten vorgestellt (vgl. u. a. (Wang et al. 2007)). Bereits 2006 unternahm Schönhofen erste Versuche, Artikel anhand der ihnen zugewiesenen Kategorien einem konkreten Themenfeld zuzuordnen (Schönhofen 2006). Hierzu wurden sowohl die in einem bestimmten Wikipedia-Artikel verlinkten Themen als auch die Links auf dieselben Artikel extrahiert und daraufhin die zugewiesenen Kategorien bestimmt. Abb. 13 veranschaulicht die Schnittmengen der Kategorien, die zwei ähnlichen Artikeln zugeordnet sind:

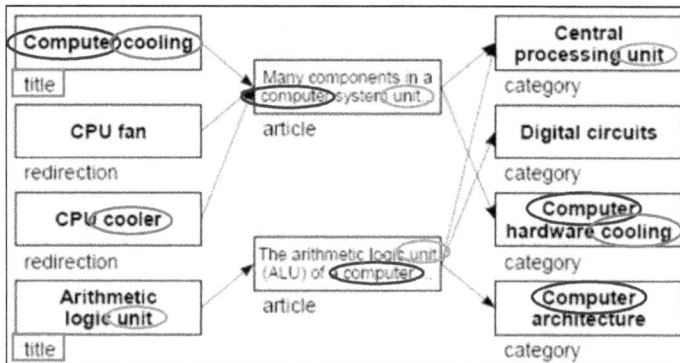

Abb. 13: Ähnlichen Artikeln zugeordnete Kategorien,
Quelle: (Schönhofen 2006) mit eigenen Hervorhebungen

Im Anschluss an die Vorarbeiten erfolgt eine Analyse, wie oft ein Kategoriename im Titel des betrachteten Eintrags auftaucht bzw. wie häufig die Kategorien der verlinkten Wikipedia-Artikel dort zu finden sind. Die ermittelten Werte werden zwecks Vergleichbarkeit über die Gesamtwortzahl des untersuchten Hauptartikels normiert. Auf diese Weise wird der Inhalt eines Artikels über die Kategorien charakterisiert. Vergleiche mit der direkten Repräsentation eines Eintrags durch seinen Inhalt (häufigste Worte) lieferten ähnliche Ergebnisse; eine Verknüpfung beider Ansätze führte zu klaren Verbesserungen (Medelyan et al. 2009, S. 45f).

In 2008 dehnte Schönhofen diesen Ansatz auf Textsequenzen aus (Schönhofen 2008). Dabei wird die inhaltliche Bedeutung eines Satzteiles anhand von Wikipedia-Artikeln abgebildet, die die Relevanz der Phrase widerspiegeln. Hierzu wurde Wikipedia wie eine Ontologie genutzt, die folgende Kernelemente enthält:

- Artikel = Konzeptdefinitionen
- Titel = in anderen Konzepten erneut genannte Wortsequenzen
- Hyperlinks zwischen den Artikeln = semantische Relationen

Mittels verschiedener Bewertungskriterien und Gewichtungen wurde ein Ranking der semantischen Relationen erstellt. Als Ergebnis lag eine Sammlung von Konzepten vor, die über Links miteinander verbunden waren. Dabei stellte sich heraus, dass der Algorithmus verlässlich den Inhalt einer Textphrase anhand von Wikipedia-Artikeltiteln repräsentieren kann. Eine Verbesserung des Resultates erfolgte durch die Einbeziehung der einem Artikel zugewiesenen Kategorien, ein Beleg dafür, dass Artikelkategorien wesentliche inhaltliche Merkmale eines Eintrags repräsentieren.

Die Analyse der Struktur der Wikipedia stellt ein weiteres Forschungsfeld der Wikipedistik dar. So untersuchten (Halavais, Lackaff 2008), welche Themengebiete in Wikipedia übermäßig vertreten sind, ohne bei ihrer Arbeit jedoch Kategorien in die Betrachtung einzubeziehen. Eine Gegenüberstellung neu publizierter Bücher mit dem Wikipedia-Artikelspektrum bildete einen Teil der Arbeit. In einem zweiten Abschnitt erfolgte ein Vergleich der Inhalte spezieller Enzyklopädien mit den entsprechenden Wikipedia-Artikeln auf Basis einer recht kleinen Stichprobe. Die Verfasser gelangten zu dem Ergebnis, dass sich das Spektrum der Buchveröffentlichungen in einigen Bereichen sogar wesentlich vom eher technisch geprägten Artikelspektrum der Wikipedia unterscheidet, eine Tatsache, die sie den Eigenheiten der Enzyklopädie zuschreiben. Weiterhin schlussfolgerten sie, dass Wikipedia trotz der enormen Themenvielfalt und -tiefe in einigen Bereichen nicht mit Speziallexika konkurrieren kann (vgl. hierzu die Ergebnisse in Kapitel 3.3.3 – „Verwendbarkeit von Wikipedia als Quelle").

(Holloway et al. 2007) ist die Erkenntnis zu verdanken, dass die Verteilung der zugewiesenen Kategorien innerhalb Wikipedia einem Potenzgesetz folgt, die semantische

Struktur der Wikipedia-Inhalte hingegen durch ein geclustertes Netzwerk charakterisiert wird. Die Arbeit befasst sich mit der Abbildung von Themenkomplexen mittels eines Algorithmus zur Graphen-Visualisierung, über den ähnliche Artikel nahe beieinander platziert werden. Eine quantitative Untersuchung zur Manifestierung der Ursprungsthese erfolgte in ihrer jedoch nicht.

(Kittur et al. 2009) untersuchten in einer Studie aus dem Jahr 2009 die Verteilung von Themen in Wikipedia, die zeitliche Entwicklung dieser Verteilung sowie konfliktträchtige Bereiche. Zur Klassifizierung von Themengebieten bedienten sie sich ebenfalls des Kategoriesystems. Allerdings wurde in ihrer Untersuchung ein Top-down Ansatz verfolgt (es wird überprüft, wie viele Artikel einer Kategorie auf oberster Ebene zugeordnet sind), der im folgenden Abschnitt 4.4 vorgestellte eigene Algorithmus dagegen basiert auf dem komplementären Bottom-up Verfahren (es werden ausgehend von zugewiesenen Kategorien auf unteren Ebenen die zugehörigen Hauptkategorien bestimmt). Während die Artikelverteilung auf vordefinierte Themenfelder (Kittur et al. 2009, S. 1511) im Wesentlichen mit eigenen Ergebnissen übereinstimmt (vgl. Abb. 17), sollte die dargelegte Interpretation der Entwicklung über die Zeit kritisch hinterfragt werden. Der von den Autoren zwischen 2006 und 2008 identifizierte Rückgang der Artikel im Bereich „Technologie und angewandte Wissenschaft" lässt sich damit begründen, dass zu Beginn technikaffine Nutzer, die sich als Erste mit Wikipedia auseinandersetzten, bereits früh eine große Anzahl Artikel über technische oder wissenschaftliche Themen erstellten, während Bereiche wie „Kultur und Kunst", für die die zitierten Autoren einen Zuwachs ausweisen, erst in dem betrachteten Zeitraum ein Wachstum durch neue Artikel erfuhren. Die Ergebnisse von (Kittur et al. 2009) halten einer kritischen Betrachtung kaum stand. Es ist schwer begreiflich, dass während der großen Wachstumsphase – zwischen 2006 und 2008 hat sich die Anzahl der Artikel in der englischen Wikipedia mehr als verdoppelt (vgl. Abb. 4) – in einzelnen Bereichen Einträge gelöscht worden sein sollen und so das von den Autoren angeführte negative Wachstum bewirkt wurde. Auch unter dem Aspekt der fortlaufenden Veränderung der Kategorien in Wikipedia müssen solche Zeitreihenanalysen kritisch betrachtet werden, weshalb die Ergebnisse als nicht vollkommen valide und vergleichbar einzuschätzen sind.

Semantische Prinzipien zur Informationsgewinnung aus externen Ressourcen im Internet rücken in den letzten Jahren immer mehr in das Blickfeld der Webentwickler. Bereits 2007 entwickelten (Sinclair et al. 2007) einen Webservice, der Web 2.0 Technologien nutzt und einzelne Webseiten durch Inhalte aus externen Quellen wie Wikipedia anreichert. Das erstellte Mashup[55] vermag es, in Textpassagen dynamisch einzelne Wörter mit einem Link zum entsprechenden Wikipedia-Artikel zu versehen. In ihrem ersten Versuchsaufbau bezogen die Autoren lediglich Personennamen in ihre Betrachtung ein und untersuchten darauf aufbauend verschiedene Mechanismen zum Verbessern des Matchings und zum Löschen falscher Referenzen. Da nahezu alle personenbezogenen Artikel sowohl ein Geburts- als auch ein Sterbedatum aufweisen und ihnen somit die entsprechenden Kategorien („geboren 1920"/„gestorben 1990") zugewiesen sind, erreichten sie unter Zuhilfenahme der Wikipedia-Kategoriestruktur messbare Verbesserungen im Retrieval. In einem nächsten Schritt wurden die Links auf potentielle Wikipedia-Artikel durch Abgleich mit einer speziellen Datenbank überprüft, so dass entsprechend des o. g. Beispiels nur die zwischen 1920 und 1990 lebenden Personen in die Betrachtung einbezogen wurden, wodurch falsche Einträge eliminiert werden konnten.

Die betrachteten Studienergebnisse anderer Forschergruppen weisen nach, dass mittels des Wikipedia-Kategoriesystems Eigenschaften von Artikeln repräsentiert werden können – für die zu bearbeitende Problemstellung scheinen also Lösungsansätze vorhanden. Von den analysierten Studien beschäftigen sich (Chernov et al. 2006) und (Kittur et al. 2009) mit ähnlichen Fragestellungen, es verbleiben jedoch wesentliche Unterschiede, da im Folgenden keine Charakterisierung des Inhalts über Kategorien erfolgt, sondern eine Gruppierung vieler tausend Wikipedia-Artikel anhand der vorgegebenen rund 40 Hauptkategorien durchzuführen ist.

4.4 Implementierung des eigenen Algorithmus

Beginnend mit einer Einführung über die zugrunde liegende Datenbankstruktur sowie eigenen Anpassungen am Datenbankdesign befasst sich dieses Kapitel mit der Entwicklung eines eigenen Algorithmus und veranschaulicht anhand von Beispielen die erzielten Verbesserungen. Weiter wird die Arbeitsweise des Algorithmus beim Herunterbrechen auf die Hauptkategorien sowie die Einführung von Programmierkonzepten zum Abfangen möglicher Endlosschleifen erläutert. Die Betrachtung schließt mit der Zusammenfassung der Analyseergebnisse zur Kategoriestruktur und einer Bewertung der Möglichkeit, Kategorien als Basis für die Abbildung von Wissensdomänen zu nutzen.

---

[55] Im Kontext des Internets bezeichnet *Mashup* die Verknüpfung von zwei oder mehr Internetanwendungen, um eine neue Applikation zu schaffen, die dem Anwender einen größeren Wert bietet, als jede der herangezogenen Quellen für sich alleine darstellt (Laudon et al. 2010, S. 403). Ein Beispiel stellt die Verknüpfung von Fotos mit geographischen Informationen dar.

4.4.1 Grundlagen und Datenbankaufbau

Für einen Einstieg in das betrachtete Themengebiet seien zunächst die datenbanktechnischen Grundlagen vorgestellt: Eine der wichtigsten Tabellen innerhalb der Wikipedia-Datenbank stellt die Tabelle *page* dar:

Spaltenname[56]	Typ	Beschreibung
page_id	int(8)	eindeutige ID einer Seite
page_namespace	int(11)	zugehöriger Namensraum einer Seite
page_title	char(255)	Titel einer Seite
page_restrictions	tiny blob	kommaseparierte Liste mit Bearbeitungsrechten
page_counter	bigint(20)	Anzahl der Seitenaufrufe[57]
page_is_redirect	tinyint(1)	Redirect-Kennzeichnung
page_is_new	tinyint(1)	Markierung als neu erstellte Seite
page_random	double	Zahl [0,1] für Funktion „zufälliger Artikel"
page_touched	char(14)	Datum der letzten Änderung
page_latest	int(8)	ID der aktuellen Version eines Artikels
page_len	int(8)	Länge des Artikels in Bytes
wertung	double	Gewichtung[58]

Tabelle 3: Struktur der Tabelle *page*

Alle einer bestimmten Seite zugehörigen Daten werden hier erfasst, unabhängig davon, ob es sich bei der betreffenden Seite um einen gewöhnlichen Artikel oder um eine Diskussions- oder Verwaltungsseite handelt. Ein Eintrag in Wikipedia kann zum einen über seine eindeutige ID, zum anderen aus der Kombination von Artikeltitel und Namensraum identifiziert werden. Ein Namensraum klassifiziert einen bestimmten Bereich des Systems, zu dem eine Seite gehört. So befinden sich alle enzyklopädischen Einträge im Namensraum 0, Benutzerseiten im Namensraum 2 und Kategorieseiten im Namensraum 14 (Wikipedia - Mediawiki Namespace 2009). Um bei der Suche nach einem Begriff auch Synonyme zu finden, können zu einem Eintrag mehrere Redirects existieren, welche direkt von einem synonymen Suchbegriff auf den Artikel verwiesen. Da solche Redirects im System als eigenständige Seiten abgelegt sind, erfolgt zu ihrer

---

[56] Unterstreichungen kennzeichnen Primärschlüssel einer Tabelle, farbige Hervorhebungen dienen der Visualisierung von Schlüsselbeziehungen zwischen verschiedenen Tabellen und kursive Namen bezeichnen vom Autor hinzugefügte Spalten.
[57] Die Protokollierung der Seitenaufrufe ist in allen Wikipedias aus Performancegründen deaktiviert.
[58] Die Spalte *wertung* wird an dieser Stelle nur der Vollständigkeit halber aufgeführt, eine ausführliche Erklärung zu Sinn und Zweck dieses Eintrags ist in Kapitel 6.5 zu finden.

Differenzierung von Inhalt tragenden Artikeln eine Kennzeichnung über das Flag *page_is_redirect*.

Die Betrachtung des Kategoriesystems der Wikipedia erfordert ferner einen Blick auf die Struktur der entsprechenden Tabelle namens *category*:

Spaltenname	Typ	Beschreibung
cat_id	int(10)	eindeutige ID einer Kategorie
cat_title	char(255)	Name der Kategorie
cat_pages	int(11)	Anzahl Seiten in dieser Kategorie
cat_subcats	int(11)	Anzahl der Unterkategorien
cat_files	int(11)	Anzahl der Dateien
cat_hidden	tinyint(3)	reserviert für zukünftige Benutzung

Tabelle 4: Struktur der Tabelle *category*

Die oben skizzierte Tabelle beinhaltet alle Details der Wikipedia-Kategorien. Informationen über die einem einzelnen Artikel zugewiesenen Kategorien sind in der Tabelle *categorylinks* erfasst, die separat für den Forschungsaufbau in die verwendete Datenbank eingespielt wurde (vgl. Kapitel 3.5.2) und die Verbindung zwischen Daten aus den Tabellen *page* und *category* herstellt:

Spaltenname	Typ	Beschreibung
cl_from	int(8)	ID der Seite, der die Kategorie zugeordnet ist
cl_to	char(255)	Name der Kategorie
cl_sortkey	char(255)	dient der Sortierung in der Kategorieübersicht
cl_timestamp	timestamp	Datum der Verlinkung

Tabelle 5: Struktur der Tabelle *categorylinks*

Die Möglichkeit, notwendige Informationen aus mehreren Datenbanktabellen zusammenzuführen, soll durch eine beispielhafte Datenbankabfrage veranschaulicht werden, die die Summe aller Kategorien extrahiert, die den im Namensraum 0 vorhandenen Artikelseiten zugewiesen sind:

```
(1)  SELECT COUNT( page_title )
(2)  FROM page
(3)  LEFT JOIN categorylinks ON page_id = cl_from
(4)  WHERE cl_from IS NOT NULL
(5)  AND page_namespace = 0
(6)  AND page_is_redirect = 0
```

Es wird zunächst spezifiziert, dass die Anzahl der Einträge in der Spalte *page_title* zu zählen ist (1). Im *FROM*-Teil der Abfrage ist festgelegt, dass die Tabelle *page* ebenso wie die Tabelle *categorylinks* in die Betrachtung einzubeziehen ist (2). Es gilt die Einschränkung, dass nur Einträge aufgenommen werden, bei denen der Wert *page_id* der Tabelle *page* mit dem Wert *cl_from* aus der Tabelle *categorylinks* übereinstimmt (3). Weiterhin ist definiert, dass nur gültige Verweise (*cl_from* darf keine leeren Werte enthalten) auf Seiten aus dem Namensraum 0 zu selektieren sind, die keine Redirects darstellen (4-6).

Die Abfrage liefert 1.629.288 Datensätze und beweist die Existenz eines großen Informationsbestandes, auf dessen Basis die Zuweisung von Kategorien zu Artikeln weiter analysiert werden kann. Aufgrund der großen Datenmenge in der Datenbank erscheint es erstrebenswert, benötigte Kategorieinformationen in separaten Tabellen zu erfassen, so dass eine zielgerichtete und performanceoptimierte Auswertung erfolgen kann. Hierzu wurden zwei weitere Tabellen erstellt:

1. Die Tabelle *allcats* stellt lediglich einen Ausschnitt aus Tabelle 4 (*category*) dar und enthält die beiden Spalten *cat_id* (eindeutige ID einer Kategorie) und *cat_title* (Name der Kategorie). Dabei wurden alle nicht benötigten Werte eliminiert, wodurch eine Beschleunigung des Abfrageprozesses erzielt wird.

2. Zur Abbildung hierarchischer Abhängigkeiten wurde die Tabelle *catlinks* angelegt. Sie besteht aus den Spalten *cat_child* und *cat_parent* und stellt eine Eltern-Kind Relation dar, die u. a. aus der zuvor erzeugten Tabelle *allcats* mittels des folgenden SQL-Statements gefüllt wird:

```
(1)  INSERT INTO catlinks
(2)  SELECT child.cat_id, parent.cat_id
(3)  FROM allcats AS child, categorylinks, allcats AS parent
(4)  WHERE child.cat_id = cl_from
(5)  AND parent.cat_title = cl_to
```

In der neuen Tabelle *catlinks* (1) befinden sich pro Eintrag zwei Elemente: eine beliebige Kategorie sowie der Link von dieser Kategorie zu einer übergeordneten Elternkategorie (2). Die Abfrage betrachtet also alle Verlinkungen zwischen Kategorien, wobei das Link-Ziel als Elternelement (5) und die Kategorie, von welcher der Link ausgeht, als Kindelement (4) behandelt werden. Dies entspricht der in der Wikipedia möglichen Navigation im Kategoriesystem, bei der man durch Anwahl einer verlinkten Kategorie zu ihrer Oberkategorie (=Elternelement) gelangt. In der deutschen Wikipedia endet diese Navigation nach einer variablen Anzahl Schritten stets bei dem Eintrag „!Hauptkategorie", der als Kernelement die Wurzel dieser Baumstruktur bildet.

Durch die neu erstellten zusätzlichen Tabellen ist nun die Möglichkeit gegeben, alle Kategorien auf oberster Ebene zu ermitteln. Diese sind dadurch gekennzeichnet, dass sie Kinder des Elternelementes „!Hauptkategorie" sind. Mittels folgender Abfrage kann die Selektion der Kindelemente dieses Eintrags erfolgen:

```
(1)  SELECT cat_title
(2)  FROM catlinks, allcats
(3)  WHERE cat_parent =
(4)     (SELECT page_id
(5)      FROM page
(6)      WHERE page_title = '!Hauptkategorie'
(7)      AND page_namespace = 14 )
(8)  AND cat_child = cat_id
```

Die Extraktion der Oberkategorienamen (1) basiert auf der Tabelle *allcats*; zudem umfasst die Abfrage die Tabelle *catlinks* (2), die die Eltern-Kind-Relation abbildet. In einer Unterabfrage (3-7) wird das Elternelement der Hauptkategorien anhand seines Namens identifiziert (6). Die Zuweisung des korrekten Kategorienamens der Oberkategorie ist durch die entsprechende Schlüsselbeziehung zwischen den Tabellen *catlinks* und *allcats* sichergestellt (8).

Auf Basis der durchgeführten Vorarbeiten und der Erweiterung des Datenbanksystems konnten folgende Oberkategorien[59] für die deutsche Wikipedia identifiziert werden:

1. Abstraktum	2. Auszeichnung	3. Bauwesen
4. Freizeit	5. Gegenstand	6. Geschichte
7. Gesellschaft	8. Gesundheit	9. Informatik
10. Kultur	11. Kunst	12. Liste
13. Literatur	14. Mathematik	15. Medizin
16. Militärwesen	17. Musik	18. Mythologie
19. Natur	20. Organisation	21. Person
22. Person als Thema	23. Philosophie	24. Politik
25. Recht	26. Regionalthema	27. Rekord
28. Religion	29. Sicherheit	30. Sport
31. Technik	32. Tätigkeit	33. Verkehrswesen
34. Wettbewerb	35. Wirtschaft	36. Wissenschaft
37. Zeitbegriff	38. Zeitliche Systematik	

Tabelle 6: Oberkategorien der deutschen Wikipedia in alphabetischer Reihenfolge

---

[59] Ohne Spezialkategorien, Stand der Daten: Juni 2007

Aufbauend auf dem erstellten Konzept und der optimierten Datenstruktur ist nun die Möglichkeit gegeben, auch für andere Kategorien auf beliebiger Ebene die Kind-Kategorien zu bestimmen. Durch eine geringe Abänderung in Zeile (6) der zuvor skizzierten Abfrage können weitere Informationen beispielsweise zur Kategorie *Datenbank* bestimmt werden:

```
(6) ...WHERE page_title = 'Datenbank'...
```

Als Kindkategorien liefert das System die Einträge *Datenbankmanagementsystem*, *Datenbanksprache*, *Datenbankmodellierung*, *Datenbankschnittstelle* sowie *Data-Warehousing*. Die Navigation in entgegengesetzter Richtung zu den zugeordneten Elternkategorien führt den Nutzer von *Datenbank* über *Praktische Informatik* zur Hauptkategorie *Informatik* (vgl. Eintrag Nr. 9. in Tabelle 6)

Die neue Datenstruktur in Zusammenwirken mit dem entwickelten Algorithmus ermöglicht durch Zählen der Berechnungsschritte die einfache Bestimmung der Ebene, die eine Kategorie im Kategoriesystem besitzt, und erlaubt dadurch weiterführende Betrachtungen zur Struktur des Kategoriesystems.

4.4.2 Arbeitsweise des Programms

Die bisher dargelegten Überlegungen schaffen die Voraussetzungen, für bestimmte Artikel die ihnen zugeordneten Kategorien zu identifizieren und anhand des Kategoriesystems auf die vordefinierten Hauptkategorien herunterzubrechen, ein Prozess, den Abb. 14 veranschaulicht:

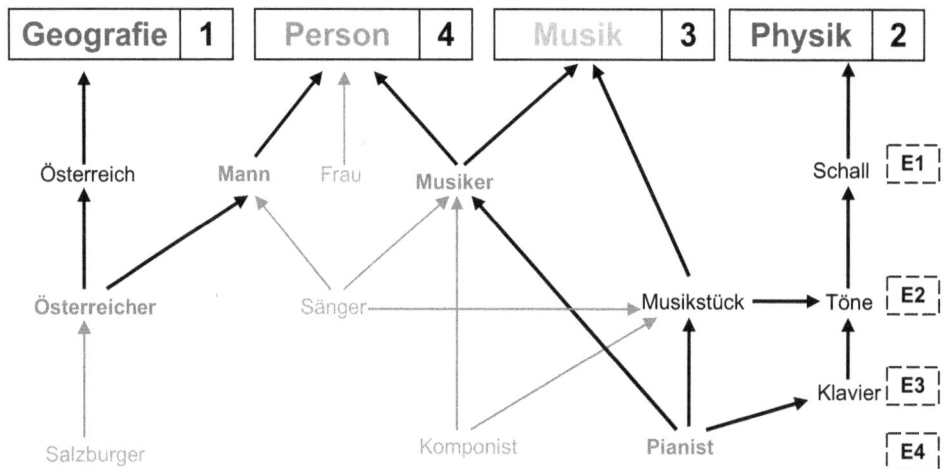

Abb. 14: Beispiel Kategoriestruktur des Artikels *Mozart*

Die Darstellung zeigt einen beispielhaften Ausschnitt aus der Kategoriestruktur basierend auf dem Wikipedia-Artikel *Mozart*. Die Hauptkategorien *Geografie*, *Person*, *Musik* und *Physik* befinden sich als Hauptkategorien an oberster Stelle, während die dem Artikel zugewiesenen Kategorien *Österreicher*, *Mann*, *Musiker* und *Pianist* (in der Abbildung rot hervorgehoben) auf verschiedenen Ebenen der Kategoriestruktur notiert sind; sie charakterisieren die betrachtete Person bereits sehr treffend.

Das Programm analysiert nun jeweils die Struktur bis zu den vordefinierten Hauptkategorien und speichert dabei separat die Ergebnisse jedes Pfades, der die folgenden Elemente enthält:

zugewiesene Kindkategorie (→ Elternkategorie) → Hauptkategorie [Anzahl]

Auf das Beispiel bezogen werden die folgenden Daten ermittelt:

1. Österreicher → Österreich → Geographie [1]
2. Österreicher → Mann → Person [1]

3. Mann → Person [2]

4. Musiker → Person [3]
5. Musiker → Musik [1]

6. Pianist → Musiker → Person [4]
7. Pianist → Musiker → Musik [2]
8. Pianist → Musikstück → Musik [3]
9. Pianist → Musikstück → Töne → Schall → Physik [1]
10. Pianist → Klavier → Töne → Schall → Physik [2]

Die Ergebnisaggregation der Pfade weist aus, dass die Hauptkategorien *Person* [4] und *Musik* [3] den Artikel *Mozart* am besten beschreiben, während *Physik* [2] und *Geographie* [1] eine eher untergeordnete Rolle zukommt.

Zur Speicherung der neu gewonnenen Informationen in der Datenbank für spätere Auswertungen wurde die Tabelle *ocats* eingeführt, die diese Daten nach folgendem Schema erfasst:

Spaltenname	Typ	Beschreibung
page_title	varchar(255)	Titel eines Artikels
page_id	int(8)	ID des Artikels
ucats_id	varchar(2048)	dem Artikel zugeordneten Unterkategorien
Geschichte	int(8)	Kategorie „Geschichte"
Person	int(8)	Kategorie „Geschichte"
…	…	… (weitere Kategorien)
Verkehrswesen	int(8)	Kategorie „Verkehrswesen"
sims	varchar(255)	als „ähnlich" bestimmte Artikel (vgl. Kapitel 5)

Tabelle 7: Struktur der Tabelle *ocats*

Für jeden Artikel werden die zugeordneten Unterkategorien als Liste erfasst und die absolute Anzahl der Pfade notiert, die zu jeder einzelnen Hauptkategorie führen. Neben diesen Informationen enthält die Spalte *sims* eine Liste der IDs von Artikeln, die als inhaltlich ähnlich bestimmt wurden (vgl. hierzu die Ausführungen in Kapitel 5).

Durch spezielle Datenbankabfragen lassen sich nun die Artikel ermitteln, die bestimmten Hauptkategorien zugeordnet sind. Diese neu gewonnenen Daten können u. a. zur Optimierung der Suchfunktion herangezogen werden. So sollten z. B. bei einer Suche nach Personen, die sich mit der Physik auseinandersetzten und Auszeichnungen erhielten, diejenigen Artikel hervorstechen, die in den entsprechenden drei Hauptkategorien überdurchschnittlich hohe Wertzuweisungen besitzen. Diesen Zusammenhang vertieft die anschließende Übersicht anhand eines verkleinerten Ausschnittes aus der Tabelle *ocats*, wobei zu Demonstrationszwecken eine Simplifizierung der realen Daten vorgenommen wurde:

p_title	ucats_id	Geschichte	Person	Physik	Auszeichnung	Verkehrswesen
Mozart	Österreicher, Mann, Musiker, Pianist	2	4	2	3	0
Einstein	Mann, Physiker, Erfinder, Emigrant	3	5	6	4	0
Avus	Abkürzung, Rennstrecke, Berlin	3	0	1	1	5
Napoleon	Mann, Franzose, Militärperson	5	4	0	3	1

Tabelle 8: Gegenüberstellung der Kategoriewerte für verschiedene Artikel

Tabelle 8 zeigt die durch den eigenen Algorithmus ermittelten Wertzuweisungen je vordefinierter Hauptkategorie für verschiedene Artikel; die zwei höchsten Werte jedes Eintrages sind durch einen blauen Hintergrund markiert. Sie verdeutlichen, dass die ermittelten Hauptkategorien (Spalten) mit den höchsten Beträgen den Inhalt eines Artikels schon recht klar charakterisieren. Die vorgenommene Betrachtung fokussiert den Eintrag zu *Albert Einstein*, der als herausragender Physiker vielfach ausgezeichnet wurde, wie die entsprechend hohe Anzahl an Wertzuweisungen in den jeweiligen Spalten widerspiegelt. Das Heranziehen der neu gewonnen Daten für die Suchfunktion könnte somit auf einfache Art und Weise zur Optimierung der Retrievalfähigkeit des Systems beitragen.

Weitere Untersuchungen untermauern, dass auch bei Herunterbrechen der Einzelkategorien auf die Hauptkategorien – wobei Detailinformationen verloren gehen – der Inhalt des Ursprungartikels immer noch sehr gut repräsentiert wird. So liefert die Gegenüberstellung der Artikel zu *Napoleon Bonaparte* und *Hildesheim* die folgenden fünf am häufigsten identifizierten Hauptkategorien:

Napoleon	*Hildesheim*
1. Regionalthema	1. Regionalthema
2. Geschichte	2. Natur
3. Person	3. Bauwesen
4. Zeitliche Systematik	4. Kultur
5. Militärwesen	5. Geschichte

Tabelle 9: Vergleich der Hauptkategorien für die Artikel *Napoleon* und *Hildesheim*

Der erste Eintrag in Tabelle 9 belegt eine besondere Definitionsschwäche des Kategoriesystems zum Untersuchungszeitpunkt: Die Hauptkategorie *Regionalthema* erscheint überproportional oft im Ranking der identifizierten Hauptkategorien, da sie aufgrund fehlender Trennschärfe zahlreichen Artikeln zugeordnet werden kann. Eine weitere Ursache liegt in ihrer frühzeitigen Einführung und der daraus folgenden tiefen Verankerung im Kategoriesystem begründet, einem Phänomen, dem zum einen durch den bereits implementierten Filteralgorithmus während der Bestimmung der Hauptkategorien, zum anderen durch entsprechende Gewichtung bei der nachgelagerten Auswertung entgegenwirkt werden kann.

Eine weitere Problematik, die während der Arbeiten an dem Algorithmus zunächst zu unidentifizierbaren Programmabstürzen führte, stellt das Vorhandensein möglicher Schleifen im Kategoriesystem dar. Eine Recherche nach möglichen Ursachen führte zur FAQ-Seite der englischen Wikipedia, die im Bereich „Categorization" unter dem Punkt

„State of the category feature" das Problem „Categories can be sub-categories of them-selves" aufführt (Wikipedia - FAQ Categorization 2010). Zum Zeitpunkt der Implementierung des eigenen Algorithmus existierte keine Lösung für das genannte Problem, so dass eine spezielle programmiertechnische Behandlung dieses Sonderfalls umgesetzt wurde. Die problematischen Kategoriekonstellationen lassen sich vereinfacht wie untenstehend abgebildet umschreiben:

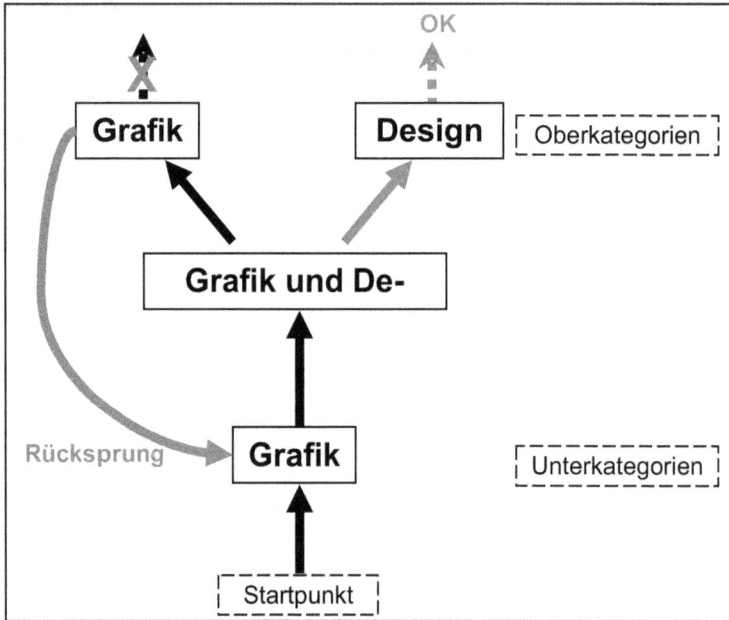

Abb. 15: Problem möglicher Endlosschleifen im Kategoriesystem

Als Ausgangspunkt dient eine Kategorie, die einem bestimmten Artikel auf beliebiger Ebene zugewiesen wurde. Bearbeitet der Algorithmus die Kategoriestruktur, so gelangt er von dieser Kategorie zunächst zu der problematischen Kategorie *Grafik* und im nächsten Schritt zu deren Elternkategorie *Grafik und Design*. Die darauf folgende Verzweigung verweist zum einen auf die Kategorie *Design* (und von dort ohne Konflikte weiter bis zu einer Hauptkategorie) und zum anderen zu dem problembehafteten Eintrag *Grafik*. Der letztgenannte Zweig erweist sich als kritisch, da hier der Algorithmus wegen der fehlenden Terminierung (durch Identifikation einer Hauptkategorie) in eine Endlosschleife gerät.

Nach Analyse des Problems erfolgte eine Optimierung des Algorithmus, so dass bei jeder Verzweigung sowohl die Ebene, an der die Verzweigung erfolgte, als auch die bisher gefundenen Kategorien gespeichert werden:

```php
2  //1. Starte einen neuen Zweig
3  while($eltern = mysql_fetch_object($daten_eltern))
4  {
5      //2. Überprüfe, ob aktuelle Kategorie in diesem Zweig
6      //   bereits einmal gefunden wurde. Ist dies der Fall,
7      //   so überprüfe weiterhin, ob sie sich unterhalb der
8      //   aktuellen Ebene befindet, in diesem Fall handelt
9      //   es sich um einen anderen Zweig.
10     if(in_array($eltern->cat_title, $gefundenarray)
11     && $ebene > array_search($eltern->cat_title, $gefundenarray))
12     {
13         //Schleife verlassen, da sonst Endlosschleife
14         //zum Absturz führt
15         break;
16     }
17
18     //3. Füge bearbeitete Kategorie zum Kategorie-Teilbaum
19     //   auf aktueller Ebene hinzu
20     $gefundenarray[$ebene] = $eltern->cat_title;
21
22     //4. Zuweisung des Namens der aktuellen Kategorie
23     $catname = $eltern->cat_title;
24
25     //5. Überprüfung, ob aktuelle Kategorie eine Hauptkategorie ist
26     if(array_key_exists($catname, $catarray))
27     {
28         //6. Hauptkategorie gefunden -> erhöhe Zähler
29         //   für diese Kategorie
30         $catarray[$catname]++;
31
32         //7. Hauptkategorie gefunden -> lösche aus dem Array
33         //   mit allen bisher gefundenen Kategorien diejenigen,
34         //   die nach der Verzweigung auf Ebene X für diesen
35         //   Ast gefunden wurden, um die Abarbeitung des nächsten
36         //   Zweiges zu ermöglichen.
37         for($i = count($gefundenarray); $ebene < $i ; $i--)
38         {
39             array_pop($gefundenarray);
40         }
41         //8. Verlasse diese Schleife,
42         //   da Hauptkategorie gefunden wurde
43         break;
44     }
45
46     //9. Noch keine Hauptkategorie gefunden -> rekursiver Aufruf
47     //   zur Analyse der nächsten Elternkategorie. Übergebe dazu
48     //   die aktuelle Kategorie, die derzeitige Bearbeitungsebene
49     //   sowie das Array aller bearbeiteten Kategorien
50     getcats($eltern->cat_parent, $ebene, $catarray);
51 }
```

Abb. 16: Quellcode-Ausschnitt Kategoriebestimmung

Innerhalb eines Zweiges (Zeile 2ff.) ruft das Skript die Funktion `getcats()` zur Bestimmung der weiteren Oberkategorien so lange rekursiv auf (Zeile 50), bis auf oberster Ebene eine der vordefinierten Hauptkategorien gefunden wurde (Abbruchkriterium Zeile 26). An diesem Punkt wird an die Stelle der vorherigen Verzweigung zurückgesprungen (Abbruch in Zeile 43) und der nächste Zweig abgearbeitet. Um die geschilderte Problematik möglicher Endlosschleifen zu umgehen, wird bei jeder neu identifizierten Elternkategorie das Array mit den bisher gefundenen Kategorien analysiert und auf die Existenz dieses Elements überprüft (Zeilen 10-11). Sollte ein bereits vorhandener Eintrag gefunden werden, wird die Bearbeitung des aktuellen Zweiges abgebrochen (Zeile 10), zur Ebene der vorherigen Verzweigung zurückgesprungen und der nächste Zweig abgearbeitet.

Eine erneute Recherche vor Abschluss dieser Arbeit mit der Fragestellung, ob die Projektverantwortlichen zu dem geschilderten Problem in der Mediawiki-Software in der Zwischenzeit über eine Lösung verfügten, führte zu einem ernüchternden Ergebnis: Auch aktuell (Dezember 2011) können Nutzer bei Arbeiten am Kategoriesystem weiterhin – wenn auch versehentlich – Endlosschleifen erzeugen. Die von den Verantwortlichen als Workaround zu diesem Problem angebotene Lösung lautet schlicht „Don't do it." (Wikipedia - FAQ Categorization 2010).

Obwohl andere Forscher dieses Problem ebenfalls identifizierten „There is no strict enforcement of which higher-level categories a child category can belong to; thus, the category structure is neither a tree nor a directed acyclic graph, permitting such paradoxes as a category being its own grandparent" (Kittur et al. 2009, S. 1510), wurde bisher noch keine softwareseitige Lösung im Mediawiki-Code implementiert.

4.5 Ergebnisse

Durch die Entwicklung von Algorithmen wurde die Möglichkeit geschaffen, Inhalte mittels ihnen zugewiesener Schlagworte, in diesem Fall Kategorien, zu charakterisieren. Dabei ist es von untergeordneter Bedeutung, ob die Inhalt kennzeichnenden Notationen in einer flachen Hierarchie oder einer vielschichtigen Kategoriestruktur vorliegen (vgl. Abb. 14), da der Algorithmus Daten von verschiedenen Ebenen einer Struktur auf vordefinierte Kernelemente zusammenzuführen vermag.

In diesem Zusammenhang bleibt festzuhalten, dass sich die der Untersuchung zugrunde liegende Struktur des Wikipedia-Kategoriesystems noch in der Anfangsphase befand und sich als Folge bei der Verteilung der Artikel auf die Hauptkategorien eine deutliche Unausgewogenheit identifizieren lässt:

Abstraktum 0
Auszeichnung 0.1
Bauwesen 2.2
Freizeit 0.3
Gegenstand 0.3
Geschichte 6.7
Gesellschaft 6.2
Gesundheit 0.1
Informatik 1.6
Kultur 3.3
Kunst 1.6
Liste 0.1
Literatur 0.5
Mathematik 0.1
Medizin 0.3
Militärwesen 0.6
Musik 1
Mythologie 0
Natur 8.7
Organisation 0.8
Person 4.7
Person als Thema 0
Philosophie 0.1
Politik 2.2
Recht 0.1
Regionalthema 29.1
Rekord 0
Religion 3.1
Sicherheit 0.1
Sport 1.4
Tätigkeit 0
Technik 4.5
Verkehrswesen 1.1
Wettbewerb 0
Wirtschaft 3.6
Wissenschaft 6.5
Zeitbegriff 0
zeitliche Systematik 8.2

Anteil in %

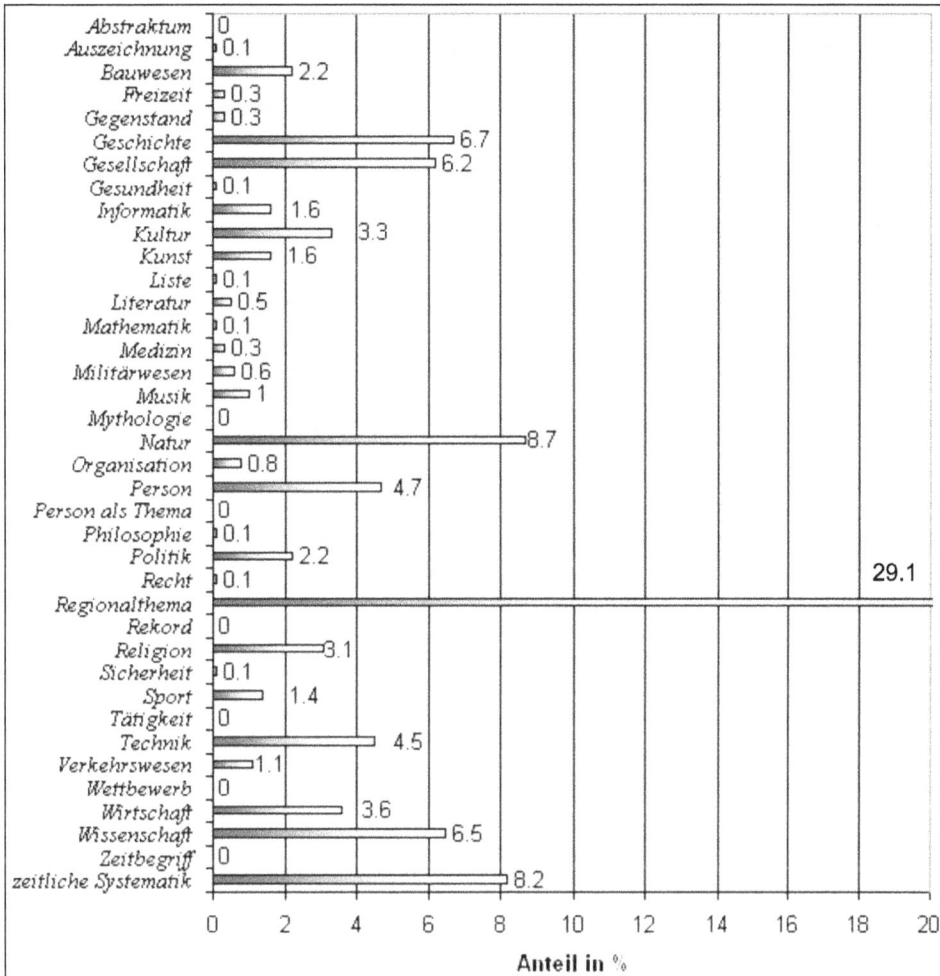

Abb. 17: Verteilung der Artikel auf die Hauptkategorien

In besonderem Maße gilt dies für die Kategorie *Regionalthema* (siehe auch Erläuterungen zu Tabelle 9), die geographische Zuordnungen umfasst und bereits sehr früh (Januar 2007) angelegt wurde[60]. Während einigen Kategorien teilweise noch gar keine Artikel zugeordnet wurden – eine Folge ihrer gerade erst erfolgten Einrichtung – besitzt diese Rubrik die mit Abstand meisten Einträge.

---

[60] Zu den Details der Entstehungsgeschichte siehe die Diskussion zur Zusammenführung der Kategorien „!Kategorie" und „!Hauptkategorie" unter: http://de.wikipedia.org/wiki/Wikipedia: WikiProjekt_Kategorien/Diskussionen/2007/Januar/12

Wie in vielen anderen Hierarchien zur Verschlagwortung von Inhalten können auch im betrachteten Kategoriesystem der Wikipedia gewisse Unstimmigkeiten ausgemacht werden. So existieren neben der Kategorie *Wissenschaft* die Hauptkategorien *Mathematik* und *Informatik* (vgl. Abb. 16), obwohl diese ebenso als Unterkategorien von *Wissenschaft* definiert werden könnten. Theoretisch wäre es also möglich, die hohe Gesamtanzahl von rund 40 Rubriken zu verringern, indem gewisse Hauptkategorien zusammengeführt werden. Dieser Ansatz wurde im Rahmen der Arbeit kurzzeitig weiter untersucht, um Möglichkeiten zur Vereinfachung des Versuchsaufbaus zu eruieren.

Unter Zuhilfenahme der Wikipedia-Datenstruktur bieten sich u. a. folgende Ansätze zur Ermittlung der Ähnlichkeiten zwischen Kategorien als Basis für deren Zusammenführung:

1. Zwei Kategorien sind ähnlich, wenn diese bei vielen Artikeln gemeinsam notiert sind.

2. Zwei Kategorien sind ähnlich, wenn die Artikel, denen sie zugeordnet sind, untereinander verlinkt sind oder häufig auf gleiche Einträge verweisen.

Da sich die Einrichtung einer konsistenten und einheitlichen Systematik schwierig gestaltet, unterliegt die Struktur des Kategoriesystems einer hohen Dynamik durch fortlaufende Bearbeitung und daraus resultierenden ständigen Veränderungen. Insbesondere die beobachteten regelmäßigen Umgestaltungen innerhalb der Wikipedia-Kategoriestruktur führten schnell zu dem Schluss, dass eine weitere Untersuchung der beiden zitierten Ansätze nicht Erfolg versprechend erscheint, so dass dieses Ziel nicht weiter verfolgt wurde. Für diese Arbeit werden daher die in Tabelle 6 gelisteten Hauptkategorien als Basis für weitere Untersuchungen herangezogen.

Die Frage nach der Eignung der Hauptkategorien zur Abbildung von Wissensdomänen eines Benutzers – um später Aussagen über Hintergrundkenntnisse einer Person treffen zu können – stellt einen Kernaspekt dieses Kapitels dar. Es wurden umfangreiche Analysen des Kategoriesystems durchgeführt mit dem Ergebnis, dass

- Kategorien Rückschlüsse auf den Inhalt eines Artikels ermöglichen,

- ein Herunterbrechen auf eine bestimmte Anzahl Hauptkategorien über Algorithmen erfolgen kann.

Dadurch sind die Voraussetzungen geschaffen, die Benutzerinteraktionen bei der Arbeit mit Simpedia auf Basis vordefinierter Hauptkategorien zu protokollieren, so dass zusätzlich eine Vergleichbarkeit der Ergebnisse bei der späteren Auswertung sichergestellt ist.

Abschließend bleibt weiterhin festzuhalten, dass im Rahmen dieses Arbeitsabschnittes Verfahren entwickelt wurden, die auch auf andere Forschungszusammenhänge angewandt werden können, bei denen Schlagwörter von verschiedenen Ebenen in einer vordefinierten Grundstruktur zusammengeführt werden müssen. Die entwickelten Methoden bieten auch außerhalb von Wikipedia einen vielversprechenden Ansatz, um Wissenskollektionen bezüglich ihrer Abdeckung bestimmter Themenspektren zu analysieren sowie untereinander zu vergleichen.

5 Berechnung der Ähnlichkeit zwischen Artikeln

„Problems worthy of attack
prove their worth by hitting back."
(Piet Hein[61])

Analog zu Kapitel 4 zielen auch die in diesem Abschnitt vorgestellten Arbeiten darauf ab, den Software-Prototyp dahingehend zu entwickeln, eine Untersuchung der Hypothese „bei Bearbeitung verschiedener Navigationsaufgaben lässt der vom Benutzer gewählte Weg durch dieses Netz Rückschlüsse auf dessen persönliche Kenntnisse zu" (vgl. auch Kapitel 2.4) zu ermöglichen. Besonderen Stellenwert erhält dabei die Betrachtung von Navigationsaufgaben vom Typ „Navigiere von Artikel X über die Liste der ähnlichen Artikel zu Artikel Z".

Die erwähnte Liste ähnlicher Artikel existiert in Wikipedia bisher nicht, sie muss durch eigene Arbeiten erstellt werden. Nach der Konkretisierung dieser Zielsetzung in Kapitel 5.1 wird in Abschnitt 5.2 zunächst der aktuelle Stand des Forschungsgebietes Ähnlichkeitsbestimmung dargelegt und der Zusammenhang zwischen den verschiedenen Ansätzen *Data-Mining*, *Text-Mining* und *Web-Mining* charakterisiert.

Die genaue Definition von „Ähnlichkeit" zwischen Texten, wie sie im behandelten Forschungskontext angewandt wird, erfolgt im Unterkapitel 5.3 unter Bezugnahme zur sogenannten *Assoziationshypothese*. Es zeigte sich, dass eine Bestimmung der Ähnlichkeit zwischen Wikipedia-Artikeln bisher noch nicht durchgeführt wurde, so dass für die bearbeitete Problemstellung eigene Verfahren entworfen und Werkzeuge angepasst oder entwickelt werden müssen. Eines dieser genutzten Werkzeuge, eine Software namens *Findlink*, wird in Kapitel 5.4 vorgestellt und seine Einbindung in den zu entwickelnden Prototyp beschrieben.

Wie sich im Laufe der Arbeiten herausstellte, war für die Ähnlichkeitsberechnung durch Findlink eine Vielzahl von Vorarbeiten zu leisten, um verwertbare Ergebnisse zu erhalten. Die in den einzelnen Schritten verwendeten Verfahren und entwickelten Problemlösungen werden in Abschnitt 5.5 erörtert und die erzielten Ergebnisse zusammengefasst.

---

[61] 1905 - 1996, dänischer Wissenschaftler, Mathematiker, Erfinder und Literat (Zitat entnommen aus (Hein 1992).)

5.1 Zielsetzung

Wikipedia selbst verfügt über keinerlei Konzepte zur Bestimmung ähnlicher Inhalte. Als Folge dieses Fehlens kommt es aufgrund von Synonymen und Pluralformen bei der Neuanlage von Artikeln häufig zu Dubletten, die manuell gelöscht werden müssen. Neuen Nutzern wird diesbezüglich im Hilfebereich der Wikipedia unter dem Punkt „Dein erster Artikel"[62] geraten, zur Überprüfung des Vorhandenseins von Einträgen mit ähnlichem Lemma einfach die Suche zu nutzen, eine Handlungsanweisung, die schon aufgrund der begrenzten Fehlertoleranz bei der Sucheingabe als wenig zielführend erscheint.

Die einzige Verbindung zwischen verschiedenen Wikipedia-Artikeln stellen die internen Links zwischen einzelnen Einträgen dar. Diese Daten werden in der Tabelle *pagelinks* der Wikipedia-Datenbank erfasst. Um beurteilen zu können, ob diese internen Links für Simpedia herangezogen werden können, wurden die Verlinkungen durch Analyse einzelner Einträge näher untersucht: Als kritisch anzusehen ist der Umstand, dass intern verlinkte Artikel häufig keine inhaltliche Übereinstimmung aufweisen. Als Beispiel sei der Sterbeort Willy Brandts, die Stadt *Unkel* angeführt, in der Brandt seine letzten Lebensjahre verbrachte, die für sein Wirken jedoch keine weitere Bedeutung besaß. Demgegenüber verbrachte Willy Brandt in Norwegen eine ihn sehr prägende Zeit, die auch im entsprechenden Wikipedia-Artikel[63] ausführlich betrachtet wird. Obwohl ausgeprägter als die Bindung zu seinem Sterbeort, existiert zwischen *Willy Brandt* und *Norwegen* jedoch keinerlei interne Verlinkung.

Neben dem Manko teils fehlender Verlinkungen bleibt weiterhin festzuhalten, dass die über interne Links hergestellte Verbindung zwischen einzelnen Artikeln auf den Inhalt bezogen oft nur einen nebensächlichen Aspekt abdeckt. So basiert die Gemeinsamkeit zwischen Willy Brandt und *Unkel* bzw. *Norwegen* lediglich auf Lebensstationen des Politikers, inhaltlich decken die drei Artikel jedoch vollkommen unterschiedliche Themenbereiche ab (Willy Brandt = politische Persönlichkeit, Unkel = Stadt in Rheinland-Pfalz, Norwegen = Land in Skandinavien).

Zwei Artikel lediglich aufgrund ihrer Verlinkung als inhaltlich ähnlich zu definieren, genügt demzufolge den Anforderungen der Fragestellung nicht. Vielmehr sollte in die Betrachtung einbezogen werden, ob sie ein ähnlich geartetes Themenfeld behandeln, sie demnach bezüglich ihrer behandelten Thematik gewisse Kongruenzen aufweisen.

---

[62] Siehe http://de.wikipedia.org/w/index.php?title=Wikipedia:Dein_erster_Artikel&oldid=76522684
[63] Siehe http://de.wikipedia.org/w/index.php?title=Willy_Brandt&oldid=76747963

Es gilt daher, Methoden und Instrumente zu finden, um zum einen inhaltliche Ähnlichkeit zwischen Artikeln zuverlässig zu bestimmen, zum anderen die erzielten Ergebnisse bezüglich ihrer Anwendbarkeit im Rahmen des zu erstellenden Prototyps zu evaluieren.

5.2 Forschungsgebiet Ähnlichkeitsbestimmung

Die Bestimmung inhaltlicher Ähnlichkeit zwischen Texten einer Online-Enzyklopädie tangiert das Forschungsfeld des *Data-Minings*. Weiter spezifizierend kann diese Aufgabe dem *Text-Mining* zugeordnet werden, einem dem Data-Mining untergeordneten Arbeitsgebiet. Da es sich bei den untersuchten Informationsbeständen im konkreten Fall um einzelne Webseiten handelt, kann ferner eine Einordnung in das Themenfeld des *Web-Minings* erfolgen.

Die Kategorisierung Data-Mining → Text-Mining → Web-Mining folgt dem chronologischen Verlauf der Entwicklung der einzelnen Wissenschaftsdisziplinen. Während Verfahren zur Informationsgewinnung aus allgemeinen Datenbeständen schon seit Jahrzehnten erforscht werden, erfährt das Web-Mining erst seit der Verbreitung des World-Wide-Webs eine zunehmende Bearbeitung durch die Wissenschaft. Diesen Aspekt unterstreicht die folgende Tabelle[64], die die Verbreitung der Begriffe gegenüberstellt:

	Google	*Yahoo*	*CiteSeer*[65]
Data-Mining	6.100.000	35.500.000	21.395
Text-Mining	704.000	3.770.000	2.554
Web-Mining	222.000	1.090.000	1.232

Tabelle 10: Verbreitung der Begriffe *Data-Mining*, *Text-Mining* und *Web-Mining*

Vor dem Einstieg in die Methoden des Web-Minings sollen zunächst die grundlegenden Ergebnisse der Forschung im Bereich Text-Mining dargelegt werden: Eine Analyse der verfügbaren Literatur führt zu der Erkenntnis, dass zum einen konkurrierende Text-Mining Spezifikationen existieren, zum anderen zur Beschreibung der Konzepte des Data-Minings ähnliche Begriffe oder Komposita teilweise synonym genutzt werden. Während in der deutschsprachigen Literatur der Anglizismus *Text-Mining* relativ eindeutig als Sammelbegriff für die verwendeten Methoden genutzt wird, finden sich in

---

[64] Stand der Datenerhebung: November 2010, Quellen: Suchmaschinen Google (http://www.google.de) und Yahoo (http://www.yahoo.de) sowie die Zitationsdatenbank CiteSeer (http://citeseer.ist.psu.edu)
[65] *CiteSeer* ist eine Zitationsdatenbank von über 720.000 Dokumenten vorwiegend aus den Bereichen Informatik und Informationswissenschaft.

englischer Lektüre auch Termini wie *Knowledge Discovery in Textual Databases* (Feldman, Dagan 1995) oder einfach *Knowledge Discovery in Texts* (Kodratoff 1999). Andere Autoren ziehen weniger klare Grenzen zwischen den verschiedenen Themenfeldern und verknüpfen Data- und Text-Mining zu *Textual Data Mining* (Losiewicz et al. 2000) oder *Text Data Mining* ((Hearst 1999a) und (Merkl 2000)); bezogen auf die in Texten enthaltene Information wird gelegentlich auch von *Text Knowledge Mining* gesprochen (Hahn, Schnattinger 1998).

Die mangelnde Trennschärfe setzt sich fort in einer strittigen Zuweisung der das Text-Mining umfassenden Aufgaben. So nimmt (Sebastiani 2002) eine Gleichsetzung von Text-Mining und Informationsextraktion vor und definiert eine Schnittmenge zwischen Textkategorisierung und Text-Mining (siehe auch (Dörre et al. 1999)), während (Hearst 1999b) die Kategorisierung von Texten sowie die Extraktion von Informationen als Bestandteile des explorativen Text-Minings explizit ausschließt.

Die geschilderte Problematik der unklaren Abgrenzung und Definition mag darauf zurückzuführen sein, dass – je nach Provenienz der Autoren – ein anderer Aspekt des Forschungsgebietes Text-Mining betrachtet wird. Als Pioniere befassten sich Wissenschaftler aus dem Umfeld des Information Retrieval erstmalig mit der Thematik. (Jacobs 1992) stellte bereits 1992 ein textbasiertes intelligentes System vor, das zur Optimierung der Retrievalergebnisse u. a. Verbindungen zwischen Inhalten über Hyperlinks auswertet. Damit greift er einem später von Suchmaschinen erfolgreich umgesetzten Konzept zur Verbesserung von Suchergebnissen vor.

Im Jahr 1996 erfolgten erste Schritte, um – aufbauend auf Data-Mining Methoden – neue Erkenntnisse aus großen Datenbeständen zu gewinnen. (Fayyad et al. 1996) prägten in diesem Zusammenhang den Begriff der *explorativen Datenanalyse*. In der Folgezeit wurde Text-Mining immer häufiger als Teilgebiet des Data-Minings betrachtet und durch (Rajman, Besançon 1998) als „Data Mining auf textuellen Daten" definiert. Text-Mining geht demnach über die einfache Verbesserung von Information Retrieval Prozessen hinaus und fokussiert dabei insbesondere die Entdeckung aufschlussreicher neuer Informationen und vorher unbekannter Zusammenhänge in großen Textmengen; (Kodratoff 1999) spricht in diesem Zusammenhang auch von der Exploration nützlichen Wissens aus Texten.

Mit der zunehmenden Verlagerung von Wissen und Information in die digitale Welt dehnten sich die Arbeitsfelder auf webbasierte Medientypen aus. Die Beschränktheit der klassischen Information Retrieval Methoden bei Anwendung im Web trat deutlich zutage (vgl. Kobayashi, Takeda 2000) und erforderte neuartige Lösungen.

Das neue Arbeitsfeld des Web-Mining untersucht Wege, um vorhandene Erkenntnisse aus den Bereichen Text- und Data-Mining bestmöglich auf die webbasierte Informationsstruktur zu übertragen und zu erweitern. Vielfach erfolgt in der Literatur eine Unterteilung in *Web Content Mining* (Inhalte), *Web Structure Mining* (Linkstrukturen) und *Web Usage Mining* (Nutzerverhalten) (nach (Kosala, Blockeel 2000)).

Die im Folgenden vorgestellten Konzepte der Ähnlichkeitsbestimmung basieren im Wesentlichen auf Verfahren zur semantischen Erschließung von Inhalten, jedoch gelangen auch Methoden zur strukturellen Analyse von Informationssystemen bei der Entwicklung von Simpedia zur Anwendung.

5.3 Bestimmung von Ähnlichkeiten zwischen Wikipedia-Artikeln

Vor einer Einführung in die genutzten Konzepte zur Ähnlichkeitsbestimmung bei Texten sei zunächst definiert, wie der verwendete Begriff der *Ähnlichkeit* im gegebenen Kontext zu verstehen ist: Wikipedia-Artikel werden als einander ähnlich klassifiziert, wenn eine signifikante semantische Relation nachweisbar ist. Dabei bedeutet *signifikant* in diesem Zusammenhang, dass über die Ähnlichkeit von Artikeln nicht binär entschieden werden kann; vielmehr erfolgt die Zuweisung eines Wertes innerhalb eines festen Intervalls, um den Grad der Ähnlichkeit anhand dieses Maßes definieren und später vergleichen zu können.

Die o. g. Auslegung orientiert sich eng an der sogenannten *Assoziationshypothese*, die besagt, dass bei der Erstellung von Texten gedankliche Assoziationen einfließen, die sich in der Verwendung wiederkehrender Begriffe in verschiedenen Texten niederschlagen. Das vermehrte Auftreten bestimmter Wörter in verschiedenen Kontexten wird als *Kookkurrenz* bezeichnet, die statistisch auf Basis von Worthäufigkeiten nachweisbar ist. Eine solche Häufung mündet in der Schlussfolgerung, dass oft kookkurrierende Worte in einer assoziativen Relation stehen müssen (Giuliano 1964). Die genannte Theorie war Gegenstand vieler Forschungsarbeiten, bis es (Wettler et al. 1993) im Jahr 1993 gelang, sie methodisch zu verifizieren.

Eine Übertragung der Assoziationshypothese auf die Artikel der Wikipedia hätte zur Folge, dass die Artikelinhalte über das verwendete Vokabular beschreibbar würden. Mit Ausnahme der den Artikeln zugewiesenen Kategorien (vgl. Kapitel 4.2) existieren in der Wikipedia bisher jedoch keinerlei Verfahren, um den Inhalt eines Artikels anhand bestimmter Schlagwörter zu charakterisieren. Einzig die interne Verlinkung von Artikeln untereinander könnte als eine semantische Relation gedeutet werden, die in vielen Fällen jedoch sehr schwach ausgeprägt ist (vgl. dazu das Beispiel zu „Willy Brandt" in Kapitel 5.1).

(Medelyan et al. 2009) unterzogen die interne Linkstruktur der englischen Wikipedia einer genauen Untersuchung und beschrieben sie als „hyperlinked structure of web pages, a microcosm of the web" (Medelyan et al. 2009, S. 15). Grundsätzlich bietet die reichhaltige Verlinkung der Inhalte untereinander – im Schnitt besitzt jeder Artikel 25 Links zu anderen Artikeln (Medelyan et al. 2009, S. 7) – vielfältige Zusatzinformationen, doch diese Daten können eher als Basis für Web-Structure-Mining-Methoden genutzt werden, um beispielsweise bedeutendere Artikel anhand der Anzahl der auf sie verweisenden Links von nebensächlichen Einträgen zu differenzieren[66] (für weitere Klassifikationsmethoden siehe auch (Markovitch, Gabrilovich 2006)). Wegen fehlender Möglichkeiten zur Ermittlung eines semantisch ähnlichen Textes zu einem vorgegebenen Ausgangsdokument erweisen sich diese Methoden für die behandelte Problemstellung als ungeeignet.

(Strube, Ponzetto 2006) nutzten die Wikipedia lediglich als Vergleichsmaßstab für entwickelte Ähnlichkeitsmaße und betrachteten stets nur einen geringen Ausschnitt des Gesamtdatenbestandes, den sie für ihre Benchmarks heranzogen.

(Milne 2007) analysierte die Linkstruktur losgelöst von inhaltlichen Konzepten der Artikel und arbeitet demnach ebenfalls allein auf der strukturellen Ebene des Informationsbestandes.

In der wissenschaftlichen Forschung erfolgte die Anwendung von Web Content Mining-Methoden zur Ähnlichkeitsbestimmung zwischen verschiedenen Wikipedia-Artikeln somit bisher nicht in ausreichendem Maße, um sie zur Lösung der bearbeiteten Problemstellung heranziehen zu können. Der Gewinn der angestrebten Erkenntnisse erfordert daher neben der Verwendung spezieller Werkzeuge auch die Entwicklung eines eigenen Verfahrens.

5.4 Vorstellung Findlink-Programm

Zur Bestimmung der Ähnlichkeit zwischen Wikipedia-Artikeln wird im Versuchskontext auf ein Programm namens *Findlink* zurückgegriffen. Es wurde seinerzeit durch die Firma connex GmbH, Hildesheim, in Kooperation mit dem damaligen Institut für Mathematik der Universität Hildesheim entwickelt. Findlink nutzt verschiedene Mechanismen zur Berechnung der Ähnlichkeit, von denen viele an klassische Werkzeuge des Information Retrieval angelehnt sind. Die einzelnen Konzepte werden im Abschnitt 5.4.1 vorgestellt.

---

[66] Vgl. Einführung des eigenen Gewichtungskriteriums *Wertung* in Kapitel 6.5.

Für Simpedia mussten Schnittstellen geschaffen werden, um Daten zwischen Wikipedia, Findlink und eigenen Skripten austauschen zu können. Die Präsentation dieser Schnittstellen sowie die vorgenommenen Erweiterungen der Wikipedia-Datenbank zur Aufnahme eigener Zusatzinformationen erfolgt in Unterkapitel 5.4.2, in dem auch die genaue Einbindung von Findlink in die Problemstellung skizziert wird. Außerdem umfasst dieser Abschnitt eine Einführung in die Konfigurationsparameter von Findlink sowie eine Beschreibung der zur Prozessoptimierung durchgeführten Vorarbeiten.

5.4.1 Genutzte Konzepte zur Ähnlichkeitsbestimmung

Die Findlink-Software wurde ursprünglich mit dem Ziel entwickelt, Informationen aus großen Datenbeständen auch bei ungenauer Sucheingabe oder Fehlern im Dokumentbestand erfolgreich und schnell extrahieren zu können (Hagström 1996, S. 6). Die hierzu genutzte SpaCAM-Technologie wurde über mehrere Jahre entwickelt und bildet den Kern des Retrievalmechanimus (zu früheren Arbeiten vgl. u. a. (Bentz et al. 1989) und (Heitland 1994) sowie (Hagström 1996)). Eine mögliche Anwendbarkeit auf lexikalische Daten wurde von (Ackermann 2000) analysiert mit dem Ergebnis, dass nach Anpassung einzelner Arbeitsschritte auch aus derartigen Textquellen sinnvolle Relationen automatisiert generiert werden können (Ackermann 2000, S. 103).

Während der Entwicklung von Findlink wurden verschiedene Probleme des Information Retrieval tangiert, die während der Simpedia-Implementierung z. T. aufgegriffen und vertieft wurden. So steht die Anwendung auf großen Informationsbeständen stets vor dem Abwägungsproblem zwischen Ressourcenverbrauch, Umfang der analysierten Textmenge und einer möglichst hohen Genauigkeit der Ergebnisse; ein Aspekt, der auch im Rahmen dieser Arbeit Betrachtung fand. Weiterhin wurden zur Bewältigung identifizierter Probleme unterschiedliche Konzepte entwickelt und die Ausprägung bestimmter Parameter während des Entwicklungszeitraums begleitend evaluiert (siehe Kapitel 6).

Findlinks *WR*-Funktion (*What's Related*), über die die zu einem Ursprungsartikel inhaltlich verwandten Dokumente bestimmt werden können, verfügt über verschiedene Techniken zur Identifikation inhaltlich bedeutender Elemente (Hagström 2009): Eine Reduzierung von Wörtern auf ihren Wortstamm mittels Stemming führte dabei im gewählten Anwendungskontext zu keinen messbaren Verbesserungen; im Gegenteil, wegen bekannter Probleme beispielsweise bei Pluralformen oder Mehrdeutigkeiten bei der Stammformbildung wurde sogar eine Verschlechterung der Precisionwerte festgestellt (vgl. (Ackermann 2000, S. 43-46)).

Wenn zur Definition eines Themas signifikant beitragende Termini durch häufig vorkommende Wörter überdeckt werden, kommt es in längeren Dokumenten zum sogenannten *Rauschen*, das durch die Anwendung von Stoppwortlisten reduziert werden kann. Stoppwörter tragen selbst keine Informationen, so dass ihr Entfernen aus dem Text in der Regel nicht zu einer Verfälschung des Inhalts führt; durch Reduktion des Dokumentumfangs lässt sich sogar eine Verbesserung bei der Rechenzeit des Analysealgorithmus belegen (Ackermann 2000, S. 18).

Im lexikographischen Kontext rückt vor allem die Verbesserung der Retrievalgüte durch Nutzung von Stoppwortlisten in den Blickpunkt. Die in Lexika häufig verwendeten Terme wie *Abkürzung für, benannt nach* oder *ursprüngliche Bezeichnung für* in verschiedenen Artikeln lassen in der Regel nicht auf inhaltliche Ähnlichkeit der betreffenden Einträge schließen; bei Assoziationen zweiter Ordnung würde jedoch aufgrund solcher Begriffe ein Zusammenhang hergestellt. Findlink nutzt daher für die WR-Funktion eine erweiterte Stoppwortliste, die neben bekannten Stoppwörtern derartige lexikonspezifische Ausdrücke umfasst, um die o. g. Fehldeutungen zu vermeiden. Da sich diese charakteristischen Termini auch in den Artikeln der für den Versuchsaufbau genutzten deutschen Wikipedia wiederfinden, erweist sich das Programm als in besonderem Maße geeignet zur Anwendung auf die behandelte Problemstellung.

Die vorgestellten Methoden zur Ähnlichkeitsbestimmung verfolgen das Ziel, sprachliche Eigenheiten zu bewältigen und im weiteren Verlauf evtl. bisher unbekannte Zusammenhänge zwischen Artikeln aufzudecken. Zusammenfassend lässt sich festhalten, dass die beschriebenen Funktionen der Findlink-Software die Voraussetzung schaffen, die zu Beginn dieser Arbeit geschilderte Versuchsanordnung „Navigiere von Artikel X über die Liste der ähnlichen Artikel zu Artikel Z" zu erstellen, indem – auf Basis der deutschen Wikipedia als Textkorpus – zu einem Artikel eine Liste inhaltlich ähnlicher Artikel ermittelt wird.

5.4.2 Einbindung in die Problemstellung

Im Gegensatz zu Wikipedia, deren Programminfrastruktur auf einem Webserver mit angebundener Datenbank basiert, wird Findlink als lokales Programm auf dem Rechner des Anwenders ausgeführt und nutzt einen eigenen internen Speicher. Zwecks Datenaustausch zwischen beiden Komponenten sind in einem ersten Schritt entsprechende Schnittstellen zu schaffen und Datenaustauschformate zu definieren. Da Findlink in der Lage ist, Datenbestände aus speziell strukturierten Textdateien einzulesen, wurden zunächst eigene Skripte entwickelt, die einen vordefinierten Dokumentkorpus aus der Wikipedia-Datenbank extrahieren und in einer vorgegebenen Syntax in eine Textdatei

schreiben. Eine solche Textdatei enthält je Zeile – jeweils durch das Pipe-Symbol („|")
getrennt – die folgenden Daten zu einem Artikel:

1. ID des Artikels aus der Wikipedia-Datenbank
2. Name des Artikels
3. Artikeltext

Ein beispielhafter Zeileneintrag lautet:

```
302|Assoziativgesetz|Das Assoziativgesetz (lat.
associare - vereinigen, verbinden, verknüpfen,
vernetzen),...
```

Abb. 18 skizziert die Einbindung von Findlink in den Versuchsaufbau und den Aus-
tausch der Artikeldaten über Textdateien:

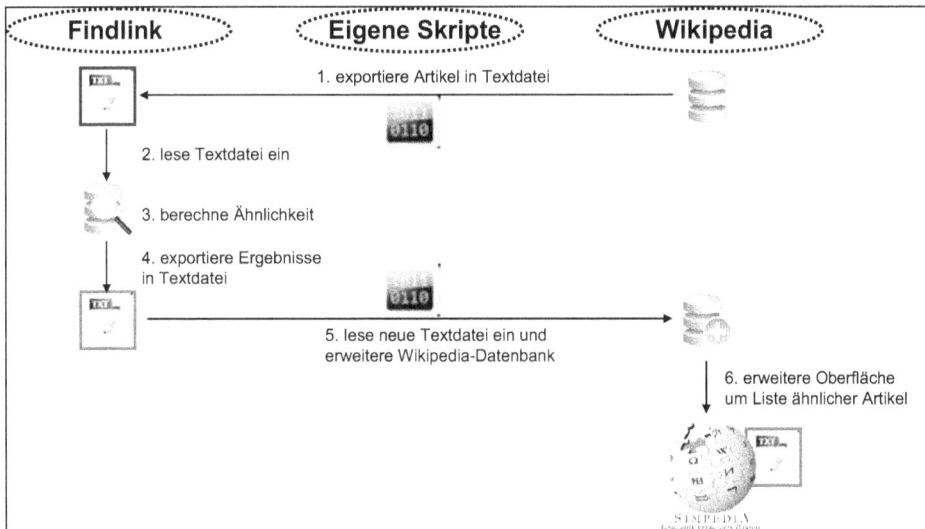

Abb. 18: Einbindung von Findlink in den Versuchsaufbau

Nachdem aus der Wikipedia ein vordefinierter Dokumentbestand über eigene Skripte in
eine spezielle Textdatei exportiert wurde (1.), liest Findlink die Daten in seinen internen
Speicher ein und bereitet die Datenstruktur in einem eigenen Index auf (2.). Nach der
Berechnung einer vorgegebenen maximalen Anzahl ähnlicher Artikel zu jedem Aus-
gangstext (3.) erfolgt der Export der ermittelten Daten in eine weitere Textdatei (4). In
dieser Datei befindet sich zu Beginn jeder Zeile die ID des Ursprungsartikels, gefolgt
von einer komma-separierten Liste von Artikel-IDs der als ähnlich ermittelten Einträge:

```
302|205422,649635,42430,57437
```

Das Datenbankmodell der Wikipedia wurde für die Entwicklung von Simpedia – wie bereits in Kapitel 4.4.1 in anderem Kontext dargelegt – anforderungsspezifisch erweitert, um für den Versuchsaufbau benötigte zusätzliche Daten aufnehmen zu können. Das spätere Einbinden der berechneten Ähnlichkeiten in die Wikipedia-Oberfläche stellt sich als deutlich performanter dar (innerhalb der ohnehin vorzunehmenden Datenbankabfrage des Artikeltextes kann mühelos die Liste ähnlicher Artikel zusätzlich geladen werden), wenn diese Daten direkt aus der Wikipedia-Datenbank abgefragt werden können, anstatt sie aus einer im Speicher stets vorzuhaltenden Textdatei zu lesen. Daher wurden die berechneten Ergebnisse in einem nächsten Schritt (5.) mittels weiterer Skripte in das ergänzte Datenbankmodell der Wikipedia überführt, so dass diese als Liste ähnlicher Artikel leicht in die angepasste Oberfläche zu integrieren sind (6.).

Bei der Berechnung der Ähnlichkeiten zwischen den einzelnen Artikeln offenbarten sich relativ schnell die ressourcenbedingten Grenzen dieser komplexen Berechnungen. Zwar lässt sich Findlink über einige wenige Einstellungen anpassen (vgl. Kapitel 6.1), die anschließend durchgeführten Analysen zu möglichen Konfigurationsparametern sowie der Güte der Daten zeigten jedoch, dass zum Erhalt nutzbarer Ergebnisse zunächst umfangreiche Filterungen durchzuführen sind. Die konkreten Einflussfaktoren und die notwendigen Vorarbeiten zur Prozessoptimierung der Ähnlichkeitsberechnung werden im folgenden Abschnitt im Detail erläutert.

5.5 Notwendige Vorarbeiten vor Ähnlichkeitsberechnung

Wie im vorherigen Kapitel aufgezeigt, besteht ein erster Schritt in der Überführung der Wikipedia-Artikel in eine Textdatei. Als problematisch hat sich dabei der Umstand erwiesen, dass in der Wikipedia-Datenbank nicht der reine Artikeltext gespeichert wird, sondern eine Mischung aus Textelementen und Layoutinformationen. Neben dem eigentlichen Text fügt Wikipedia bereits beim Erstellen des Artikels spezielle Platzhalter als Formatierungsinformationen ein – im Folgenden *Tags* genannt – wodurch die Extraktion der Inhalt tragenden Elemente wesentlich erschwert wird. Solche Tags werden beim Aufwurf eines Eintrags in entsprechende HTML-Notationen umgewandelt, um Aussehen und Layout eines Artikels zu steuern.

Zur Verdeutlichung dieser Problematik sei der Beginn des Artikels *Universität Hildesheim* herangezogen, der datenbankintern wie folgt gespeichert ist[67]:

---

[67] Stand Dezember 2011, Version abrufbar unter http://de.wikipedia.org/w/index.php?title=Universit%C3%A4t_Hildesheim&oldid=96443552

```
Die '''Universität Hildesheim''' ist eine [[Stiftungs-
universität]] in [[Hildesheim]].
==Geschichte==
Hervorgegangen ist sie aus einer 1946 gegründeten
[[Pädagogische Hochschule|pädagogischen Hochschu-
le]]...
```

Neben dem reinen Artikeltext weist dieser Ausschnitt die folgenden Tags auf:

1.	`'''Fettschrift'''`	in diese Anführungszeichen eingeschlossene Wörter werden im Artikeltext fett dargestellt
2.	`[[interner Link]]`	interne Verlinkung des Begriffs auf einen anderen Wikipedia-Artikel
3.	`==Überschrift==`	Überschrift erster Ordnung, wird auch zur Erstellung des Inhaltsverzeichnisses genutzt
4.	`[[interner Link` `|Artikeltext]]`	interner Link, der im Artikeltext über einen abweichenden Begriff referenziert wird

Tabelle 11: Beispiele für Formatierungstags in Wikipedia

Wenn nun ein Nutzer den Wikipedia-Artikel über die Universität Hildesheim aufruft, so wird aus der Datenbank die Mischung von Text- und Styledaten abgefragt. Die Mediawiki-Software trennt Inhalt- und Layoutinformationen und bereitet diese Daten im Browser des Anwenders entsprechend auf:

Abb. 19: Darstellung des Artikels *Universität Hildesheim* in Wikipedia

Welche Auswirkungen diese Mischung von Inhalt- und Layoutinformationen im Artikeltext auf den Versuchsaufbau haben kann, wurde zunächst eingehend betrachtet, da die Vermutung bestand, dass die Arbeitsweise von Findlink durch bestimmte Tags beeinflusst werden könnte. Der Grund für diese Annahme liegt auf der Hand: Findlink analysiert die Häufigkeit des Auftretens von Wörtern. Wenn nun interne Links in Wikipedia (Beispiel: `[[Pädagogische Hochschule|pädagogischen Hochschule]]`, vgl. Punkt 4. in Tabelle 11) erstellt werden, so führt die genutzte Syntax dazu, dass Schlüsselbegriffe (hier: *Hochschule*), obwohl im eigentlichen Text nur einmal vorhanden, in der exportierten Textdatei zweifach auftauchen würden und dadurch die Ergebnisse verfälschen würden.

Nach einer Diskussion mit den Entwicklern der Mediawiki-Software (welche sich für das Einfügen der Tags während der Erstellung des Artikeltextes verantwortlich zeichnet) reifte die Erkenntnis, dass die reinen Textinformationen an keiner Stelle der Wikipedia-Datenbank erfasst sind, sondern stets die problematische Mischform vorherrscht. Aus diesem Grund lag die einzig mögliche Lösung für dieses Problem in der Anwendung bestimmter Algorithmen zum automatischen Filtern der problematischen Tags. Im Rahmen des Gesamtprozesses erfolgt dieser Schritt bereits beim Übertragen der Daten von der Wikipedia-Datenbank in die später von Findlink einzulesende Textdatei (zum Prozessablauf vgl. Abb. 18).

Fraglich war zu diesem Zeitpunkt der Entwicklung, ob diese vielschichtigen Filterfunktionen alle selbst programmiert werden müssen oder auf vorhandene Codebausteine zurückgegriffen werden kann. Eine diesbezügliche Recherche ergab, dass bereits eine rudimentäre Bibliothek für eben diese Aufgabe existiert, die über Schnittstellen in den eigenen Versuchsaufbau integriert werden kann. Allerdings bleibt festzuhalten, dass dieser Baustein noch nicht ausgereift war und nicht fehlerfrei arbeitete, so dass viele eigene Anpassungen zur Fehlerkorrektur und Verbesserung der Ergebnisse erarbeitet werden mussten.

Die gewählte Bibliothek trägt den Namen *Text_Wiki*[68] und kann als *PEAR-Modul*[69] in eigene PHP-Skripte eingebunden werden. Ein interner Parser untersucht die als Dateninput übergebenen Inhalte und filtert nach bestimmten Vorgaben vordefinierte Tags aus dem Datenstrom. Im gegebenen Kontext wurde als Datenausgabe das Plaintext Format gewählt, da die Übergabe der Daten zu Findlink ebenfalls in diesem Format erfolgt.

Eine Gegenüberstellung von Dateneingabe und Datenausgabe offenbarte einige Schwächen des genutzten Parsers. Im Folgenden werden die dadurch notwenigen zusätzlichen Vorarbeiten (Punkte 1.-3.) sowie weitere manuelle Anpassungen (Punkte 4.-6.) erläutert:

---

[68] Die aktuelle Version findet sich unter http://pear.php.net/package/Text_Wiki. Für die hier vorgestellten Arbeiten wurde Version 1.48 genutzt.
[69] *PEAR* (**P**HP **E**xtension and **A**pplication **R**epository) bezeichnet „eine Reihe von sogenannten Klassenbibliotheken, die viele Funktionen zur Verfügung stellt, die regelmäßig in PHP-Anwendungen benötigt werden" (Staas 2004, S. 395).

1. *Formatierung von Tabellen über spezielle Tags:*

   Um in der Wikipedia Tabellen einzufügen, wird eine sehr spezielle Syntax zur Erstellung einer Tabelle genutzt. Diese interne Formatierung nutzt primär die Zeichen „|" und „-" zur Trennung einzelner Elemente und zur Definition des Layouts. Die untenstehende Gegenüberstellung der Wikipedia-Syntax (links) und der späteren Darstellung innerhalb des Artikels (rechts) soll die Funktionsweise der Tags verdeutlichen:

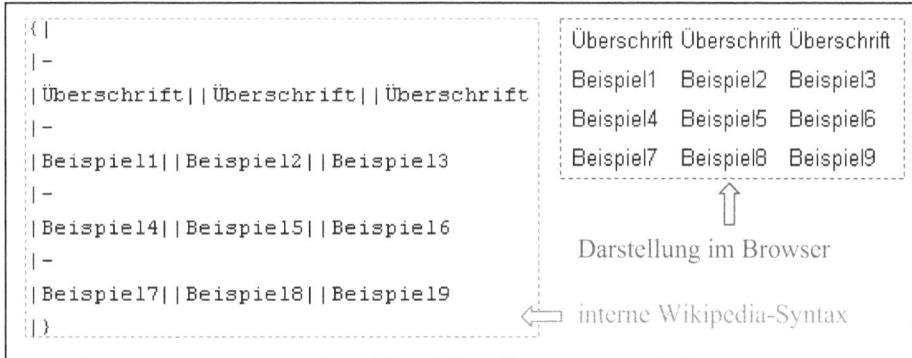

Abb. 20: Wikipedia-Tags für Tabellenlayout und -darstellung in einem Artikel

Der eingebundene Text_Wiki-Filter stieß bei dieser komplexen Syntax an seine Grenzen; er vermochte es nicht, den Beginn einer Tabellenzeile korrekt zu identifizieren oder Textelemente wie Überschriften und Zelleninhalt von den Layoutinformationen zu trennen, wenn die „|" Tags direkt ohne Leerzeichen an dem jeweiligen Begriff notiert waren. Da in der Wikipedia klare Vorgaben zum Einfügen eines Leerzeichens zwischen Textelement und „|" Tag nicht gegeben sind, finden sich in der Datenbank beide Notationsformen. Um dieser Problematik zu begegnen, wurde vor dem Einlesen des Datenstroms durch den Text_Wiki-Filter eine weitere Bearbeitung durch einen eigenen regulären Ausdruck vorgenommen, der an den entsprechenden Stellen Leerzeichen einfügt:

```
$text = preg_replace('/\|/', ' | ', $text);
```

2. *Fehlende Trennung von Aufführungszeichen und Listenelement:*

   Die spezielle Wikipedia-Syntax führt auch an anderen Stellen zu Problemen, die ebenfalls auf das Nicht-Vorhandensein fester Regeln bei der Nutzung der Tags zurückzuführen sind: Bei der Erstellung von Listen werden einzelne Elemente der Liste mit einem Stern („*") notiert. Folgt auf den Stern kein Leerzeichen, so ist der Text_Wiki-Parser nicht in der Lage, diese Zeichen zu filtern. Dies hat zur Folge, dass die dem Stern angestellten Elemente der Auflistung später durch Findlink nicht korrekt als Wort erkannt werden, da ihnen der Stern ohne trennendes Leerzeichen vorangestellt ist. Dieses Problem wurde ebenfalls durch eine eigene Zeile Programmcode gelöst:

```
$text = preg_replace('/\*/', ' * ', $text);
```

3. *Notation von Überschriften unterschiedlicher Ordnung:*
   Wie schon unter Punkt 3 in Tabelle 11 dargelegt, nutzt Mediawiki zur Kennzeichnung von Überschriften das Gleichheitszeichen („="), die Anzahl der Gleichheitszeichen entspricht dabei der Ordnung der Überschrift. Auch hier findet – ähnlich wie bei den zuvor geschilderten Problemen – häufig eine Verschmelzung von syntaktischen Strukturierungselementen mit dem Text statt, Beispiel „==Meine Überschrift==". Die Trennung von Syntax und Semantik hat wiederum manuell in einem Vorverarbeitungsschritt zu erfolgen, wobei Überschriften unterschiedlicher Ordnung in die Betrachtung einbezogen werden müssen:

```
$text = preg_replace('/======/', ' ', $text);
$text = preg_replace('/=====/', ' ', $text);
$text = preg_replace('/====/', ' ', $text);
$text = preg_replace('/===/', ' ', $text);
$text = preg_replace('/==/', ' ', $text);
```

4. *Absatzsteuerzeichen im Artikeltext*
   In der später von Findlink zu verarbeitenden Textdatei wird jeweils ein Eintrag pro Zeile gelistet, so dass die Inhalte zeilenweise eingelesen werden können. Hierzu steht am Ende jeder Zeile ein Steuerzeichen, um den Beginn eines neuen Absatzes zu kennzeichnen. In einigen wenigen Artikeln befindet sich jedoch genau dieses Absatzsteuerzeichen im eigentlichen Artikeltext, so dass plötzlich ein neuer Absatz mitten im Eintrag beginnt, was zu dramatischen Fehlern bei der Ähnlichkeitsberechnung sowie der späteren Rückübertragung der Ergebnisse in die Wikipedia-Datenbank führt. Diese Absatzsteuerzeichen müssen daher unbedingt manuell im Vorfeld gefiltert werden; der folgende Reguläre Ausdruck wird dazu herangezogen:

```
$text = preg_replace('/\r\n\r\n|\r\r|\n\n|\n|\r/', '',
$text);
```

5. *Unterstriche im Artikelnamen*
   Aus mehreren Begriffen zusammengesetzte Artikelnamen wie beispielsweise *Deutsche Demokratische Republik* werden in Wikipedia besonders behandelt. Da der Artikelname zum einen in der URL eines Eintrags auftaucht und zum anderen auch als Primärschlüssel in der Datenbank genutzt wird, stellen Leerzeichen im Namen ein Problem dar, weswegen sie in Wikipedia durch einen Unterstrich („_") ersetzt

werden. Findlink hingegen räumt dem Namen eines Artikels bei der Berechnung der Ähnlichkeit eine besondere Priorität ein. Aus diesem Grund werden vor der Bearbeitung durch Findlink die von Wikipedia hinzugefügten Unterstriche im Artikelnamen mit Hilfe des folgenden Codes durch Leerzeichen ersetzt:

```
$artikelname = preg_replace('/_/', ' ', $titlearray
[$row->old_id]);
```

6. *Begriffsklärungsseiten*

   Für die ersten Versuchsreihen wurden Einträge zufällig aus dem Wikipedia-Korpus selektiert (vgl. Kapitel 6.3). In diesem Fall kann es vorkommen, dass neben reinen Enzyklopädie-Artikeln auch sogenannte *Begriffsklärungsseiten* übernommen werden. Dies sind faktisch eigenständige Artikel, die jedoch keinen Artikeltext enthalten sondern zu einem mehrdeutigen Begriff alle vorhandenen Einträge auflisten.

   Als Beispiel sei die Suche nach dem Term *DDR* angeführt. Da dieser Begriff in erster Linie mit dem ehemaligen deutschen Staat assoziiert wird, erfolgt bei Eingabe dieses Suchbegriffs eine Weiterleitung zum Artikel über die Deutsche Demokratische Republik. Gleichzeitig wird aber im Artikel ein Hinweis angezeigt, dass der ursprüngliche Suchbegriff auch andere Bedeutungen hat. Die Begriffsklärungsseite[70] führt u. a. *Double Data Rate* (Übertragungstechnik für Datenbusse) und *Dance Dance Revolution* (Videospiel) als weitere Bedeutungen des Akronyms an. Zur Filterung dieser Begriffsklärungsseiten wurde die Abfrage der Artikel aus der Datenbank dahingehend erweitert, dass Artikelnamen mit dem Bestandteil *Begriffsklärung* nicht in die Betrachtung einbezogen werden, da sie keine vertiefenden Informationen zu einem Begriff enthalten.

Nach Durchführung der vorgestellten manuellen Vorarbeiten zeigte sich eine deutliche Verbesserung der Ergebnisse der Ähnlichkeitsberechnung. Wichtige Bedeutung tragende Elemente können nun von Findlink klar erfasst und in die Berechnungen einbezogen werden. Die Kombination von externem Parser mit eigenen Methoden zur Behandlung spezieller syntaktischer Elemente erwies sich als wesentlicher Bearbeitungsschritt zur Trennung von Syntax und Semantik.

Während der folgenden Entwicklung von Simpedia wurden weitere Problemfelder identifiziert, die eine Ausweitung der im Vorfeld durchgeführten Vorarbeiten erforderten. Diese Probleme tangieren weniger die Trennung von syntaktischen und semantischen Elementen als die Auswahl der später von Findlink zu analysierenden Artikel.

---

[70] Die Übersicht der verzeichneten Abkürzungen findet sich unter http://de.wikipedia.org/w/index.php ?title=DDR_%28Begriffskl%C3%A4rung%29&oldid=88039893.

Die einzelnen zusätzlich eingeführten Vorverarbeitungsschritte werden im nachstehenden Kapitel näher betrachtet und die Ergebnisse von Findlinks Ähnlichkeitsberechnung schrittweise bewertet.

6 Konstellationen Versuchsaufbau

„Ein Problem setzt nicht so sehr eine Lösung voraus,
im analytischen oder auflösenden Sinne,
als vielmehr eine Konstruktion, eine Kreation.
Es löst sich im Tun.“
(Miguel de Unamuno[71])

Die verschiedenen Versuchskonstellationen zur Berechnung der Ähnlichkeit zwischen Wikipedia-Artikeln bilden den Schwerpunkt dieses Kapitels. Für jeden Ursprungsartikel soll eine Liste von ähnlichen Artikeln erstellt werden, die später in die Oberfläche von Simpedia eingepflegt wird.

Um die Einwirkungsmöglichkeiten auf die genutzten Tools und Prozesse zu skizzieren, erfolgt in Unterkapitel 6.1 zunächst eine Vorstellung der beeinflussbaren Parameter der Findlink-Software, die für die Ähnlichkeitsberechnung genutzt wird. Anschließend werden in den ersten drei Versuchsaufbauten (Teilkapitel 6.2-6.4) grundlegende Daten zur Korrelation von Berechnungszeit und Korpusumfang eruiert sowie der wesentliche Einfluss der Größe des Dokumentbestandes auf die Dauer der Ähnlichkeitsbestimmung nachgewiesen. Die Einflussmöglichkeiten durch Wahl verschiedener Parameterausprägungen und originäre Erkenntnisse zur Netzstruktur runden diesen ersten Abschnitt ab.

Ein Exkurs, der sich mit Ansätzen zur Reduktion des Artikelumfangs auseinandersetzt und Möglichkeiten zur Trennung wichtiger von weniger signifikanten Inhalten diskutiert (Abschnitt 6.5) knüpft an die ersten Versuchsaufbauten an. Neben der Definition bestimmter Mindestanforderungen bezüglich Artikelgröße und Anzahl der Links auf einen Eintrag wird ein eigenes Gewichtungskriterium zur Bewertung der Artikel im Dokumentkorpus eingeführt. Die entworfenen Lösungsalternativen werden im Unterkapitel 6.6 veranschaulicht und die positiven Auswirkungen auf die Berechnungszeiten dargelegt. In diesem Abschnitt wird weiterhin eine Häufung von Einträgen mit Bezug zu Jahreszahlen oder konkreten Datumsangaben identifiziert; Konzepte zur Filterung solcher Artikel finden sich im folgenden Unterkapitel 6.7.

Wie die im Verlauf des Kapitels regelmäßig prozessbegleitend durchgeführten Analysen zur Netzstruktur offenbaren, konnten die in den ersten Versuchsaufbauten eingeführten Konzepte die Struktur der untereinander wenig verlinkten Teilnetze noch nicht in zufriedenstellender Weise aufbrechen. Ein zweiter Exkurs (Teilkapitel 6.8) nimmt sich dieser Problematik an und geht auf die problematische Verwendung sogenannter Infoboxen ein. Es werden Lösungen zur Löschung der Infobox-Attributnamen erarbeitet

---

[71] 1864 - 1936, spanischer Philosoph und Schriftsteller

und um das Konzept der Eliminierung einer bestimmten Anzahl von Begriffen aus dem Artikeltext erweitert.

Die entwickelten Problemlösungen fließen in Versuchsaufbau Nr. 6 (Unterkapitel 6.9) ein; durch tabellarische Gegenüberstellung und grafische Präsentation der Ergebnisse wird die positive Auswirkung der eingeführten Konzepte nachgewiesen. Zur weiteren Öffnung der Netzstruktur wird in Abschnitt 6.10 die bewusste Einbeziehung themenfremder Artikel in die Liste der ähnlichen Artikel erprobt, eine Vorgehensweise, die ebenfalls Erfolge zeitigt. Dieser Ansatz wird in Versuch Nr. 8 (Teilkapitel 6.11) weiter vertieft und eine Kombination der in Findlink verfügbaren Konfigurationseinstellungen vorgestellt.

In Abschnitt 6.12 werden die erzielten Ergebnisse zusammengefasst und Schlussfolgerungen bezüglich der in den Prototyp einzubettenden Konzepte gezogen.

Der einfacheren Vergleichbarkeit wegen sind in den folgenden Abschnitten zu Beginn jeder Versuchskonstellation die wesentlichen Parameter und Besonderheiten in einer Übersicht aufgeführt. Abweichungen zum vorherigen Versuchsaufbau sind in diesen Zusammenfassungen in **Fettschrift** hervorgehoben.

6.1 Beeinflussbare Versuchsparameter

Wie bereits in Abschnitt 5.4.2 konkretisiert und in Abb. 18 visualisiert, erfolgt vor der Ähnlichkeitsberechnung ein Datentransfer von der Wikipedia-Datenbank zur Findlink-Software, die die Berechnung der Ähnlichkeiten zwischen den übergebenen Artikeln vornimmt. In einem nächsten Schritt werden die Daten der ermittelten Ähnlichkeiten wieder zurück in die Wikipedia-Datenbank transferiert.

Zur Beeinflussung der Ähnlichkeitsberechnung stehen in Findlink nur wenige Parameter zur Verfügung. So kann zum einen die Güte des Ähnlichkeitsmaßes (Parameter „MIN_SIM") auf einer vorgegebenen Skala von 100-250 (Maximum) festgelegt und zum anderen die maximale Anzahl der zu ermittelnden ähnlichen Artikel (Parameter „MAX_HITS") definiert werden. Als dritte beeinflussbare Größe kann der übergebene Textbestand angesehen werden. Dieser kann sowohl die Artikelanzahl betreffend als auch bezüglich des Artikelumfangs (ganzer Artikeltext ↔ kurzer Artikelausschnitt) eingeschränkt werden.

Findlink kann – je nach Anwendungsgebiet – auf verschiedene vordefinierte Konfigurationsdateien zurückgreifen. Die unterschiedlichen Konfigurationen tragen dem Umstand Rechnung, dass beispielsweise Zeitungstexte von lexikographischen Inhalten differieren, in denen sich die Ausdrucksweise meist komprimierter und differenzierter darstellt (vgl. u. a. (Ackermann 2000, S. 104ff)) und deren Struktur ebenfalls divergiert.

Zur Bearbeitung von unstrukturierten Standardtextmengen aus verschiedenen Quellen nutzt Findlink die Konfiguration „WR_Config.std", während für die Verarbeitung von lexikonbasierten Textkorpora die spezielle Konfiguration „WR_Config.lex" herangezogen wird, die auch für die ersten Versuchsreihen genutzt wurde. Die Wahl der Konfiguration hat wesentlichen Einfluss auf die Ergebnisse der Ähnlichkeitsberechnung, insbesondere die Anzahl der zurückgelieferten ähnlichen Artikel je Ursprungsartikel differiert stark. Die konkreten Auswirkungen der vorgestellten Parameter werden im folgenden Unterkapitel ausführlich erläutert.

6.2 Versuch 1: Einbeziehung aller Daten

Parameter Findlink	MIN_SIM	MAX_HITS	Konfiguration
	250 (Max.)	5	WR_Config.lex
Parameter Eingangsdaten	Anzahl Artikel		Umfang Artikeltext
	~ 500.000		kompletter Artikeltext
weitere Besonderheiten	- Größe Basisdatei: 1.200 MB		

Abb. 21: Übersicht Parameter Versuchsaufbau 1

Nach Durchlauf der in Unterkapitel 5.5 dargestellten Vorarbeiten reduzierte sich der Gesamtumfang der noch durch Findlink zu bearbeitenden Artikel auf rund 500.000 Einträge, die jeweils mit dem kompletten Artikeltext aus der Wikipedia-Datenbank extrahiert wurden. Die erstellte Textdatei hatte eine Größe von rund 1.200 Megabyte und wurde Findlink im nächsten Schritt als Input übergeben. Als Basis für die Berechnungen wurde ein Computersystem mit einem 3 GHz Prozessor und 2 GB Arbeitsspeicher genutzt.

Auf dieser Hardware waren die Berechnungen auch nach mehreren Stunden noch nicht abgeschlossen. Eine Analyse des Systemprozesses ergab, dass Findlink noch aktiv rechnete und dabei 99% der CPU-Zeit beanspruchte. Selbst nach drei Tagen konnte Findlink keine Ergebnisse zurückliefern, obwohl der Berechnungsprozess im Hintergrund einwandfrei arbeitete.

Die abgeleitete These, dass mit zunehmender Artikelanzahl die Berechnungszeit exponentiell ansteigen würde, bestätigte sich. Bezüglich der Rechenzeit bleibt festzuhalten, dass von jedem Ausgangsartikel die Ähnlichkeit zu jedem einzelnen weiteren Artikel im Dokumentkorpus berechnet wird. Auch ist die Beziehung zwischen den Artikeln nicht symmetrisch: Angenommen, der Eintrag über die *Deutsche Demokratische Republik* wäre als ähnlichstes Dokument zum Artikel *Bundesrepublik Deutschland* ermittelt worden, so bedeutet dies nicht zwangsläufig, dass in der Liste der ähnlichsten Artikel zum Eintrag *Deutsche Demokratische Republik* auch der Text über die *Bundesrepublik Deutschland* zu finden sein muss. Vielmehr könnten in der zugehörigen Liste ähnlicher Artikel beispielsweise ausschließlich ehemalige kommunistische Staaten zu finden sein, ohne dass die Bundesrepublik Deutschland unter den ersten Treffern auftaucht.

Zur näheren Untersuchung des Problems der hohen Berechnungszeiten wurde der Umfang der in den Versuch einbezogenen Artikel reduziert und die Berechnungszeit für die Ähnlichkeiten in Relation zur analysierten Textmenge gesetzt. Aus den ermittelten Daten ließ sich eine näherungsweise Hochrechnung der voraussichtlichen Berechnungszeit bei Einbeziehung aller Artikel ableiten, Diese ergab, dass Findlink zur Bestimmung der Ähnlichkeit zwischen allen Artikeln – ohne Parallelisierung des Berechnungsprozesses – auf der genutzten Hardware mehrere Jahre benötigte.

Die Ergebnisse aus diesem ersten Versuchsdurchlauf führten zu der Annahme, dass eine Reduzierung der zu analysierenden Datenmenge eine wesentliche Voraussetzung für eine erfolgreiche Ähnlichkeitsberechnung darstellt. Versuch Nr. 2 nimmt diese Theorie auf und arbeitet mit einem um 83% verkleinerten Textkorpus.

6.3 Versuch 2: Reduktion der Textmenge

Parameter Findlink	MIN_SIM	MAX_HITS	Konfiguration
	[100-250]	**10**	WR_Config.lex
Parameter Eingangsdaten	Anzahl Artikel		Umfang Artikeltext
	~ 500.000		**nur erste 1.000 Bytes**
weitere Besonderheiten	- Größe Basisdatei: **200 MB**		

Abb. 22: Übersicht Parameter Versuchsaufbau 2

Als größte Änderung im zweiten Versuchsaufbau ist die Begrenzung des einbezogenen Artikeltextes anzuführen. Anstatt den gesamten Text in die Analyse aufzunehmen, wird nach Durchlauf der zuvor geschilderten Vorverarbeitungsschritte der Umfang auf die ersten 1.000 Bytes des Artikels beschränkt. Dieser Ansatz fußt u. a. auf den Erkenntnissen von (Banerjee 2007), demzufolge selbst bei Reduktion eines Textes auf Artikelname und Teaser zu 90% eine korrekte Einordnung gelingt. (Harman 1992) gelangt zu einer ähnlichen Schlussfolgerung und stellt fest, dass Wörter im Titel oder in der Einleitung im Mittel eine höhere Relevanz besitzen als Wörter im anschließenden Artikeltext.

Nach Erfahrung von (Ackermann 2000, S. 48) beträgt die optimale Fenstergröße etwa zwei Sätze. Bei einer durchschnittlichen Satzlänge von ca. 15 Worten im von ihm betrachteten Korpus ähnelt die Erfahrung den Resultaten von (Rapp 1995), der ein Optimum bei einer Fenstergröße von 25 Worten identifiziert. Festzuhalten ist in diesem Zusammenhang, dass die zuvor referenzierten Arbeiten auf einem kleineren Dokumentkorpus basieren. Da im aktuellen Versuchskontext deutlich mehr Artikel einbezogen werden und ein Sekundärziel in der Erforschung der Korrelation von Dokumentkorpus und Rechenzeit liegt, wurde anfangs ein Wert von 1.000 Bytes, was ca. 65 Wörtern entspricht, als Artikeltext genutzt. Die erstellte Basisdatei weist anschließend eine Größe von 200 Megabyte auf, für deren Bearbeitung Findlink jedoch immer noch mehr als drei Tage benötigte.

Weiterhin wurde zur Analyse der Auswirkungen von Änderungen am Findlink-Ähnlichkeitsparameter „MIN_SIM" dieser Wert im zweiten Versuchsdurchlauf mehrfach variiert. Es stellte sich heraus, dass bei einem geringen Wert häufig Ursprungsartikel zu finden waren, denen keine ähnlichen Artikel zugeordnet werden konnten. Nur bei einem sehr hohen Wert für MIN_SIM gelang es Findlink, zu allen Artikeln mindestens einen ähnlichen Eintrag zu bestimmen. Der starke Einfluss dieses Parameters wird durch die Tatsache bekräftigt, dass bei höchstmöglichem Wert von MIN_SIM fast allen Einträgen die gewünschte maximale Anzahl von 10 ähnlichen Artikeln zugeordnet werden konnte.

Die Gegenüberstellung von Ursprungsartikel und ermittelten ähnlichen Einträgen offenbarte eine weitere Eigenart: dem Ursprungsartikel wurden ausgesprochen häufig Einträge aus dem gleichen thematischen Umfeld zugeordnet. Dem Artikel über das Bundesland *Thüringen* waren beispielsweise nur Einträge zugeordnet, die weitere deutsche Bundesländer beschreiben.

Als wesentliche Schlussfolgerung kann zum einen festgehalten werden, dass Findlink bei Wahl des höchstmöglichen Wertes für den Parameter MIN_SIM sehr gute Ergebnisse lieferte, so dass diese Einstellung im weiteren Versuchsverlauf nicht weiter geändert wurde. Zum anderen bleibt festzustellen, dass die Größe der Basisdatei einen erheblichen Einfluss auf die Berechnungsdauer hat, so dass Wege zur sinnvollen Reduzierung des Korpusumfangs gefunden werden müssen. Die folgenden Versuchs-konstellationen machen sich diese Erkenntnisse zu eigen.

6.4 Versuch 3: Einfluss „MAX_HITS" Parameter

Parameter Findlink	MIN_SIM	MAX_HITS	Konfiguration
	250	5 bzw. 8	WR_Config.lex
Parameter Eingangsdaten	Anzahl Artikel		Umfang Artikeltext
	~ 150.000		nur erste 1.000 Bytes
weitere Besonderheiten	- Größe Basisdatei: 150 MB		

Abb. 23: Übersicht Parameter Versuchsaufbau 3

Dieser Versuchsaufbau dient der Erforschung des Parameters „MAX_HITS". Bei einer zufälligen Auswahl von 150.000 Artikeln lässt sich der Einfluss auf die Berechnungs-dauer der Ähnlichkeiten klar erkennen:

- **5** zu bestimmende ähnliche Artikel: Berechnungsdauer = **3h 45m**
- **8** zu bestimmende ähnliche Artikel: Berechnungsdauer = **5h 48m**

Als positive Erkenntnis lässt sich ableiten, dass bei Wahl des höchstmöglichen Ähn-lichkeitsmaßes die Existenz von Ursprungsartikeln ohne zugeordnete ähnliche Einträge nicht mehr nachzuweisen ist; Probleme mit fehlenden Datensätzen wird der zu entwi-ckelnde Prototyp folglich nicht gesondert behandeln müssen. Ebenso zeigen die Ergeb-nisse, dass für 99% der Ursprungsartikel der höchstmögliche Wert an ähnlichen Arti-keln (5 bzw. 8 Einträge) ermittelt werden konnte.

Trotz Reduktion der Artikelanzahl um ca. 70% im Vergleich zum vorherigen Versuchs-aufbau lässt sich weiterhin eine Zuordnung von inhaltlich sehr ähnlichen Einträgen zum jeweiligen Ursprungsartikel feststellen. Daraus kann geschlossen werden, dass der enorme Artikelumfang der Wikipedia – selbst bei Reduktion des Artikeltextes auf die ersten 1.000 Bytes – Findlink immer noch genügend Alternativen für die Bestimmung sehr ähnlicher Einträge bietet. Bei der Gegenüberstellung von Ursprungsartikel und zugeordneten ähnlichen Einträgen wurde auch nach einer Vielzahl von Analysen kaum ein Ausreißer entdeckt, der eine nachvollziehbare Relation zum Ursprungsartikel ver-missen lässt.

Würde aus den Listen der ähnlichen Artikel eine Netzstruktur erstellt, so wären die einzelnen Subnetze von jedem Ursprungsartikel kaum mit ähnlichen Artikeln eines Ursprungsartikels aus einem anderen Themengebiet verbunden; vielmehr bestünde dieses Netz aus einer Vielzahl separater Teilnetze, die kaum Verbindungen zueinander erkennen ließen. Diese Tatsache erweist sich als höchst problematisch für die geplanten Navigationsaufgaben. Selbst eine Aufgabenstellung wie „Navigiere vom Artikel über

Thüringen zum Eintrag über die Stadt *Gera*." wäre nicht zu bewältigen, da als ähnliche Artikel zu *Thüringen* lediglich weitere Bundesländer aufgeführt wären, die ihrerseits ebenfalls ausschließlich Artikel über deutsche Bundesländer in ihrer Liste ähnlicher Artikel führten. Die fehlende Verknüpfung der Teilnetze untereinander steht somit der erfolgreichen Bearbeitung der Problemstellung im Wege. Lösungen für diese Problematik werden in den folgenden Versuchskonstellationen näher betrachtet.

6.5 Exkurs 1: Identifikation wichtiger Artikel

Aufgrund der bisher erarbeiteten Ergebnisse lässt sich die Hypothese aufstellen, dass unter anderem der enorme Artikelbestand der Wikipedia dazu führt, dass Findlink stets sehr ähnliche Einträge zu einem Ursprungsartikel ermitteln kann; die daraus resultierenden Probleme wurden im vorherigen Abschnitt bereits dargelegt. Das Aufbrechen der separaten Teilnetze scheint demnach eine wesentliche Voraussetzung zur erfolgreichen Bearbeitung der geschilderten Navigationsaufgaben darzustellen. Es gilt, Möglichkeiten zu evaluieren, den in die Untersuchung einbezogenen Artikelbestand nach sinnvollen Kriterien auszudünnen. Dabei sollen wichtigere Artikel identifiziert und beibehalten werden, während unwichtige Artikel aus der Dokumentmenge ausgeschlossen werden sollen.

Es muss zu Anfang die Frage beantwortet werden, nach welchen Eigenschaften die Differenzierung wichtiger von weniger wichtigen Inhalten erfolgen kann. Eine wesentliche Charakteristik des genutzten Dokumentbestandes liegt in der Verlinkung der Inhalte untereinander, da in nahezu jedem Wikipedia-Artikel Links auf andere Einträge zu finden sind. Als weitere Messgröße lässt sich die Artikellänge heranziehen, so dass für die Bewertung der Artikel die folgenden Hypothesen zugrunde gelegt wurden:

1. Kurze Artikel behandeln höchstwahrscheinlich ein sehr spezielles Themengebiet.

2. Umfangreiche Artikel befassen sich in der Mehrzahl mit Inhalten von hohem Allgemeininteresse.

3. Wenig verlinkte Artikel handeln zumeist von Nischenthemen, deren Relevanz für die Allgemeinheit gering ist.

4. Häufig durch interne Verlinkung referenzierte Artikel umfassen Ausführungen zu Themen von großem allgemeinem Interesse.

Andere Forscher zogen bei der Bewertung des Artikelbestandes ähnliche Schlussfolgerungen: „Because of the widely ranging characteristics of Wikipedia content, not all regular articles were suitable for testing. Some articles were too short, or carried too few links; [...]." (Schönhofen 2008, S. 5). Ihre Lösungsansätze basieren ebenfalls auf Überlegungen zu Artikelgröße und Linkverweisen und definieren klare Ausschlusskriterien. So schlossen (Markovitch, Gabrilovich 2006) bei ihrer Betrachtung Artikel mit weniger als fünf internen Verweisen von vornherein aus und verlangten weiterhin eine Mindestgröße von 100 nicht-Stoppwörtern, während Schönhofen eine Mindestanzahl von zehn Verlinkungen voraussetzt (Schönhofen 2008, S. 5).

Sowohl die Artikelgröße als auch die Anzahl der internen Verlinkungen auf einen Eintrag finden sich als Messgrößen in der Wikipedia-Datenbank. Folglich kann eine Filterung basierend auf einer vordefinierten Mindestgröße des Artikels und einer festgelegten Mindestanzahl von Links bereits während der Abfrage aus der Datenbank erfolgen, wie folgendes SQL-Statement für den im nächsten Abschnitt skizzierten Versuchsaufbau zeigt:

```
1. SELECT page_id, page_title, old_text, page_len,
   COUNT(pl_from) AS PL
2. FROM page, pagelinks, text
3. WHERE pl_title = page_title
4. AND page_latest = old_id
5. AND pl_namespace = 0
6. AND page_is_redirect = 0
7. AND page_namespace = 0
8. AND page_len > 2000
9. HAVING PL > 10;
```

Für die Bearbeitung durch Findlink werden die Artikel-ID, der Artikelname sowie der Artikeltext (1.) aus der Datenbank abgefragt (vgl. Erläuterungen in Abschnitt 5.4.2). Zusätzlich werden nun die Artikelgröße (page_len) sowie die Anzahl der auf den Artikel verweisenden internen Links (COUNT(pl_from) AS PL) ermittelt. Diese beiden Datensätze unterliegen der vordefinierten Beschränkung, dass die Artikelgröße mehr als 2.000 Bytes betragen (8.) und der Artikel von mindestens zehn anderen Artikeln verlinkt sein muss (9.).

Die obige Abfrage liefert immer noch eine sehr große Anzahl Datensätze zurück (193143 Einträge). Es erscheint jedoch wenig sinnvoll, die vordefinierten Filterbedingungen sukzessive solange anzupassen, bis die gewünschte Anzahl an Artikeln gefunden ist; stattdessen sollte den verbliebenen Artikeln vielmehr ein Gütemaß zugewiesen werden, das beide Messgrößen in Relation setzt. Diese Herangehensweise baut auf der Überlegung auf, dass beispielsweise neue Artikel über aktuelle Themen wie Wahlen, Naturkatastrophen oder Sportereignisse zu Beginn wenig verlinkt sind, obwohl sie durch den kollaborativen Ansatz der Wikipedia schnell eine beachtliche Größe errei-chen können. Bei einer schlichten Erhöhung beider Schwellwerte würden solche Einträge – obwohl sie für die Allgemeinheit von bedeutendem Interesse sind – nicht in den Versuch einbezogen. Ähnlich verhält es sich mit Artikeln über komplexe Themen wie neue Steuergesetze. Thematisch sind diese Inhalte vielleicht für viele Nutzer von Interesse und auch schnell in anderen Artikeln verlinkt, es existiert jedoch nur ein klei-ner Kreis ausgewählter Experten, die über diese komplexen Sachverhalte schreiben, so dass der Artikelumfang einen festgesetzten Grenzwert nicht erreichen könnte. Wenn allerdings die Grenzwerte für Artikelgröße und Anzahl interner Verlinkungen auf einem niedrigen Level und nur für eine begrenzte Vorfilterung genutzt, und weiterhin beide Parameter in Relation zueinander gesetzt werden, um anschließend nach einem dadurch erzeugten Gütekriterium die übrigen Artikel sortieren zu können, dann wäre eine deut-lich realitätsnähere Artikelauswahl sichergestellt.

Zur Erstellung eines zweckmäßigen Gütemaßes wurde Bezug genommen auf bereits etablierte Methoden zur Differenzierung von wichtigen und unwichtigen webbasierten Inhalten. Ein überaus erfolgreiches Verfahren aus diesem Bereich revolutionierte vor mehreren Jahren die Funktionsweise von Internet-Suchmaschinen. Im Jahr 1998 entwickelten Sergey Brin und Lawrence Page an der Stanford Universität einen Algo-rithmus namens *Pagerank*[72], der als zentrales Gewichtungskriterium für die einer Web-seite zugewiesene Bedeutung die Anzahl der auf sie verweisenden Links zugrunde legt (Brin, Page 1998).

Die Möglichkeit zur Sortierung nach einer zugewiesenen Gewichtung sollte im eigenen Versuchsaufbau auch bei der Auswahl der Findlink zur Analyse übergebenen Artikel geschaffen werden. Hierzu wurde ein neues Gewichtungskriterium *Wertung* eingeführt, das auf einer vereinfachten adaptierten Version des Pagerank-Algorithmus basiert und sich berechnet aus:

```
Wertung = Artikellänge / Anzahl Links auf Artikel
```

Die Bedeutung des jeweiligen Artikels steigt mit abnehmender Ausprägung des Wertes *Wertung*. Kurze, aber dennoch häufig verlinkte Artikel werden demnach besser bewertet als Artikel mit nur wenigen internen Verweisen bei gleichem Artikelumfang. Einen ähnlichen Ansatz schlägt auch Schönhofen vor, der ebenfalls die Text/Link-Relation als Bewertungskriterium für die Artikelauswahl heranzieht (vgl. (Schönhofen 2008, S. 5)). Ackermann setzt sich in ähnlicher Weise mit dem Einfluss des Wortumfangs bei der

---

[72] Der Name *Pagerank* setzt sich zusammen aus dem Nachnamen des Hauptentwicklers und der Fähigkeit des Algorithmus, den Dokumentbestand nach den ermittelten Gewichtungen anhand eines Rankings sortieren zu können (Vise, Malseed 2005, S. 37).

vergleichenden Gegenüberstellung von Lexikoneinträgen auseinander und führt in seinen Versuchsaufbau eine zusätzliche Skalierungsfunktion ein, um längere Dokumente etwas niedriger zu gewichten als kürzere Einträge (Ackermann 2000, S. 113). Dies deckt sich mit den Beobachtungen von (Chan, et al. 1996), nach denen längere Dokumente bei gleichem Rankingwert meist eine niedrigere Relevanz haben.

Der Vergleich mit den Lösungsansätzen anderer Wissenschaftler, die sich mit einer ähnlichen Problemstellung auseinandersetzten, zeigt, dass die angedachten Filter- und Gewichtungsfunktionen eine erfolgversprechende Herangehensweise darstellen können. Die bestmögliche Integration der genannten Methoden in den Aufbau von Simpedia kann als ein Ziel dieses Arbeitsschrittes aufgefasst werden.

Zur Nutzung des Parameters Wertung bei der Auswahlbeschränkung der einzubeziehenden Artikel kann die zuvor vorgestellte SQL-Abfrage folgenderweise erweitert werden (neue Komponenten sind in Fettschrift hervorgehoben):

```
1.  SELECT page_id, page_title, old_text, (page_len /
    COUNT(pl_from)) AS Wertung, COUNT(pl_from) AS PL
2.  FROM page, pagelinks, text
3.  WHERE pl_title = page_title
4.  AND page_latest = old_id
5.  AND pl_namespace = 0
6.  AND page_is_redirect = 0
7.  AND page_namespace = 0
8.  AND page_len > 2000
9.  GROUP BY page_title
10. HAVING (Wertung < 100 AND PL > 10)
11. ORDER BY Wertung ASC
12. LIMIT 50000;
```

Die Berechnung des Parameters Wertung erfolgt im gezeigten Beispiel direkt zur Laufzeit in Kombination mit einer anschließenden Sortierung nach dem neuen Gewichtungskriterium. Einträge, die einen festgelegten Schwellwert des Gütemaßes überschreiten, fließen dabei nicht in die Ergebnismenge ein.

Wie sich schnell zeigte, stellte die Kalkulation des Gewichtungskriteriums während der Laufzeit aus Performancesicht ein großes Problem dar. Die Datenbankabfrage nahm über zwei Stunden in Anspruch während sie ohne diese Erweiterung innerhalb weniger Sekunden ausgeführt wurde.

Bei schrittweiser Verfolgung der Arbeitsweise dieser Abfrage lässt sich dieses Performanceverhalten plausibel begründen: Die ursprünglich mehreren hunderttausend Artikel des Gesamtdatenbestandes werden durch die Festlegung bestimmter Mindestkriterien für Artikelgröße und Anzahl Verlinkungen automatisch auf rund 200.000 Artikel reduziert, die durch die Abfrage im nächsten Schritt weiter bearbeitet werden müssen. Obwohl die endgültige Ergebnismenge auf 50.000 Einträge festgesetzt wurde, muss zunächst für alle 200.000 Einträge das Gewichtungskriterium Wertung berechnet werden. Erst anschließend kann eine Sortierung nach diesem Maß erfolgen und die letzten 150.000 Einträge werden vom zu extrahierenden Dokumentkorpus ausgeschlossen.

In verschiedenen Versuchen wurde für dieses Filterproblem eine Vielzahl von Parametervariationen betrachtet und deren Auswirkungen auf die Untersuchungsergebnisse analysiert. Da sich eine derart schlechte Performance in beträchtlichem Maße negativ auf den Fortschritt der eigenen Arbeiten auswirkte, galt es, eine Lösung für dieses Problem zu finden: Sowohl der Artikelumfang als auch die Anzahl der Verlinkungen sind als feste Größen in der Datenbank vorhanden, so dass der Entschluss fiel, das Datenbankschema um den Wert Wertung zu erweitern, der hierzu als neue Spalte in der Tabelle *page* hinzugefügt wurde. Für jeden Artikel wurde daraufhin einmalig der Parameter Wertung berechnet und in die Datenbank eingetragen. Zwar erforderte dies mehrere Stunden, eine Berechnung zur Laufzeit musste jedoch nicht mehr erfolgen und die Daten konnten in späteren Versuchsaufbauten in wenigen Sekunden direkt aus der neuen Spalte der Datenbank abgefragt werden.

6.6 Versuch 4: Einführung Gütemaß „Wertung"

Parameter Findlink	MIN_SIM	MAX_HITS	Konfiguration
	250	25	WR_Config.lex
Parameter Eingangsdaten	Anzahl Artikel		Umfang Artikeltext
	~ 50.000		nur erste 2.000 Bytes
weitere Besonderheiten	- Größe Basisdatei: 70 MB - Mindestanzahl Verlinkungen: 10 - Mindestgröße Artikel: 2.000 Bytes - Gütemaß Wertung: 100 oder besser		

Abb. 24: Übersicht Parameter Versuchsaufbau 4

Im Vergleich zum vorherigen Versuchsaufbau wurde einerseits der Umfang der durch Findlink zu bearbeitenden Artikel nochmals um 66% verringert, andererseits die Anzahl der zu ermittelnden ähnlichen Einträge deutlich erhöht, mit dem Ziel, die Struktur der zuvor identifizierten separaten Teilnetze aufzubrechen. Neben einer Mindestgröße von 2.000 Bytes wird eine Mindestanzahl von 10 internen Verlinkungen auf den jeweiligen Artikel vorausgesetzt. Der neu hinzugefügte Parameter Wertung soll weiterhin einen Wert von 100 oder besser aufweisen. Als abschließendes Filterkriterium werden die übrig gebliebenen Artikel nach ihrer Wertung sortiert und nur die besten 50.000 Einträge in die Betrachtung einbezogen.

Aufgrund der vorgenommenen Reduktion der durch Findlink zu bearbeitenden Textmenge war eine deutliche Verbesserung bei den Berechnungszeiten nachzuweisen. Die Betrachtung der zurückgelieferten Daten fokussierte insbesondere die Struktur der Liste der ähnlichen Artikel und ihre Vernetzung untereinander. Es stellte sich heraus, dass zwar geringe Änderungen im Aufbau der Netzstruktur messbar waren, jedoch immer noch eine Vielzahl einzelner Teilnetze mit wenigen Verlinkungen untereinander existierte.

Als weitere Beobachtung ist die deutliche Zunahme von Artikeln mit Bezug zu Jahreszahlen („1776", „1989") oder konkreten Datumsangaben („1. Januar", „9. November") festzuhalten; diese Artikel machten nahezu 10% der Gesamtmenge aus. Zurückzuführen ist dieser Umstand in erster Linie auf die Einführung des neuen Gewichtungsparameters. Da Einträge zu Datumsangaben oder vielmehr noch zu Jahreszahlen überdurchschnittlich verlinkt sind und diese Artikel häufig lange Auflistungen von Ereignissen am entsprechendem Datum oder im jeweiligen Jahr umfassen, profitieren sie in besonderem Maße und erscheinen im Ranking weit vorne. Für die Netzstruktur der ähnlichen Artikel erweist sich dies als Nachteil, da das Phänomen der in sich geschlossenen Teilnetze bei dieser Artikelgruppe besonders ausgeprägt ist. Die Artikel selbst besitzen zwar eine sehr ähnliche Struktur und gleichen sich im allgemeinen Aufbau, behandeln allerdings in der absoluten Mehrzahl kein geschlossenes einzelnes Thema, sondern setzen sich mehrheitlich mit einer Vielzahl verschiedener Ereignisse am jeweiligen Datum auseinander. Sie sind damit weder der Vernetzung kleinerer Teilnetze noch dem Erlernen von Zusammenhängen zuträglich.

6.7 Versuch 5: Eliminierung von Datumsangaben

Parameter Findlink	MIN_SIM	MAX_HITS	Konfiguration
	250	25	WR_Config.lex
Parameter Eingangsdaten	Anzahl Artikel	Umfang Artikeltext	
	~ 50.000	nur erste 2.000 Bytes	
weitere Besonderheiten	- Größe Basisdatei: 70 MB		
	- Mindestanzahl Verlinkungen: 10		
	- Mindestgröße Artikel: 2.000 Bytes		
	- Gütemaß Wertung: 100 oder besser		
	- Filterung der Artikel mit Datums- oder Jahresbezug		

Abb. 25: Übersicht Parameter Versuchsaufbau 5

Die einzige Anpassung – im Vergleich zum vorherigen Versuch – stellt bei dieser Konstellation die Filterung von Artikeln mit Datums- oder Jahresbezug dar. Wie zuvor ausgeführt, wirken sich diese Einträge besonders negativ auf die Netzstruktur aus, enthalten dabei selbst aber keine typisch enzyklopädischen Inhalte, so dass sie für die spätere Bearbeitung der Navigationsaufgaben keinen Mehrwert bieten.

Folglich wurden für diesen Versuchsaufbau die Artikel mit Jahreszahlen bereits innerhalb der SQL-Abfrage mittels eines regulären Ausdrucks herausgefiltert. Für Jahreszahlen kann dies durch Erweiterung des in Kapitel 6.5 vorgestellten SQL-Statements erfolgen, das um diesen Ausdruck ergänzt wird:

```
WHERE page_title NOT REGEXP '^[0-9]+$'
```

Die Syntax des Ausdrucks zur Filterung der Datumsangaben mit Bezug zu einem konkreten Tag weist eine höhere Komplexität auf. Solche Artikelnamen sind dadurch gekennzeichnet, dass

- sie mit einer oder zwei Zahlen beginnen,
- gefolgt von einem Punkt sowie einem Unterstrich
- und einem Monatsnamen bestehend aus mindestens 3 Buchstaben (Monat Mai).

Der reguläre Ausdruck zur Identifizierung dieser Charakteristika lautet:

```
'{1,2}\.\_.{3,}'
```

Beide Ausdrücke können kombiniert werden zu der folgenden Zeile, um die die Datenbankabfragen von späteren Versuchsreihen ergänzt wurden:

```
WHERE page_title NOT REGEXP '^[0-9]{1,2}\.\_.{3,}'
```

Durch Erweiterung der Datenbankabfrage gelang es zwar, die Artikel mit Datums- oder Jahresbezug von der Gesamtmenge auszuschließen, die Auswirkungen auf die Netzstruktur waren jedoch weniger positiv als erwartet. Die Beschaffenheit des Gesamtnetzes war immer noch geprägt von vielen einzelnen, untereinander kaum verbundenen Teilnetzen.

Parallel zu den Arbeiten im Rahmen der Ähnlichkeitsberechnung wurden erste Versionen der erweiterten Simpedia-Benutzeroberfläche programmiert und die Liste ähnlicher Artikel testweise in die Darstellung ausgewählter Wikipedia-Artikel eingebunden. Diesbezüglich bleibt festzuhalten, dass eine Auflistung im Umfang von zunächst 25 ähnlichen Artikeln wenig praktikabel für den Versuchsaufbau erscheint, da die Oberfläche sehr überladen wirkt und der Benutzer zu viele Informationen aufnehmen und gegeneinander abwägen muss.

6.8   Exkurs 2: Ansätze zum Aufbrechen der Netzstruktur

Trotz umfangreicher Tests und Analyse verschiedenster Problemlösungen kristallisierte sich die Struktur der untereinander kaum verbundenen Teilnetze für die Navigationsaufgaben nach wie vor als höchst problematisch heraus. Zwar wurde durch vorherige Experimente die optimale Ausprägung der beeinflussbaren Parameter näherungsweise bestimmt, die von Findlink gelieferten Ergebnisse zur Ähnlichkeitsbestimmung sind jedoch immer noch „zu gut"; das Programm liefert stets inhaltlich sehr ähnliche Artikel.

Zusammenfassend kann nach den bisherigen Erkenntnissen für die Arbeitsweise der Findlink-Software festgehalten werden:

1. Der Parameter MAX_HITS (Anzahl zu ermittelnder ähnlicher Artikel) darf aus Gründen der Übersichtlichkeit der Oberfläche nicht zu groß gewählt werden. Ein Wert von 12 ähnlichen Artikeln hat sich diesbezüglich als praktikabel herausgestellt.

2. MIN_SIM, das Maß für die Güte der Ähnlichkeit, sollte möglichst hoch sein.

3. Die Zusammensetzung der von Findlink bearbeiteten Inputdatei (siehe Workflow in Abb. 18) mit den Artikeldetails kann durch vorgeschaltete Programme umfassend beeinflusst werden.

4. Findlink analysiert sehr erfolgreich die charakteristischen Textelemente im übergebenen Dokumentkorpus und liefert stets auffallend ähnliche Artikel zurück; Ausreißer waren kaum zu beobachten.

Bei der Auseinandersetzung mit den zu einem Ursprungsartikel als ähnlich bestimmten Artikeln trat nach umfassender Auswertung besonders die stets große Ähnlichkeit der Einträge hervor, die im Artikeltext die gleichen Infoboxen benutzten. Wikipedia verwendet zur Strukturierung von Informationen auf vielen Seiten besondere Vorlagen[73] (auch *Templates* oder *Infoboxen* genannt). Ziel der Nutzung solcher Infoboxen ist die einheitliche Strukturierung von Informationen bei Artikeln mit ähnlichem Inhalt. Infoboxen bestehen aus einer Liste von mehreren Attributen, denen dann jeweils die artikelspezifischen Ausprägungen zugewiesen werden (für weiterführende Informationen siehe (Medelyan et al. 2009, S. 8-10)). So nutzen z. B. die Artikel über *Deutschland* und *Argentinien* beide die Infobox „Staat", um Daten (=Attributinformationen) zu Flagge, Amtssprache, Hauptstadt etc. identisch aufzuführen. Vorlagen werden in Wikipedia sehr intensiv für die verschiedensten Bereiche genutzt wie beispielsweise Städte, Personen, Bands, Filme, Bauwerke, Berge, Pflanzen, etc.

Die vielfache Verwendung von Vorlagen führt dazu, dass in Artikeln mit der gleichen Infobox stets auch die gleichen Substantive zur strukturierten Zusammenfassung wichtiger Informationen auftreten. Dem Anschein nach sorgt insbesondere das wiederholte Auftreten der gleichen Attribute dafür, dass Findlink häufig sehr ähnliche Einträge zurückliefert. Ein erster Ansatz zur Problemlösung befasst sich daher mit der Filterung der vorlagenspezifischen Strukturierungsbegriffe.

Nach Recherchen zu weiterführenden Informationen wurde ein Projekt namens *Vorlagenauswertung*[74] gefunden, in dem sich Interessierte mit der Auswertung der in Wikipedia genutzten Vorlagen beschäftigten. Zur genaueren Analyse der Vorlagen hat dieses Projekt zum einen die Vorarbeit geleistet, aus den Artikeln der deutschen Wikipedia jene Einträge zu bestimmen, bei denen eine Vorlage Verwendung findet, und zum anderen die Attribute der einzelnen Vorlagen erfasst. Für die eigene Auswertung dieser Daten wurde sowohl die Wikipedia-Tabelle *templatelinks* mit 2.452.940 Einträgen als auch die von diesem Projekt erstellte Tabelle *pub_tt1_de* mit 194.063 Attribut-Wert-Relationen in die eigene lokale Datenbank eingespielt.

Die Skripte zur Vorverarbeitung der Findlink später übergebenen Daten wurden erweitert, um die Attributnamen der Vorlagen aus dem Artikeltext zu filtern. Für jeden aus der Datenbank extrahierten Artikel wurde daher zunächst anhand der Tabelle *templa-*

---

[73] Weiterführende Informationen zu in der Wikipedia verwendeten Infoboxen sind auf folgender Hilfeseite aufgeführt: http://de.wikipedia.org/wiki/Hilfe:Infoboxen.
[74] Siehe http://de.wikipedia.org/wiki/Wikipedia:WikiProjekt_Vorlagenauswertung

telinks die Verwendung von Vorlagen überprüft. Sofern im betrachteten Artikel Vorlagen zur Anwendung gelangten, wurden in einem zweiten Schritt die in der Vorlage genutzten Attribute aus der Tabelle *pub_ttl_de* ermittelt. Diese Begriffe wurden anschließend aus dem Artikeltext gefiltert.

Nach einem weiteren Test mit gleicher Parameterausprägung wie in Versuch 5 konnten erste Erfolge verzeichnet werden. Anscheinend bewirkt das Löschen der Attributwerte bei den Artikeln mit Infoboxen, dass nun nicht mehr nur Einträge mit denselben Infoboxen als inhaltlich ähnlich klassifiziert werden.

In Folge der erzielten Fortschritte wurde eine weitere, ähnlich gelagerte Bearbeitung des Artikeltextes durchgeführt: Bevor ein Artikel in den Dokumentkorpus übernommen wird, bestimmt ein eigenes Skript die im Artikeltext am häufigsten auftretenden Substantive und löscht anschließend eine bestimmte Anzahl Einträge aus der erstellten Liste. Wichtig ist in diesem Zusammenhang die Fokussierung auf Substantive, denn ohne diese Einschränkung bestünden mindestens die Top 50 der Wortliste überwiegend aus kurzen Funktionswörtern wie „und", „die" oder „mit" (vgl. hierzu (Ackermann 2000, S. 9ff)).

Als Ziel der Reduzierung des Artikeltexts um Bedeutung tragende Begriffe kann die bewusste Erschwerung der Berechnung ähnlicher Artikel definiert werden; es wird daher auch in den folgenden Schritten darauf hingearbeitet, die Qualität der Ähnlichkeitsberechnung negativ zu beeinflussen, um so die Aufnahme zusätzlicher Einträge aus anderen Bereichen zu ermöglichen.

6.9 Versuch 6: Filterung häufiger Substantive

Parameter Findlink	MIN_SIM	MAX_HITS	Konfiguration
	250	12	WR_Config.lex
Parameter Eingangsdaten	Anzahl Artikel		Umfang Artikeltext
	~ 20.000		nur erste 2.000 Bytes
weitere Besonderheiten	- Größe Basisdatei: **30 MB** - Mindestanzahl Verlinkungen: **20** - Mindestgröße Artikel: 2.000 Bytes - Gütemaß Wertung: 100 oder besser - Filterung der Artikel mit Datums- oder Jahresbezug - **Filterung der 10 bzw. 20 häufigsten Substantive**		

Abb. 26: Übersicht Parameter Versuchsaufbau 6

Dieser Versuchsaufbau setzt sich insbesondere mit den Auswirkungen der vorab aus den Artikeltexten herausgefilterten Substantive auseinander. Weiterhin wurde die Schranke für die Mindestanzahl von Links auf einen Artikel auf 20 erhöht sowie die Gesamtmenge der einbezogenen Artikel auf 20.000 reduziert, so dass sich die Gesamtdatenmenge auf rund 30 Megabyte verkleinerte.

Nachdem im vorherigen Versuchsdurchlauf 83% aller Einträge die höchstmögliche Anzahl ähnlicher Artikel (MAX_HITS = 25) zugewiesen bekam, verringerte sich dieser Wert bei Eliminierung der zehn häufigsten Begriffe bereits auf 71% bzw. 67% bei Löschung der 20 häufigsten Substantive.

Einen tieferen Einblick in die Auswirkung der vorgenommenen Änderungen liefert die genaue Betrachtung von drei zufällig ausgewählten Artikeln über *Robert de Niro*, *Albert Einstein* und *Apostolische Konstitution*:

	Robert de Niro			*Albert Einstein*			*Ap. Konstitution*		
gelöscht:	**0**	**10**	**20**	**0**	**10**	**20**	**0**	**10**	**20**
Ebene 1	100	100	100	100	100	100	100	100	100
Ebene 2	63.46	68.59	71.79	60.26	80.13	84.62	55.13	78.38	83.75
Ebene 3	23.2	26.06	31.48	32.92	48.53	51.92	21.34	24.8	49.4
Ebene 4	5.57	7.6	9.45	11.76	15.33	15.98	7.99	18.8	22.7
Ebene 5	1.12	1.51	1.85	2.61	3.09	3.33	2.38	5.67	7.85

Tabelle 12: Anzahl neuer Artikel je Ebene in %

Tabelle 12 fasst die prozentuale Anzahl neuer Artikel je Ebene bei Löschung der 10 oder 20 häufigsten Begriffe zusammen, dabei dient die Liste der ähnlichen Artikel des jeweiligen Ursprungsartikels als Ausgangspunkt der Betrachtung. Auf dieser ersten Ebene sind selbstredend noch keine doppelten Einträge vorhanden, weswegen alle von Findlink als ähnlich bestimmten Artikel in der Gegenüberstellung als neu deklariert werden.

Auf Ebene 2 werden zu jedem Eintrag aus der Liste der ähnlichen Artikel wiederum die zu diesem Artikel als ähnlich bestimmten Elemente betrachtet. Der analysierte Gesamtumfang beträgt auf dieser Ebene maximal 156 Artikel (12 auf Ebene 1 plus maximal 12^2 neu hinzugekommene). Aus dieser Menge werden die Dubletten eliminiert und die verbleibenden Artikel in Relation zum Gesamtbestand gesetzt. Im Versuchsdurchlauf ohne Löschung von Begriffen (grüne Spalte, „gelöscht" = 0) ist für die zweite Ebene eine Spanne von 55-63% neuer Artikel zu verzeichnen.

Je mehr Artikel in die Betrachtung einbezogen werden, desto mehr Dubletten finden sich im Dokumentbestand. Bereits auf Ebene 3, auf der bis zu $12^3 = 1728$ Artikel hinzukommen, halbiert sich bei allen drei betrachteten Einträgen der Wert neuer Einträge in etwa. Aufgrund des exponentiellen Verlaufs setzt sich diese Entwicklung fort, so dass auf der zuletzt betrachteten Ebene 5 nur noch ein geringer Anteil von Artikeln neu hinzukommt.

Diese Art der Analyse ermöglicht Rückschlüsse auf die Vernetzungsstruktur der Artikel untereinander. Da der Anwender später in dem erzeugten Netz navigieren muss, benötigt er möglichst viele Verbindungen zwischen den zuvor identifizierten geschlossenen Teilnetzen, um zwischen den Themengebieten springen zu können. Diese Anforderung zugrunde legend sollte mit zunehmender Betrachtungsebene eine möglichst hohe absolute Anzahl von Artikeln noch nicht im vorher betrachteten Bestand vorhanden sein[75], andernfalls handelte es sich lediglich um Verbindungen innerhalb der Teilnetze.

Das Löschen der häufigsten Begriffe aus dem ursprünglichen Artikeltext erschwert Findlink die sichere Bestimmung ähnlicher Einträge deutlich und bewirkt, dass zunehmend auch Artikel aus entfernteren Themenfeldern als ähnliche Elemente aufgenommen werden. Für das Löschen der 10 häufigsten Artikel lässt sich auf Ebene 2 beim Artikel über *Robert de Niro* eine Zunahme neuer Artikel von 63,46% auf 68,59% identifizieren. Für die Artikel *Albert Einstein* bzw. *Apostolische Konstitution* erhöht sich der Wert sogar von 60,26% auf 80,13% bzw. von 55,13% auf 78,38%. Dieser Trend setzt sich über alle Ebenen fort; es ist jeweils eine deutliche Reduktion einzelner Teilnetze bei gleichzeitig zunehmender Verbindung der Netze untereinander zu konstatieren.

Um beurteilen zu können, in welchem Maße sich eine umfangreichere Löschung der häufigsten Begriffe auswirkt, wurde in weiteren Versuchsdurchläufen das Verhalten bei Löschung der 20 häufigsten Begriffe analysiert. Im Vergleich zur Löschung der Top 10 sind meist nur noch leichte Verbesserungen messbar: Die Anzahl neuer Artikel auf Ebene 2 steigt von 68,59% auf 71,79% (*Robert de Niro*) und von 80,13% auf 84,62% (*Albert Einstein*) bzw. 78,38% auf 83,75% (*Apostolische Konstitution*). Auch hier setzt sich der Trend über alle Ebenen fort, wenn auch mit zunehmender Ebenentiefe die Differenz abnimmt. Abb. 27 fasst die geschilderten Auswirkungen auf die neuen Artikel je Ebene für den Eintrag über *Albert Einstein* zusammen:

---

[75] Es ist darauf hinzuweisen, dass sich die Anzahl neuer Einträge ab einer bestimmten Betrachtungstiefe einem Grenzwert nähert, der sich aus der Summe der insgesamt vorhandenen Artikel ergibt.

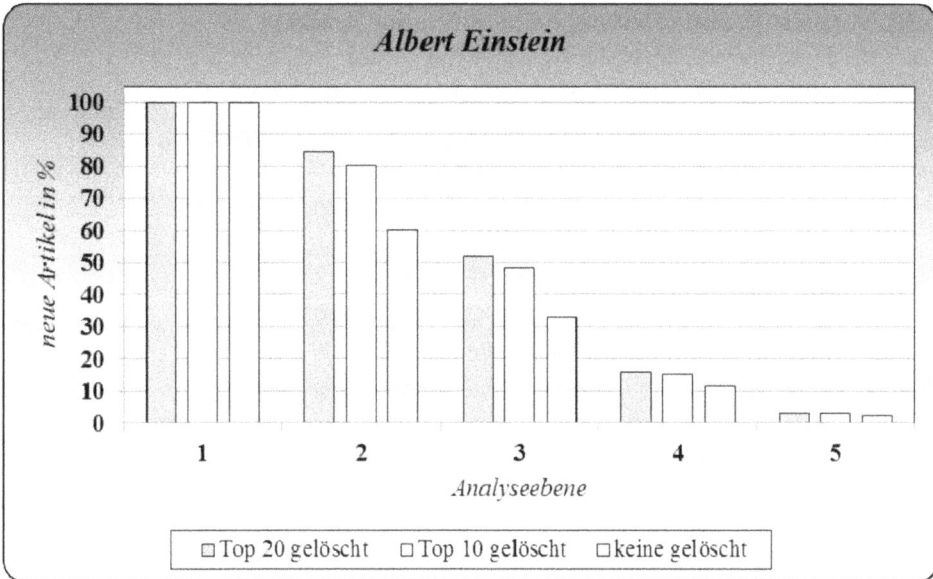

Abb. 27: Neue Artikel je Ebene für Eintrag *Albert Einstein*

Obwohl die Möglichkeiten zur Beeinflussung der Parameter der Ähnlichkeitsberechnung gering sind, zeigen die Änderungen an den übergebenen Artikeltexten deutliche Wirkung und erreichen eine weitere Öffnung der Netzstruktur. Es ist allerdings festzuhalten, dass die erzielten Verbesserungen in einigen Bereichen noch nicht ausreichen, um über die Liste der ähnlichen Artikel in der Oberfläche sinnvoll navigieren zu können. Aus diesem Grund wurden alternative Lösungsansätze zur Schaffung weiterer Verbindungen zwischen den einzelnen Teilnetzen gesucht, da diese Eigenschaft für die erfolgreiche Bearbeitung der Navigationsaufgaben „Navigiere von Artikel X über die Liste der ähnlichen Artikel zu Artikel Z" essentiell ist. Sofern die Liste der ähnlichen Artikel nur weitere Einträge aus dem gleichen Teilnetz enthält, sind die Navigationsaufgaben nicht zu lösen.

Ein neuer Denkansatz basiert auf den Erkenntnissen über das Kategoriesystem der Wikipedia (vgl. Kapitel 4.2 und 4.5). Wie in vorausgegangenen Untersuchungen festgestellt, waren die ähnlichen Artikel bisher fast stets den gleichen Kategorien zugewiesen wie der Ursprungsartikel. Ziel muss es jedoch sein, in die Liste der ähnlichen Artikel auch solche Einträge aufzunehmen, die zwar inhaltlich noch eine gewisse Ähnlichkeit aufweisen, jedoch einem etwas anderen Themengebiet entstammen. Nur so ist es später möglich, ein Teilnetz zu verlassen und über mehrere Sprünge auch Zielartikel aus einem ganz anderen Themenfeld zu erreichen.

6.10 Versuch 7: Einbeziehung themenfremder Artikel

Parameter Findlink	MIN_SIM	MAX_HITS	Konfiguration
	250	**25**	WR_Config.lex
Parameter Eingangsdaten	Anzahl Artikel		Umfang Artikeltext
	~ 20.000		nur erste 2.000 Bytes
weitere Besonderheiten	- Größe Basisdatei: 30 MB - Mindestanzahl Verlinkungen: 20 - Mindestgröße Artikel: 2.000 Bytes - Gütemaß Wertung: 100 oder besser - Filterung der Artikel mit Datums- oder Jahresbezug - Filterung der 20 häufigsten Substantive - **bewusste Aufnahme 3/4/6 themenfremder Artikel**		

Abb. 28: Übersicht Parameter Versuchsaufbau 7

Damit in der von Findlink gelieferten Ergebnismenge überhaupt auch themenfremde Artikel zu identifizieren sind, wurde die Anzahl der zu bestimmenden ähnlichen Artikel zunächst auf 25 Einträge erweitert. Sodann wurde ein eigenes Programm geschrieben, das die von Findlink ermittelten Ergebnisse mit dem Ziel analysiert, durch bewusste Hinzunahme themenfremder Artikel die Netzstruktur weiter aufzubrechen.

Zur Untersuchung verschiedener Parameterausprägungen bietet die eigene Software mehrere Einstellungsmöglichkeiten. Neben der Anzahl der Artikel, die schlussendlich in die Liste der ähnlichen Artikel aufgenommen werden sollen (Default = 12), kann die Teilmenge der Einträge festgelegt werden, die aus anderen Kategorien stammen müssen (getestete Einstellungen: 3, 4 und 6). Ein Artikel gehört dabei zu einem anderen Themenfeld, wenn die ersten X ihm zugeordneten Hauptkategorien nicht dem Ursprungsartikel ebenfalls an führender Stelle zugewiesen sind. Unter Beachtung der zuvor identifizierten Besonderheiten der Kategoriestruktur (vgl. Ausführungen in Kapitel 4.5) wurde eine weitere Konfigurationsoption geschaffen, über die einzelne Kategorien wie z. B. *Regionalthema* ausgeschlossen werden können[76].

Nach dem Einlesen der Findlinkergebnisse überprüft die Software zunächst anhand der oben beschriebenen Einstellungen, ob einem als ähnlich bestimmten Artikel die gleichen Hauptkategorien zugeordnet sind. Sollte dies nicht zutreffen, so werden solche themenfremden Artikel so lange aufgenommen, bis die zuvor festgelegte maximale Anzahl (3, 4 oder 6) an Einträgen erreicht ist. Anschließend wird der Datenbestand bis

---

[76] Die Hauptkategorie *Regionalthema* ist nahezu jedem Artikel zugewiesen und leistet daher keinen Beitrag zur Charakterisierung eines Artikels über seine Hauptkategorien.

zur gewünschten Grenze der insgesamt einzubeziehenden Artikel (Default = 12) aus der Menge der bereits ermittelten ähnlichen Einträge aufgefüllt.

Als Maßstab für die Auswirkungen auf die Netzstruktur wird wiederum eine Analyse der neuen Artikel je Ebene (vgl. Unterkapitel 6.9) durchgeführt. Exemplarisch lassen sich die Veränderungen anhand der Daten zum Eintrag *Tom Hanks* demonstrieren:

Auch hier sind auf Ebene 1 noch keine Dubletten in der Gesamtmenge zu verzeichnen und der Anteil der neuen Artikel beträgt 100%. Bereits bei Betrachtung von Ebene 2 wird deutlich, dass mit zunehmendem Einbeziehen themenfremder Artikel eine Öffnung des Netzes erfolgt, ein Trend, der sich über alle folgenden Ebenen fortsetzt. Besonders hervorzuheben ist in dieser Betrachtung

and. Bereich:	3	4	6
Ebene 1	100	100	100
Ebene 2	57,69	59,62	61,54
Ebene 3	18,22	18,66	21,5
Ebene 4	4,56	4,91	5,61
Ebene 5	0,94	1,02	1,09

Tabelle 13: Themenfremde Artikel zu *Tom Hanks*

der geringe Unterschied zwischen 3 und 4 themenfremden Einträgen (Ebene 3: leichte Zunahme neuer Artikel von 18,22% auf 18,66%) im Vergleich zur Aufnahme von 6 Artikeln aus einem anderen Bereich (Ebene 3: Steigerung auf 21,5% neue Artikel). Dieser Effekt scheint auf den ersten Blick mit zunehmender Ebenentiefe abzunehmen, es bleibt jedoch anzuführen, dass auf jeder Ebene exponentiell mehr Artikel in die Betrachtung einbezogen werden, so dass selbst der anscheinend geringe Unterschied von 1,02% zu 1,09% (4. bzw. 6 andere Artikel auf Ebene 5) eine absolute Zunahme von 226 neuen Artikeln bedeutet.

Allgemein zeigt sich bei zunehmender Anzahl von Artikeln aus anderen Bereichen eine weitere Öffnung der Netzstruktur. Mag auch die prozentuale Steigerung zunächst gering erscheinen, so unterstützt die Betrachtung der absoluten Anzahl diese These.

Diesen Erkenntnissen folgend, soll in einem weiteren Versuchsaufbau die von Findlink generierte Liste ähnlicher Artikel auf 50 bzw. 100 Einträge erweitert werden, da, basierend auf nur 25 ähnlichen Artikeln, häufig wenige bis gar keine Einträge überhaupt aus einem fremden Themenfeld stammten.

6.11 Versuch 8: Kombination der Konfigurationsdateien

Parameter Findlink	MIN_SIM	MAX_HITS	Konfiguration
	250	**50/100**	**WR_Config.std** **WR_Config.lex**
Parameter Eingangsdaten	Anzahl Artikel		Umfang Artikeltext
	~ 20.000		nur erste 2.000 Bytes
weitere Besonderheiten	- Größe Basisdatei: 30 MB - Mindestanzahl Verlinkungen: 20 - Mindestgröße Artikel: 2.000 Bytes - Gütemaß Wertung: 100 oder besser - Filterung der Artikel mit Datums- oder Jahresbezug - Filterung der 10 bzw. 20 häufigsten Substantive - bewusste Aufnahme 3/4/6 themenfremder Artikeln - **Kombination der Konfigurationsdateien**		

Abb. 29: Übersicht Parameter Versuchsaufbau 8

Die Einbeziehung themenfremder Artikel in die Liste der ähnlichen Einträge setzt voraus, dass solche überhaupt in dem von Findlink zurückgelieferten Datenbestand zu finden sind. Um dies zu gewährleisten, wurde die Anzahl der zu ermittelnden ähnlichen Artikel in verschiedenen Versuchsreihen von zuvor 25 auf jetzt 50 bzw. 100 Einträge erweitert und anschließend analysiert, wie viele Einträge überhaupt die Bedingung „mindestens 3/4/6 Artikel stammen aus einem anderen Bereich" erfüllen.

An diesem Punkt des Versuchs stellten sich unerwartete und zunächst nicht nachvoll-ziehbare Ergebnisse ein: Findlink lieferte, die Verteilung der als themenfremd identifi-zierten Artikel betreffend, sowohl bei 50 als auch bei 100 zu ermittelnden ähnlichen Artikeln die gleichen Ergebnisse. Auch bei mehrmaliger Prüfung des Versuchsaufbaus und möglicher Rechenfehler konnte dieses atypische Verhalten stets reproduziert wer-den. Als problematisch erwies sich an dieser Stelle der Umstand der mangelnden Dokumentation der internen Arbeitsweise von Findlink. Wie sich letztendlich heraus-stellte, ist Findlink bei Verwendung der Konfigurationsdatei *WR_Config.lex* schlicht nicht in der Lage, mehr als 30 ähnliche Artikel zu bestimmen.

Da die Nutzung der alternativen Konfiguration *WR_Config.std* zu deutlich schlechteren Ergebnissen führte (teilweise wurden einem Ursprungsartikel gar keine ähnlichen Ein-träge zugeordnet), jedoch eine Steigerung der Anzahl der berechneten ähnlichen Artikel von essentieller Bedeutung ist, wurde als Lösung eine softwareseitige Kombination der Ergebnisse beider Konfigurationen angestrebt. Das hierzu entwickelte Programm, das die zwei erzeugten Listen der ähnlichen Artikel zusammenführt, arbeitet wie folgt: Für die Konfiguration *WR_Config.lex* wurde die Anzahl der zu ermittelnden ähnlichen Artikel auf das Maximum von 30 Einträgen gesetzt. Bei Nutzung von *WR_Config.std* wurde Findlink angewiesen, 50 bzw. 100 ähnliche Einträge zu bestimmen. Weiterhin wurde definiert, wie viele der anschließend zu übernehmenden ähnlichen Artikel (Default = 12) zusätzlich aus einem anderen Bereich stammen sollen (3, 4 oder 6).

Da die Resultate bei Verwendung von *WR_Config.lex* von deutlich höherer Güte waren, diente diese Ergebnismenge als Ausgangsbasis. Die in dieser Liste enthaltenen Artikel wurden anschließend um die Einträge für die Konfiguration *WR_Config.std* erweitert, wobei Dubletten eliminiert wurden. Nach der Überprüfung des zugehörigen Themenfeldes wurden daraufhin so lange Einträge aus anderen Bereichen aufgenommen, bis die gewünschte Anzahl (3, 4 oder 6) erreicht war. Anschließend wurde zunächst mit den ähnlichen Artikel aus der Konfiguration *WR_Config.lex* aufgefüllt und – sollten nicht genügend Einträge (Ziel: 12) gefunden werden – aus der gerankten Liste der zweiten Konfiguration ergänzt. Die folgende Grafik fasst die erzielten Ergebnisse zusammen und illustriert den Verlauf der getesteten Parameter:

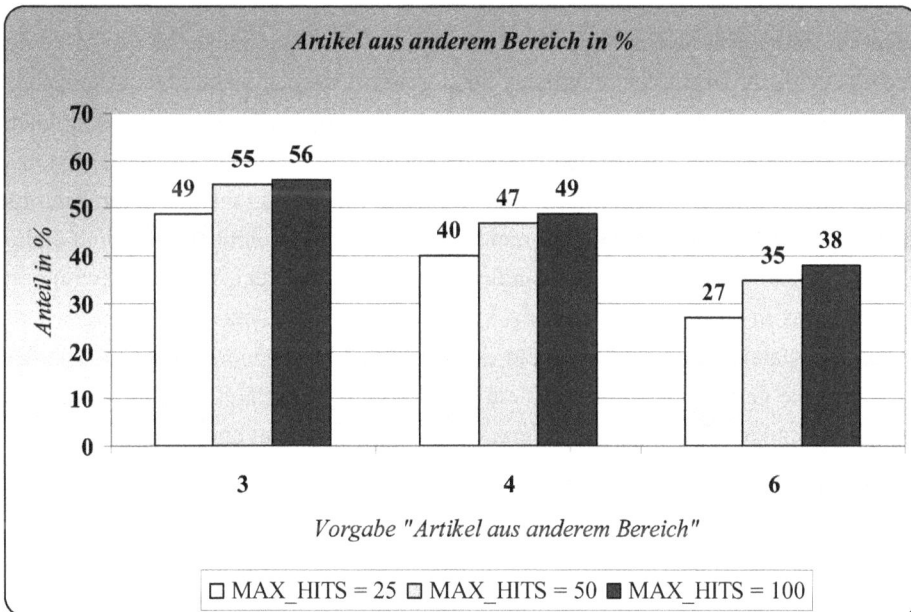

Abb. 30: Artikel aus anderem Bereich in %

Zusammenfassend lässt sich festhalten, dass bei größerer Inputmenge (MAX_HITS) auch zunehmend mehr Einträgen eine bestimmte Anzahl Artikel aus einem anderen Bereich zugewiesen werden konnte. Ebenso lässt sich ablesen, dass mit zunehmendem Wert der Variable X in der Anforderung „mindestens X Artikel stammen aus einem anderen Bereich" immer weniger Artikel diesen Anspruch erfüllen können.

6.12 Zusammenfassung

Aus den durchgeführten Untersuchungen lassen sich vielschichtige Erkenntnisse ableiten. Dies betrifft zum einen die Auswirkungen verschiedener Konfigurationsparameter der Findlink-Software, zum anderen die Ergebnisse der Ähnlichkeitsberechnung. Die zu Beginn des Kapitels vorgestellten Konfigurationsoptionen von Findlink (siehe Abschnitt 6.1) wurden in den ersten drei Versuchsaufbauten genauer betrachtet. Aufgrund der Tatsache, dass Relationen in Findlink nicht symmetrisch sind und mit zunehmender Artikelanzahl die Berechnungszeit exponentiell steigt, wurde in den ersten Versuchsdurchläufen die einbezogene Artikelanzahl sukzessive reduziert, was zu einer messbaren Verringerung der Berechnungsdauer führte.

Weiterhin stellte sich heraus, dass der Parameter zur Festlegung einer Mindestgüte der Ähnlichkeit (MIN_SIM) stets möglichst hoch gewählt werden sollte, da nur so sichergestellt ist, dass jedem Artikel überhaupt ähnliche Einträge zugeordnet werden können. Wird dieser Parameter auf den höchstmöglichen Wert gesetzt, so kann die genutzte Software zu fast allen Artikeln die geforderte maximale Anzahl ähnlicher Einträge bestimmen. Trotz der bereits vorgenommenen Reduktion von Artikelanzahl und einbezogenem Artikeltext gelang es der Findlink-Software, stets sehr ähnliche Einträge zu ermitteln, was in einer Netzstruktur aus vielen einzelnen Teilnetzen mit wenigen Verbindungen untereinander resultierte. Für die später zu bearbeitenden Navigationsaufgaben stellen die geringen Verlinkungen ein Problem dar, da der Nutzer ausschließlich in einem beschränkten Teilbereich des Netzes ähnlicher Artikel navigieren kann.

In Unterkapitel 6.5 wurden Maßnahmen zum Aufbrechen dieser problematischen Netzstruktur diskutiert und eine weitere Verringerung des Dokumentkorpus anhand bestimmter Auswahlkriterien angestrebt. Als sinnvolle Messgrößen konnten u. a. eine Mindestanzahl von Links auf einen Eintrag sowie ein Mindestumfang des Artikels identifiziert werden. Weiterhin wurde ein Gewichtungskriterium eingeführt, das sich in seinem grundsätzlichen Aufbau am Pagerank-Algorithmus orientiert. Nach der Lösung von Performanceproblemen wurde die Datenbank um diesen errechneten Wert erweitert, so dass nun ein Artikelkorpus nach diesem Kriterium sortiert und die bestgerankten Einträge selektiert werden können.

In den Versuchsreihen 4 und 5 (vgl. Teilkapitel 6.6 und 6.7) konnte ein positiver Einfluss der zuvor erarbeiteten Filter- und Gewichtungskriterien auf die Berechnungzeit nachgewiesen werden. Auf die Zusammensetzung der Einträge in der Liste der ähnlichen Artikel hatten insbesondere die Filterkriterien einen wahrnehmbaren Einfluss, da eine Häufung von Artikeln mit Bezug zu Jahreszahlen oder Datumsangaben ausgemacht wurde. Mittels zusätzlicher Filterbedingungen in den Datenbankabfragen gelang es, diese oft nur aus Auflistungen von Ereignissen bestehenden Einträge zu eliminieren.

Der positive Einfluss auf die Netzstruktur war allerdings geringer als erwartet. Es musste eingestanden werden, dass Findlink für die Aufgabenstellung „zu gute" Ergebnisse generierte, wodurch die Bearbeitung von Navigationsaufgaben über die Liste der ähnlichen Artikel erheblich erschwert wurde. Eine Auseinandersetzung mit möglichen Ursachen in Unterkapitel 6.8 deckte auf, dass insbesondere die Identifikation der Bedeutung tragenden Textelemente in Findlink sehr gut zu funktionieren scheint. Diese Schlussfolgerung lieferte den Ansatz für eine gezielte Einflussnahme auf die von Findlink eingelesenen Artikeltexte, in denen häufig Vorlagen genutzt werden. Das Löschen der vorlagespezifischen Attributnamen sowie die Eliminierung der häufigsten Substantive aus dem Artikeltext erwiesen sich als zielführend; die Reduktion dieser elementaren Begriffe erzielte den angestrebten Einfluss auf die Ähnlichkeitsberechnung.

Die Kombination von weiter. reduzierter Artikelanzahl mit den neu eingeführten Konzepten zum Löschen von Inhalt charakterisierenden Wörtern führte zu einer Öffnung der Netzstruktur (vgl. Abschnitt 6.9). Findlink konnte nur noch für eine spürbar geringere Zahl von Einträgen die höchstmögliche Anzahl ähnlicher Artikel bestimmen, so dass pro Ebene vermehrt neue Artikel – nun auch zunehmend aus anderen Themenfeldern – in der Liste der ähnlichen Einträge auftauchten (vgl. Tabelle 12 und Abb. 27).

In Versuch 7 wurde dieser Ansatz weiter ausgebaut (siehe Unterkapitel 6.10). Durch eine bewusste Aufnahme einer festgelegten Anzahl von Artikeln aus einem anderen Fachgebiet konnte eine weitere Öffnung des Netzes erreicht werden (vgl. Tabelle 13). Um jedoch in der von Findlink gelieferten Ergebnismenge überhaupt Artikel aus anderen Bereichen im gewünschten Umfang zur Verfügung zu haben, musste die Anzahl der zu bestimmenden ähnlichen Artikel deutlich erhöht werden. Es stellte sich heraus, dass bei Anwendung der bisher genutzten Konfigurationsdatei nur maximal 30 ähnliche Einträge ermittelt werden können. Abhilfe brachte die Kombination der Berechnungsergebnisse von zwei verschiedenen Konfigurationsdateien in Versuch 8 (siehe Teilkapitel 6.11). Wie in Abb. 30 zusammengefasst, konnte bei zunehmendem Umfang der zu bestimmenden Anzahl ähnlicher Artikel eine häufigere Zuweisung von Einträgen aus anderen Bereichen erzielt werden. Auf die Netzstruktur bezogen lässt sich weiterhin konstatieren, dass bei verstärktem Einbeziehen von Artikeln aus anderen Bereichen die Teilnetze untereinander besser verbunden werden. Somit lassen sich Navigationsaufgaben vom Typ „Navigiere von Artikel X über die Liste der ähnlichen Artikel zu Artikel Z" durch die erzielten Verbesserungen der Netzstruktur nun bearbeiten und die ermittelten Listen ähnlicher Artikel können in der erarbeiteten Struktur in die Simpedia-Benutzeroberfläche übernommen werden.

7 Aufbau und Benutzeroberfläche des Prototyps

„Je vertrauter und alltäglicher eine Verhaltensweise ist,
desto problematischer wird ihre Analyse."
(Desmond Morris[77])

In zwei Unterkapitel aufgeteilt, befasst sich dieser Abschnitt zum einen mit der Anbindung von Simpedia an die Mediawiki-Software, zum anderen mit der Vorstellung der SENTRAX als mögliche alternative Oberfläche für ähnlich gelagerte Fragestellungen. Nachdem im vorherigen Kapitel die Grundlagen für die optimale Datenbasis gelegt wurden, rückt nun die Integration der Daten in die Oberfläche des Prototyps in den Fokus. Beginnend mit einer Einführung in die genutzten Funktionen des in der Mediawiki-Software bereits existierenden Benutzermanagements und der Präsentation eigener Erweiterungen für diese Komponente werden im weiteren Verlauf die Einbindung der berechneten ähnlichen Artikel sowie die implementierten Navigationselemente vorgestellt. Abgerundet wird dieser Abschnitt durch die Darstellung der eingeführten Konzepte zum Tracken der Benutzerinteraktion und der Skizzierung des zugrunde liegenden Datenbankaufbaus.

Im zweiten Teil dieses Kapitels wird das Augenmerk auf eine mögliche Alternativlösung für einzelne Teilbereiche des Prototyps gerichtet. Die sogenannte *SENTRAX-Engine* bietet sowohl eine (technologisch anders ausgeprägte) Funktion zur Berechnung von Ähnlichkeiten zwischen verschiedenen Texten als auch eine innovative Oberfläche zur Visualisierung von Zusammenhängen in Dokumentbeständen. Die verschiedenen Features und möglichen Einsatzgebiete der SENTRAX, skizziert in Abschnitt 7.2.2, beruhen auf dem Ziel, die in Unterkapitel 7.2.1 herausgearbeiteten Schwächen herkömmlicher Suchmaschinen zu überwinden. Weiterhin erfolgt in Abschnitt 7.2.3 ein Vergleich der Ergebnisse der Ähnlichkeitsberechnung von Findlink und SENTRAX auf Basis des gleichen Dokumentkorpus mit dem Ziel der Evaluation der beiden Technologien hinsichtlich der Anwendbarkeit auf die bearbeitete Problemstellung. Das Kapitel endet mit einer Zusammenfassung der erarbeiteten Ergebnisse in Abschnitt 7.3.

---

[77] * 27 Januar 1928, englischer Zoologe, Verhaltensforscher, Publizist und Künstler

7.1 Anbindung des Prototyps an die Mediawiki-Software

Als programmiertechnische Herausforderung erwies sich die Einbettung des entwickelten Prototyps in die Wikipedia-Oberfläche. Um die vielschichtige Mediawiki-Software ihrem Umfang nach überblicken zu können, wurden die eigenen Anforderungen zunächst in kleinere Einheiten zerlegt und die entsprechenden Stellen im Quellcode von Mediawiki genauer betrachtet. Es zeigte sich, dass für das benötigte Benutzermanagement einzelne Funktionen direkt übernommen werden konnten, während für einige spezielle Anforderungen eigene, in Unterkapitel 7.1.1 vorgestellte Erweiterungen programmiert werden mussten.

Eine weitere Anforderung stellte die Einbindung der berechneten ähnlichen Artikel dar. Diese Liste sollte an zentraler Position vor dem eigentlichen Artikeltext eingeblendet werden; gleichzeitig sollten wikipedia-eigene Navigationselemente, wie z. B. Links zu anderen Seiten, die Abarbeitung der gestellten Navigationsaufgabe natürlich nicht beeinträchtigen. Die für dieses Problem erarbeiteten Lösungen werden in Abschnitt 7.1.2 erläutert.

Neben der gezielten Manipulation vorhandener Navigationselemente mussten für Simpedia mehrere zusätzliche Elemente in die Oberfläche eingebettet werden, um dem Anwender das Navigieren zwischen den verschiedenen Artikeln zu ermöglichen und sein Verhalten im Hintergrund tracken zu können. Die hierzu eingeführten Navigationselemente und die Erfassung der Benutzerinteraktion durch die eigene Software werden in Abschnitt 7.2.3 im Detail beschrieben.

7.1.1 Benutzermanagement

Ein Auswahlkriterium für die Nutzung der Wikipedia als Basis für den eigenen Prototyp stellte die bereits vorhandene Benutzerverwaltung der Mediawiki-Software dar. Zur Vergleichbarkeit des Navigationsverhaltens verschiedener Nutzer müssen die im Hintergrund erfassten Daten einer bestimmten Person zuzuordnen sein; selbiges gilt für die Zusammenfassung der Ergebnisse mehrerer Navigationsaufgaben des gleichen Anwenders.

Die Startseite der Mediawiki-Software – wie sie z. B. für die deutsche Wikipedia unter http://www.de.wikipedia.org zu sehen ist – wurde für Simpedia angepasst. So erhalten bereits eingeloggte Nutzer nun eine optimierte Übersicht der verschiedenen Funktionen inklusive erklärendem Begleittext zu den einzelnen Features:

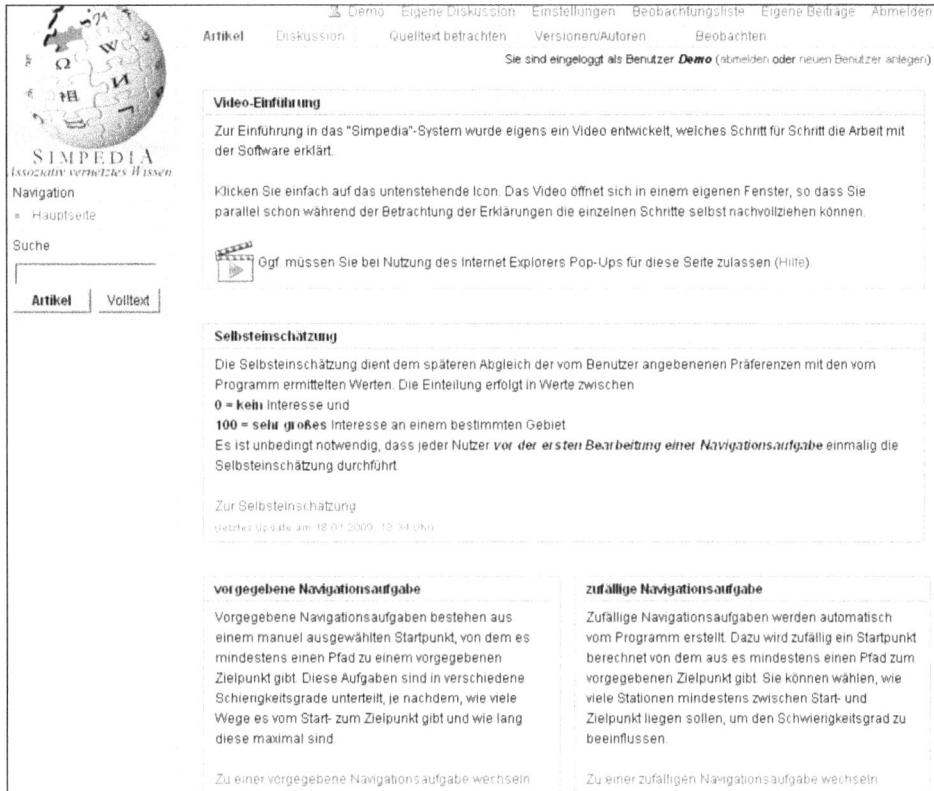

Abb. 31: Startseite des Prototyps

Beim erstmaligen Aufruf von Simpedia durch einen Nutzer unterscheidet sich die Ansicht von der in Abb. 31 gezeigten Darstellung. Es erfolgt die Aufforderung, sich zunächst mit Benutzernamen und Passwort anzumelden oder alternativ einen neuen Benutzeraccount zu erstellen. Bis zu diesem Punkt kann die benötigte Funktionalität noch von den Standardfunktionen der Mediawiki-Software zur Verfügung gestellt werden. Legt der Nutzer jedoch einen neuen Account an, erfolgt standardmäßig zunächst die Weiterleitung auf eine Spezialseite der Wikipedia, die Informationen für neue Mitglieder anzeigt. Um den Anwender stattdessen auf eine beliebige Seite weiterleiten zu können, wurde für die Mediawiki-Software eine eigene Erweiterung namens *redirectOnAccountCreation*[78] geschrieben, die die benötigte Weiterleitung-Funktionalität bietet und frei konfiguriert werden kann.

Gleiches gilt für das Abmelden vom Prototyp: Während die Mediawiki-Software nach diesem Vorgang stets eine spezielle Abmeldeseite anzeigt, setzen die eigenen Anforderungen eine freie Konfiguration der nach der Abmeldung anzuzeigenden Seite voraus.

---

[78] Details zu dieser Erweiterung finden sich im Bereich *Extensions* der Mediawiki-Dokumentation: http://www.mediawiki.org/wiki/Extension:RedirectOnAccountCreation.

Aus diesem Grund wurde eine zweite Erweiterung namens *redirectAfterLogout*[79] programmiert, die den Anwender nach der Abmeldung zu einer frei konfigurierbaren Adresse weiterleitet – im vorliegenden Fall auf eine Seite mit der Möglichkeit zum erneuten Login oder der Registrierung eines weiteren Accounts.

Hat sich ein Nutzer erfolgreich eingeloggt oder neu registriert, fragt Simpedia zunächst einige Benutzerdetails aus der Datenbank ab und passt die Startseite entsprechend an (vgl. Abb. 31). So kann es sich für die spätere Auswertung als hilfreich erweisen, wenn der Anwender zu allen Hauptkategorien, die später zur Charakterisierung bestimmter Wissensausprägungen herangezogen werden können (vgl. Kapitel 4.1), vorab eine Selbsteinschätzung über Kenntnisse in einzelnen Bereichen abgibt. Sind diese Daten für einen gerade angemeldeten Benutzer noch nicht erhoben, erfolgt ein entsprechender Systemhinweis und über einen eingeblendeten Link kann der Anwender diese Informationen nachtragen oder später auch editieren:

Zu dem aktuellen Benutzerkonto sind **bereits Daten vorhanden**. Die vorherige Einschätzung wurde in die Eingabefelder geladen und kann jederzeit überarbeitet werden. Beachten Sie dabei die folgende Zuordnung:

0 = **kein** Interesse
50 = **durchschnittliches** Interesse
100 = **sehr großes** Interesse

Nr.	Wert	Wissenskategorie		Nr.	Wert	Wissenskategorie		Nr.	Wert	Wissenskategorie	
1	10	Abstraktum	››	2	25	Auszeichnung	››	3	40	Bauwesen	››
4	50	Freizeit	››	5	45	Gegenstand	››	6	90	Geschichte	››
7	85	Gesellschaft	››	8	75	Gesundheit	››	9	95	Informatik	››
10	30	Kultur	››	11	25	Kunst	››	12	40	Liste	››
13	45	Literatur	››	14	55	Mathematik	››	15	60	Medizin	››
16	90	Militärwesen	››	17	80	Musik	››	18	35	Mythologie	››
19	65	Natur	››	20	70	Organisation	››	21	80	Person	››
22	85	Person als Thema	››	23	25	Philosophie	››	24	70	Politik	››
25	35	Recht	››	26	15	Regionalthema	››	27	20	Rekord	››
28	20	Religion	››	29	40	Sicherheit	››	30	80	Sport	››
31	85	Technik	››	32	70	Tätigkeit	››	33	75	Verkehrswesen	››
34	50	Wettbewerb	››	35	90	Wirtschaft	››	36	85	Wissenschaft	››
37	55	Zeitbegriff	››	38	70	Zeitliche Systematik	››				

(letztes Update am 16.08.2011, 16:49 Uhr)

Daten speichern

Abb. 32: Prototyp-Funktion "Selbsteinschätzung"

Der Prototyp führt vor dem Speichern eine Validierung der eingegebenen Daten durch und prüft, ob diese im vorgegebenen Wertebereich von 0 (geringes Interesse an diesem Themenfeld) bis 100 (sehr großes Interesse) liegen. Bestehen bei einem Nutzer Unsicherheiten bezüglich der Thematik, die ein Kategorieeintrag abdeckt, kann er über das

[79] Details zu dieser Erweiterung finden sich im Bereich *Extensions* der Mediawiki-Dokumentation: http://www.mediawiki.org/wiki/Extension:RedirectAfterLogout.

„>>" Symbol rechts neben dem Begriff die Kategorieseite direkt in der Wikipedia aufrufen und so zusätzliche Informationen über zugeordnete Artikel und anhängige Unterkategorien erhalten.

Hat der Anwender die Selbsteinschätzung einmalig ausgefüllt, findet er auf der Startseite zwei verschiedene Optionen zur Bearbeitung von Navigationsaufgaben. Unter dem Punkt *zufällige Navigationsaufgabe* erstellt das System nach Wahl der gewünschten Hauptkategorie des Startartikels und des Schwierigkeitsgrades (dies entspricht der Anzahl der Schritte zwischen Start- und Zielartikel) eine zufällige Navigationsaufgabe auf Basis dieser Kriterien. Vor Beginn der eigentlichen Aufgabe fasst eine Übersicht die wesentlichen Aufgabendetails zusammen (siehe Abb. 33). Zur besseren Einordnung evtl. unbekannter Artikel werden für den Start- und Zielartikel die zugeordneten Unterkategorien angezeigt. Außerdem stehen dem Nutzer weitere Optionen zur Verfügung, über die er

- den Schwierigkeitsgrad und/oder die Hauptkategorie des Startartikels nochmals ändern,

- anhand der zuvor gewählten Parameter die Aufgabe neu berechnen oder

- die Aufgabe direkt beginnen kann.

Zufällige Navigationsaufgabe

Schwierigkeitsgrad: mittel (2 Zwischenschritte)
Startkategorie: Informatik

Folgende Navigationsaufgabe wurde erstellt:

Startartikel: Peer-to-Peer
zugeordnete Kategorien: Peer-to-Peer

Zielartikel: Thüringer Landtag
zugeordnete Kategorien: Erfurt, Landesparlament (Deutschland), Organisation (Thüringen), Politik (Thüringen)

| << zurück zur Auswahl | neu berechnen | Aufgabe beginnen >> |

Abb. 33: Übersicht der Daten zu einer zufällig bestimmten Navigationsaufgabe

Im Gegensatz dazu beruht die Funktion *vorgegebene Navigationsaufgabe* auf den Daten bereits komplett absolvierter Aufgaben. Nach Schwierigkeitsgrad sortiert erhält der Anwender auf dieser Seite eine Übersicht aller bereits von anderen Nutzern erfolgreich abgeschlossenen Aufgaben mit Aussagen zu Start- und Zielartikel, dem Schwierigkeitsgrad sowie der Anzahl der benötigten Schritte (siehe Abb. 34). Über den Link „zur

Aufgabe" kann er die gleiche Navigationsaufgabe bearbeiten und versuchen, den Zielartikel in einer geringeren Zahl von Schritten zu erreichen.

Vorgegebene Navigationsaufgabe

Übersicht der bisher erfolgreich abgeschlossenen Navigationsaufgaben:

Startartikel	Zielartikel	Schwierigk.	Schritte	Datum	Nutzer	Link
Autobahn (Deutschland)	Haltepunkt	leicht	1	05.12.2008	Marcel	zur Aufgabe >>
Header	Suchmaschine	leicht	2	05.12.2008	Marcel	zur Aufgabe >>
Literaturkritik	Sozialgeschichte	leicht	3	01.08.2011	Demo	zur Aufgabe >>
Reichsministerium des Innern	Viktor Renner	leicht	3	28.06.2009	Root	zur Aufgabe >>
Array	World Wide Web	mittel	5	12.01.2009	Testnutzer	zur Aufgabe >>
Betriebssystemkern	Elektrizität	mittel	2	05.12.2008	Marcel	zur Aufgabe >>
Elektronische Datenverarbeitung	Code	mittel	6	16.01.2009	Demo	zur Aufgabe >>
Elektronische Datenverarbeitung	Code	mittel	4	16.01.2009	Marcel	zur Aufgabe >>
Freeware	Dampf	mittel	3	01.08.2011	Demo	zur Aufgabe >>
Freeware	Dampf	mittel	4	01.08.2011	Demo	zur Aufgabe >>

Abb. 34: Übersicht der Liste vorgegebener Navigationsaufgaben

Der Implementierung dieses besonderen Aufgabentyps liegt die Hypothese zugrunde, dass Anwender eine höhere Motivation aufbringen, wenn sie sich bei der Bearbeitung derartiger Navigationsaufgaben mit anderen Nutzern vergleichen und messen können. Besser abzuschneiden als eine Vergleichsgruppe setzt oftmals eine tiefergehende Auseinandersetzung mit dem jeweils angezeigten Artikelinhalt voraus. In einigen dem Anwender weniger bekannten Themenbereichen erweist es sich daher für ihn als zielführend, die Einträge aus der Liste ähnlicher Artikel mit dem Vorkommen dieser Schlagworte im aktuellen Artikeltext abzugleichen, um eine bessere Einordnung in den Gesamtkontext und eine klarere Orientierung bezüglich des nächsten Navigationsschrittes zu erreichen. Einerseits erweitern die Nutzer dadurch gewissermaßen spielend ihr Hintergrundwissen über zuvor weniger vertraute Sachverhalte, andererseits können auf diese Weise umfangreiche Vergleichsdaten für gleichlautende Navigationsaufgaben erhoben werden.

Ein funktionierendes Benutzermanagement ist für die anwenderspezifische Auswertung unerlässlich. Es hat sich gezeigt, dass der modulare Aufbau der Mediawiki-Software Erweiterungen durch eigene Funktionen unterstützt. Die selbst programmierten Add-Ons werden auch von anderen Nutzern in ihre Systeme eingebunden und schließen damit Lücken der Mediawiki-Software.

In Kombination mit dem vorhandenen Benutzermanagement konnte der Prototyp durch eigene Anpassungen um alle benötigten Funktionen erweitert und damit die Grundlage für ein individuelles Tracken der Benutzerinteraktionen gelegt werden.

7.1.2 Einbindung ähnlicher Artikel

Hat ein Benutzer eine vorgegebene oder zufällige Navigationsaufgabe ausgewählt, muss die Liste der ähnlichen Artikel aus der Datenbank abgefragt und dem Anwender zur weiteren Navigation angezeigt werden. Hierzu wurden verschiedene Anpassungen an der Oberfläche der verwendeten Software durchgeführt, die teilweise tief im System ansetzten. So war zunächst die Problematik zu bearbeiten, dass Nutzer in Testläufen bei ihnen unbekannten Themen häufig erst einen Teil des Artikels lasen, dann zur weiteren Vertiefung auf interne Links im Artikeltext klickten und so den eigentlichen Artikel verließen. Als Folge konnte die Navigationsaufgabe nicht abgeschlossen und ausgewertet werden. Um dieses Verhalten zu umgehen, wurde ein eigenes JavaScript-Programm geschrieben und durch einen Hook[80] in die Software eingebunden. Das Skript durchläuft das komplette DOM-Objekt[81] der aktuell dargestellten Seite und bearbeitet alle Links (`<a>` Tags) innerhalb des `DIV`-Containers namens *bodyContent*. Der auf eine andere Seite verweisende Link wird „umgebogen", so dass er auf die aktuelle Seite zeigt und somit eine Weiterleitung auf einen anderen Artikel nicht mehr erfolgt. Die Referenzierung aller Linkobjekte nur innerhalb dieses speziellen Containers ist wichtig, da sonst auch alle Links außerhalb des eigentlichen Artikeltextes ihre Funktionalität verlören, was nicht erwünscht ist.

Nach diesen Anpassungen kann der Anwender nur noch über die Liste ähnlicher Artikel oder speziell zur Verfügung gestellter weiterer Navigationselemente zu anderen Seiten gelangen. Abb. 35 zeigt die verfügbaren Elemente sowie die Ausgestaltung der Liste ähnlicher Artikel:

---

[80] Als *Hook* wird in der Programmierung eine Schnittstelle bezeichnet, über die fremder Programmcode in eine vorhandene Software eingebunden werden kann. Auf diese Weise lassen sich bestimmte Ereignisse abfangen, vorhandene Funktionen erweitern oder ein bestimmter Programmablauf modifizieren.

[81] Das **D**ocument **O**bject **M**odel (DOM) ist eine plattform- und sprachunabhängige Schnittstelle, über die Programme und Skripte dynamisch auf Inhalt, Struktur und Aussehen eines Dokumentes zugreifen können (Le Hegaret 2005).

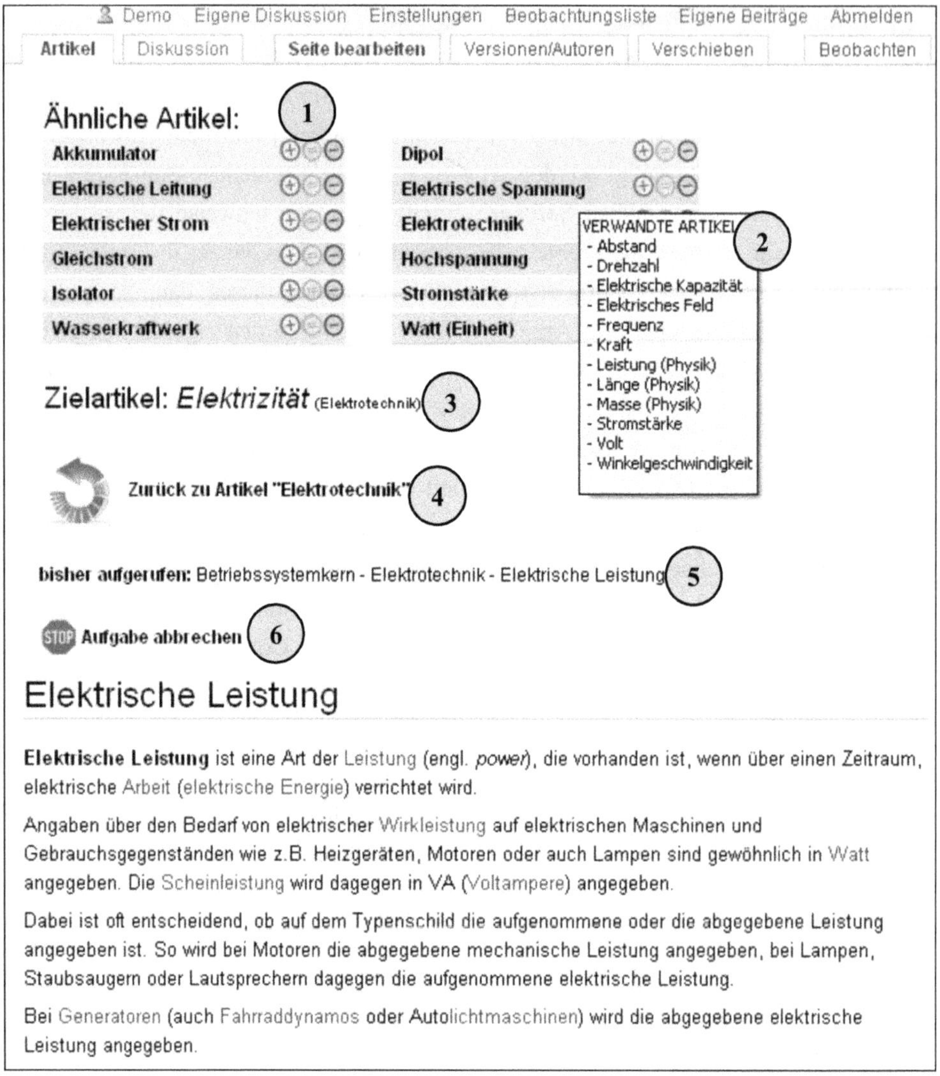

Abb. 35: Einbindung der ähnlichen Artikel in den Prototyp

Als zentrales Navigationselement wird die Liste ähnlicher Artikel stets oberhalb des aktuell angezeigten Eintrags eingebunden, gefolgt vom eigentlichen Artikeltext, in dem alle Links deaktiviert wurden. Innerhalb der Liste ähnlicher Artikel sind die Symbole ⊕, ⊙ und ⊖ separat verlinkt und verweisen auf den jeweiligen Artikel (1). Die Symbole beschreiben eine durch den Nutzer selbst vorzunehmende Wertzuweisung (*gute* Kenntnisse, *durchschnittliche* Kenntnisse und *geringe* Kenntnisse), bezogen auf den Artikel in der Liste. Im Hintergrund wird dabei beim Anklicken eines der Symbole ein frei konfigurierbarer Wert für jede Merkmalsausprägung gespeichert (z. B. 1, 0, -1 oder 10, 5, 0). Auf diese Weise kann später zusätzlich analysiert werden, wie sich die Einschätzungen einzelner Nutzer unterscheiden und ob ein Anwender bei Themenfeldern, in denen er überwiegend über das ⊕-Symbol zum nächsten Artikel springt, weniger Schritte zum Zielartikel benötigt als Vergleichsgruppen. Eine Gegenüberstellung mit der zuvor abgegebenen Selbsteinschätzung für solche Bereiche könnte weitere aufschlussreiche Ergebnisse zutage fördern.

Die Bearbeitung von Navigationsaufgaben soll auch für unerfahrene und weniger internetaffine Nutzer leicht durchführbar sein. Dazu umfasst Simpedia weitere Navigationselemente und Informationsbereiche, die dem Anwender nicht nur eine Hilfestellung bei seiner Navigation bieten, sondern auch das Erfassen zusätzlicher Navigationsdaten ermöglichen. Sollte einem Nutzer z. B. ein bestimmter Begriff in der Liste der ähnlichen Artikel nicht geläufig sein, so kann er mit dem Mauszeiger über diesen Begriff fahren und das System blendet automatisch die Liste der diesem Eintrag zugeordneten ähnlichen Artikel ein (2). Analog zur context-Funktion in der SENTRAX (vgl. Abschnitt 7.2.2) ermöglichen diese Verweise eine Einordnung des Begriffes in ein konkretes, durch die zusätzlichen Schlagwörter beschriebenes Themenfeld. Zur Erhöhung des Schwierigkeitsgrades kann diese Funktion abgeschaltet werden, da Benutzertests die Tendenz der Anwender aufzeigten, vor einer Entscheidung bezüglich des nächsten Navigationsschrittes zunächst für alle Einträge die zugeordneten ähnlichen Artikel zu prüfen.

Damit der Anwender stets über das Ziel der Navigationsaufgabe orientiert ist, zeigt ihm das System auf jeder Seite den Zielartikel sowie – zur leichteren Einordnung in ein Wissensgebiet – die dem Artikel zugewiesenen Unterkategorien an (3). Als weitere Hilfestellung erhält der Anwender Informationen zu seinem bisherigen Navigationspfad (5). Sollte die Frage, ob ein Artikel schon einmal aufgerufen wurde, mit Unsicherheit behaftet sein, kann diese Kenntnis leicht aus den Informationen des Navigationspfades abgeleitet werden.

Über den Punkt *Zurück zu Artikel XYZ* kann der Anwender zum vorherigen Eintrag zurückspringen (4), wenn er während eines Navigationsschrittes bemerkt, dass ihm der gerade aufgerufene Eintrag mit seinen ähnlichen Artikeln nicht weiterhilft. Dieses Verhalten wird von der Software im Hintergrund registriert, und über eine freie Wertzuweisung kann eine Gewichtung eines solchen Rücksprungs für die spätere Auswertung vorgenommen werden.

Ähnlich verhält es sich mit dem Navigationselement *Aufgabe abbrechen*. Ein Klick auf dieses Symbol markiert die Aufgabe in der Datenbank als „nicht abgeschlossen" und kann zusätzlich, falls entsprechend konfiguriert, zur Zuweisung einer negativen Punktewertung für diese Aufgabe führen.

Die Speicherung aller Navigationsdaten geschieht durch den Benutzer unbemerkt im Hintergrund. Das folgende Kapitel 7.1.3 beschreibt den zugrunde liegenden Datenbankaufbau, der zahlreiche Auswertungsmöglichkeiten sicherstellt.

7.1.3 Erfassung der Navigationsdaten

Die Grundlage für die Tabellenstruktur zur Erfassung der im Hintergrund gesammelten Navigationsdaten bildeten verschiedene Überlegungen zur Messbarkeit von Wissen während der Navigation in einem Netz ähnlicher Artikel. Hierzu wurden im Vorfeld die folgenden, bei der Entwicklung des Prototyps einbezogenen Hypothesen aufgestellt:

1. Die *Anzahl der benötigten Schritte zwischen Start- und Zielartikel* kann als einfacher Benchmark für ein gegebenes Wissensgebiet aufgefasst werden[82]; dabei ist der ermittelte Wert stets in Relation zum kürzesten Weg zu setzen. Zur Einstufung der Navigationsaufgaben in verschiedene Schwierigkeitsstufen wird daher jeder Aufgabe ein numerischer Wert zugewiesen, der die Anzahl der Schritte zwischen Start- und Zielartikel beschreibt. Schließt ein Nutzer eine Aufgabe mit Schwierigkeitsgrad 3 in nur fünf Schritten ab, so sollte dies bei der Auswertung höher gewichtet werden, als die erfolgreiche Bearbeitung einer Aufgabe des Schwierigkeitsgrades 1 in fünf Schritten.

2. Innerhalb einer Navigationsaufgabe können *Rücksprünge als Nicht-Wissen* verstanden werden, da der zuvor gewählte ähnliche Artikel sich offensichtlich als nicht zielführend im Sinne der Navigationsaufgabe erwies und dieser Umstand den Benutzer zum Rücksprung veranlasste. In diesem Zusammenhang bietet sich für die spätere Auswertung eine Gruppierung der Rücksprünge an. Dies kann zum einen solche Kategorien umfassen, aus denen der Anwender häufig zurückspringt, zum anderen diejenigen Kategorien, in denen Rücksprünge vermehrt zu verzeichnen sind.

3. Findet der Anwender keinen Weg vom Start- zum Zielartikel, so kann er die *Navigationsaufgabe abbrechen*. Eine solche Aufgabe wird in seinen Daten entsprechend negativ gewichtet.

4. Ein weiteres wichtiges Auswertungskriterium stellt die *Bearbeitungszeit* dar. In einem unbekannten Themenfeld verweilen Nutzer meist länger und navigieren aufgrund der vorherrschenden Unsicherheit langsamer als in einem ihnen vertrauten Gebiet. Der Prototyp wurde so angelegt, dass er nicht nur die Verweildauer für jeden Artikel, sondern auch die Bearbeitungszeit je Navigationsaufga-

---

[82] Vgl. hierzu auch die Hypothese von (Ackermann 2000, S. 100).

be – die später in Relation zu der Anzahl benötigter Schritte gesetzt werden kann – im Hintergrund protokolliert.

5. Angelehnt an Punkt 1. kann sich der *Vergleich mit dem kürzesten Weg/der Performance anderer Nutzer* bei Bearbeitung der gleichen Aufgabe als aufschlussreich erweisen (vgl. hierzu auch die Ausführungen zu vorgegebenen Navigationsaufgaben in Abschnitt 7.1.1). Der theoretisch kürzeste Weg wird als Schwierigkeitsgrad zu jeder Aufgabe erfasst. Es gilt die Hypothese, dass eine Vielzahl Schritte für die Abarbeitung einer Navigationsaufgabe eher auf experimentelles „Durchklicken" als auf eine zielgerichtete Navigation schließen lässt. Da der ideale Weg von X Schritten ggf. nur sehr schwer zu finden ist, während mehrere Wege mit X+1 oder X+2 Schritten existieren können, liegt der Vergleich mit den Navigationsdaten anderer Nutzer nahe. Erst in der vergleichenden Auswertung lassen sich konkrete Aussagen zum Abschneiden innerhalb einer Vergleichsgruppe treffen.

6. Ein weniger offensichtliches Messkriterium ergibt sich aus dem Betrachten der innerhalb der Navigationsaufgabe aufgerufenen Artikel. Wie bereits bei Einführung des Gewichtungsparameters *Wertung* (vgl. Kapitel 6.5) angemerkt, kann die *Anzahl der Links auf einen Artikel* unter der Annahme, dass weniger verlinkte Artikel eher Spezialwissen, häufiger verlinkte Artikel hingegen primär Themen von allgemeinem Interesse abdecken, als Maßstab angelegt werden.

7. Ebenfalls dem Gewichtungsparameter *Wertung* entnommen wird die Merkmalsausprägung der *Artikellänge*. Einträge über bekannte Themen weisen mehrheitlich eine überdurchschnittlich hohe Artikellänge aus; sehr spezielle Einträge hingegen sind eher kurz gehalten. Eine artikelspezifische Wertzuweisung zur Messung der Bedeutung einzelner Einträge kann das Auswertungsspektrum daher ebenfalls erweitern.

Aufbauend auf den zuvor angeführten Hypothesen wurde ein Datenbankdesign entwickelt, dass alle angesprochenen Daten aufnehmen und für die Auswertung zur Verfügung stellen kann. Dazu wurden zwei neue Tabellen in die bestehende Wikipedia-Datenbank eingebunden: Die Tabelle *navigation* speichert die Details zu jedem Navigationsschritt, während in der Tabelle *nav_task* allgemeine Daten zu einer Navigationsaufgabe erfasst werden:

1. Task-ID der Navigationsaufgabe (wird später zur Zuordnung der einzelnen Navigationsschritte in der Tabelle *navigation* referenziert).

2. Name des Startartikels

3. Hauptkategorie des Startartikels

4. Zielartikel

5. Hauptkategorie des Zielartikels

6. Schwierigkeitsgrad

Für jeden einzelnen Schritt einer Navigationsaufgabe werden in der Tabelle *navigation* erfasst:

1. ID des Schrittes als Primärschlüssel

2. Benutzername des bearbeitenden Anwenders

3. Artikelname

4. Verweildauer auf der Seite

5. zugeordnete Task-ID (aus Tabelle *nav_task*)

6. *knowledge*, zugewiesener Wert für aktuellen Navigationsschritt

Der Punkt *knowledge* bedarf einer Erklärung, erschließt sich jedoch leicht anhand der vorangegangenen Ausführungen in Abschnitt 7.1.2: Simpedia wurde mit Fokus auf frei definierbare Bewertungsparameter entwickelt. Innerhalb einer Navigation hat der Anwender daher bewusst nur eingeschränkte Navigationsmöglichkeiten, beispielsweise über die Symbole ☺, ☺ und ☹, den „zurück"-Pfeil oder das „abbrechen"-Icon (vgl. Abb. 35). Jedem Navigationselement können Werte für Wissen (z. B. das ☺-Symbol) bzw. Nicht-Wissen (☹-Symbol, Rücksprung oder Abbrechen) frei zugewiesen werden, die dann mit einer entsprechenden Gewichtung in die Auswertung einfließen. Diese Daten werden in der Spalte *knowledge* erfasst, so dass bei der späteren Datenanalyse eine umfangreiche Anzahl von Trackingdaten ausgewertet werden kann.

7.2 Sentrax-Engine als Alternative zum Prototyp

Der hier vorgestellte Prototyp wurde unter dem Gesichtspunkt entwickelt, eine Software zu schaffen, die eine zielgerichtete Abarbeitung von Navigationsaufgaben auf Basis eines Netzes ähnlicher Artikel ermöglicht. Die als ein Teil-Arbeitsschritt durchgeführte Ähnlichkeitsberechnung und spätere Anzeige der Daten auf einer angepassten Oberfläche ließe sich theoretisch auch durch alternative Softwarekomponenten realisieren; als Beispiel wird daher in diesem Abschnitt die SENTRAX Map Essence Extraktor Engine vorgestellt. Ursprünglich als Tool zur Informationssuche in großen Datenbeständen entwickelt und durch die Imbyte GmbH vertrieben, umfasst dieses Programm auch Funktionen zur Bestimmung der zu einem Ursprungsartikel ähnlichen Einträge.

Einführend werden in Unterkapitel 7.2.1 zunächst die vielschichtigen Mängel herkömmlicher Suchalgorithmen aufgeführt. In Abschnitt 7.2.2 folgt eine detaillierte Vorstellung der verschiedenen Funktionen der SENTRAX und eine Erläuterung, auf welche Weise die fortschrittliche Technologie der SENTRAX die Probleme herkömmlicher Suchalgorithmen auflöst. Aufgrund der neuartigen Herangehensweise an das Problem der Informationsverarbeitung und des Information Retrievals bieten sich für das Produkt vielseitige Einsatzmöglichkeiten, die in diesem Teilkapitel ebenfalls Erwähnung finden. Die Ermittlung ähnlicher Inhalte durch die SENTRAX sowie der Vergleich der Daten mit den in Simpedia genutzten Werten bildet den Hauptbestandteil des Unterkapitels 7.2.3.

7.2.1 Probleme herkömmlicher Suchalgorithmen

Die Probleme bei der Suche in unstrukturierten Dokumentbeständen erweisen sich als sehr vielschichtig: In den allermeisten Fällen ist den Anwendern weder der Umfang des Gesamtdatenbestandes noch seine Struktur bekannt. In Kombination mit nicht vorhandenen Kenntnissen über die Anwendung der Operatoren der Booleschen Logik führt dies zu Problemen bei der Formulierung einer zielgerichteten Suchanfrage. Der Nutzer verfasst daher seine Anfrage oft zu allgemein, so dass bei einem großen Datenbestand eine Vielzahl von Treffern zurückgeliefert wird, die er gar nicht überblicken kann. Zusätzlich zu dieser Problematik kommt erschwerend hinzu, dass viele Suchalgorithmen mit invertierten Listen arbeiten. Bei geringsten Abweichungen vom Suchbegriff werden daher oft keine Ergebnisse gefunden, obwohl bedeutungsrelevante Dokumente im Korpus vorhanden sind (Bentz 2006, S. 13). In diesem Zusammenhang führen verschiedene Eigenheiten der natürlichen Sprache zu einer Vielzahl von Problemen bei der Auswertung der Suchanfrage und dem späteren Abgleich mit dem Dokumentbestand. Die am häufigsten zu identifizierenden Problemfelder werden durch die folgenden Sachverhalte charakterisiert:

1. Im Zieldokument liegt der Suchbegriff nicht in der exakt gleichen Schreibweise vor (*Philip* / *Phillip* / *Philipp* / *Phillipp*).

2. Der Suchbegriff verwendet eine Pluralform, während im Dokument nur der Singular zu finden ist, oder umgekehrt (*Buch* / *Bücher*).

3. Die Suchanfrage enthält einen Schreibfehler (*Googel* statt *Google*).

4. Der Suchbegriff wurde korrekt geschrieben, das Zieldokument enthält jedoch eine falsche Schreibweise.

5. Aufgrund von Rechtschreibreformen und der Veränderung der Sprache im Laufe der Zeit existieren in den Dokumenten mehrere Schreibweisen des gleichen

Begriffes (*Schifffahrtgesellschaft* / *Schiffahrtgesellschaft* / *Schifffahrt-Gesellschaft*).

6. Im Dokumentbestand befinden sich Texte, die zur Suchanfrage bedeutungsähnliche Begriffe nutzen (*Computer* / *PC* / *Rechner*).

7. Aufgrund von synonymer Benutzung des gleichen Begriffes werden Dokumente zurückgeliefert, die mit dem gesuchten Themengebiet nicht übereinstimmen (*Bank* als Geldinstitut bzw. Sitzgelegenheit).

Wie die oben genannten Probleme 1.-5. zeigen, beginnt die eigentliche Aufgabe eines Suchsystems bereits mit der Unterstützung des Benutzers bei der Formulierung seiner Suchanfrage. Die meisten Suchmaschinen leisten dies nicht oder nur unzureichend. An diesem Punkt setzt die SENTRAX Engine an und bietet dem Benutzer bereits vor dem eigentlichen Abgleich von Suchanfrage und Dokumentbestand eine Hilfestellung bei der Formulierung und späteren Konkretisierung seiner Anfrage.

7.2.2 Funktionen und Einsatzgebiete der SENTRAX

Eine typische Suchanfrage mit Hilfe der SENTRAX-Engine beginnt immer mit der Eingabe des Suchwortes. Anschließend empfiehlt es sich, zunächst über die *lexico-Funktion* eine lexikalische Analyse des Suchbegriffes durchzuführen. Der Text des Gesamtkorpus wird dabei bereits im Vorfeld in n-Gramme zerlegt und später stringorientiert ausgewertet (Bentz 2006, S. 23). Das Programm kann feststellen, ob der eingegebene Suchbegriff im Dokumentbestand in der exakt gleichen Schreibweise vorliegt. Sollte dies – z. B. aufgrund von Tippfehlern in der Anfrage – nicht gegeben sein, so listet die Software lexikalisch ähnliche Begriffe auf, die der Nutzer durch Anklicken zu seiner Suchanfrage hinzufügen kann. Bei dieser vorgeschalteten Suche nach verwandten Zeichenketten werden Wörter ähnlicher Schreibweise zusammen gruppiert und die ähnlichsten Begriffe anhand der Schriftgröße und durch eine zentrale Positionierung auf dem Screen in den Fokus des Betrachters gerückt (siehe Abb. 36). Beispielhaft soll dies anhand der Suche nach dem Begriff *Mathematik* in einem Dokumentkorpus von 20.000 Lexikoneinträgen demonstriert werden. Nachdem der Anwender als zentralen Suchbegriff *Matematik* eingegeben hat (man beachte die falsche Schreibweise mit fehlendem „h"), liefert die SENTRAX über die lexico-Funktion den Begriff in korrekter Schreibweise in zentraler Position zurück (links), und der Nutzer kann ihn durch Anklicken in seine Suchanfrage für die context-Funktion (rechts) übernehmen:

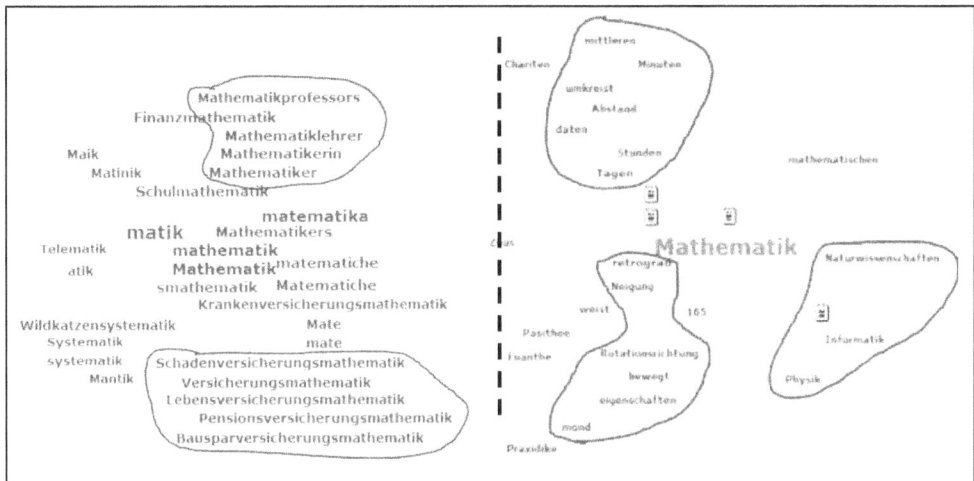

Abb. 36: Vergleich lexico-Funktion für den Begriff
Matematik **und context-Funktion für** *Mathematik*

Deutlich hervor tritt die Gruppierungslogik der SENTRAX, die ähnliche Begriffe nah beisammen notiert. Auf diese Weise werden lexikalische (lexico-Funktion) und inhaltliche Verwandtschaften (context-Funktion) zwischen den Begriffen verdeutlicht (vgl. Hervorhebungen in Abb. 36).

Ein weiterer Vorteil der SENTRAX-Technologie tritt zutage, wenn der Suchbegriff nicht in der exakt gleichen Schreibweise in den vorhandenen Dokumenten zu finden ist. Während pattern-matching-basierte Suchalgorithmen evtl. gar keine Dokumente zurückliefern, führt die SENTRAX eine Mustererkennung auf Basis abstrakter Sequenzen von Strings mit Hilfe eines Ähnlichkeitsmaßes durch (Bentz 2006, S. 13). Grundlage dieses Verfahrens sind spärlich codierte Matrizen. Diese als *SpaCAM*[83] bezeichnete Technologie arbeitet sehr schnell und toleriert gleichzeitig verschiedene Schreibvarianten eines Wortes (Marx, Na nhongkai 2006, S. 41).

Wurde mit Hilfe der lexico-Funktion die korrekte Schreibweise des Begriffes ermittelt, können in einem nächsten Schritt über die ***context-Funktion*** die Dokumente mit einem direkten oder indirekten Bezug zum eingegebenen Suchwort bestimmt werden. Ein direkter Bezug (Assoziation erster Ordnung) besteht, wenn der Begriff selbst im Dokument vorliegt. Die SENTRAX-Engine leistet jedoch noch deutlich mehr und vermag auch indirekte Assoziationen zu ermitteln. Hierzu werden alle Bedeutung tragenden Begriffe analysiert, die häufig mit dem Suchwort im gleichen Kontext auftreten. Anhand statistischer Worthäufigkeiten kann die Stärke des Bedeutungszusammenhangs

---

[83] Die Grundlagen der SpaCAM-Technologie werden u. a. in (Heitland 1994) und (Hagström 1996) erläutert.

verschiedener Terme bestimmt werden und somit Aussagen zum Bezug der Begriffe getätigt werden (Marx, Na nhongkai 2006, S. 38). Für diese Funktion wurden Kookkurrenzen höherer Ordnung implementiert, die die Beziehungen verschiedener Begriffe untereinander abbilden. Eine Suche nach Informationen zum Umsatzsteuerrecht kann im Ergebnis Dokumente über die Mehrwertsteuer enthalten, auch wenn der Suchbegriff gar nicht in diesen Dokumenten auftaucht. Die Tatsache, dass beide Begriffe in anderen Dokumenten häufig zusammen auftreten, stellt jedoch eine indirekte Verbindung dar. Die in der SENTRAX implementierte Kookkurrenzanalyse erschließt den Zusammenhang zwischen den beiden synonym genutzten Begriffen und stellt die Relation zum Suchbegriff her. Diese Funktionalität erweitert das Suchspektrum und verbessert das Retrieval erheblich, da dem Nutzer auch Alternativen aufgezeigt werden, die bei einer streng stringorientierten Suche gar nicht mit einbezogen würden.

Die Grundidee der Kookkurrenzanalyse beruht auf den Untersuchungen von (Wettler et al. 1995); eine softwareseitige Implementierung wurde von (Ackermann 2000) vorgestellt. Ackermann entwickelte in seiner Arbeit „Statistische Korpusanalyse zum Extrahieren von semantischen Wortrelationen" einen auf Assoziationen beruhenden Algorithmus, der es ermöglicht, semantische Querverweise für eine damals noch CD-ROM basierte Enzyklopädie automatisiert zu erstellen. Auf Basis von Assoziationen zweiter Ordnung gelingt ihm eine Extraktion inhaltlicher Konzepte aus einem umfangreichen Dokumentbestand (vgl. (Ackermann 2000, S. 7)). Die Identifikation Bedeutung tragender Elemente in einem Text eröffnet die Möglichkeit, dessen Inhalt automatisiert zu beschreiben und mit anderen Dokumenten auf semantische Ähnlichkeit zu vergleichen. Den Ausgangspunkt des Algorithmus zur Berechnung des Assoziationsmaßes bildet die absolute Kookkurrenzhäufigkeit zweier Wörter. Darauf aufbauend erfolgt die Einbeziehung statistischer Methoden zur Textanalyse, da sich ohne diese Erweiterung für häufige Wörter sichtbar mehr Kookkurrenzen finden lassen als für seltener auftretende Terme, so dass die absolute Kookkurrenzhäufigkeit eines Wortpaares stets mit den absoluten Häufigkeiten beider Wörter in Relation gesetzt werden muss (zur genauen Definition der Kookkurrenzhäufigkeit siehe (Ackermann 2000, S. 14)). Die Berechnung der relativen Häufigkeit lässt sich erweitern um Mechanismen zum Ausschluss von Termen, die nicht eine gewisse Mindesthäufigkeit über alle einbezogenen Texte aufweisen (vgl. die Analogie zum in Kapitel 6.5 eingeführten eigenen Gewichtungskriterium „Wertung"). Auf diese Weise kann sowohl der Umfang der in die Betrachtung einfließenden Textmenge reduziert als auch der Ressourcenverbrauch für die Berechnung der indirekten Assoziationen minimiert werden (Ackermann 2000, S. 52f).

Die vorgestellten Methoden verfolgen das Ziel, sprachliche Eigenheiten zu bewältigen und bisher unbekannte Zusammenhänge zwischen Artikeln aufzudecken, indem Assoziationen höherer Ordnung analysiert werden. Die context-Funktion nutzt diese Konzepte und gruppiert inhaltlich zusammenhängende Begriffe in sogenannten *Wortwolken*, die die Sinninhalte der darunter liegenden Dokumente reflektieren. Diese mehrdimensionalen Wortwolken werden zweidimensional als sogenannte *context-Map* aufbereitet, aus denen der Nutzer die verschiedenen Konzepte rund um den Suchbegriff ablesen kann (Bentz 2006, S. 14). Sollte jemandem der Terminus *Alliierte*[84] beispielsweise nicht geläufig sein, so kann eine Analyse des Wortes über die context-Funktion der SENTRAX die aus dem Dokumentkorpus abgeleiteten Zusammenhänge rund um diesen Begriff erschließen:

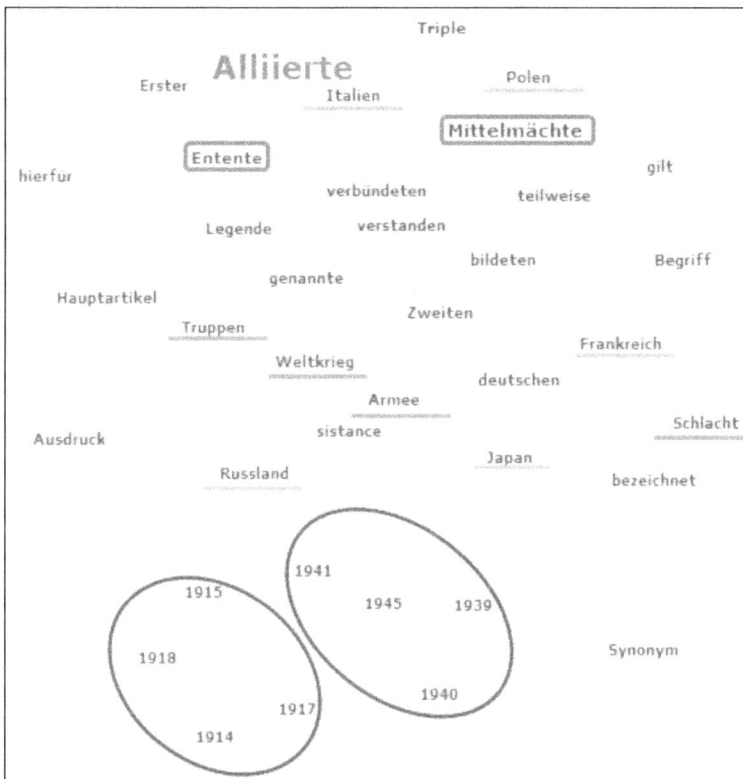

Abb. 37: Ergebnisse der context-Funktion für den Begriff *Alliierte*

Wie Abb. 37 zeigt, werden neben dem eigentlichen Suchwort auch die Begriffe *Mittelmächte* und *Entente* durch eine größere Schrift von der context-Funktion hervorgehoben, da sie ebenfalls Militärbündnisse beschreiben. Weiterhin listet die Darstellung mehrere Staaten (orangefarbene Markierungen) sowie Begriffe rund um militärische Auseinandersetzungen (grüne Markierung) auf. In Kombination mit Jahreszahlen aus

---

[84] Als *Alliierte* werden „durch Verträge miteinander verbündete Kriegsmächte" bezeichnet (Schubert, Klein 2006).

dem Ersten und Zweiten Weltkrieg (blaue Ellipsen) charakterisiert die context-Funktion die hinter dem Begriff *Alliierte* stehenden Konzepte auf anschauliche Art und Weise, so dass sich dem Anwender die Zusammenhänge leicht erschließen.

Anhand der context-Funktion sind dem Nutzer die zu einem Suchbegriff vorhandenen Konzepte direkt ersichtlich und er kann seiner Suchanfrage weitere Begriffe aus der context-Map zur Konkretisierung hinzufügen. Über diesen sukzessiven Suchprozess verkleinert sich die Anzahl der Einträge in der **Trefferliste**, als Folge können einzelne Dokumente auch in einem großen Korpus leicht aufgefunden werden. Das implementierte Rankingverfahren ermöglicht es, an vorderster Stelle schnell diejenigen Dokumente zu identifizieren, in denen alle Suchbegriffe enthalten sind. Als weitere Hilfestellung können in der Trefferübersicht zusätzlich die ersten Zeilen der gefundenen Dokumente angezeigt sowie eine HTML-Version des Dokumentes mit Hervorhebung der Suchbegriffe im Text aufgerufen werden (Bentz 2006, S. 19).

Die neuartige Technologie der SENTRAX erschließt weiterhin eine nicht zu den Standard-Features anderer Suchwerkzeuge gehörende Funktion: die Suche nach Dubletten. Als Ähnlichkeitsmaß wird hierzu eine gewichtete Anzahl Bedeutung tragender Wörter genutzt. Implementiert wurde diese Funktion in der Trefferliste der SENTRAX; dort kann zu jedem Eintrag über den Link **Ähnliche Dokumente** eine Dublettensuche durchgeführt werden. Die Ergebnisseite listet den Artikel selbst als ähnlichsten Eintrag. Sollten weitere Dokumente mit einer ermittelten Ähnlichkeit von 100% zu finden sein, so handelt es sich mit großer Wahrscheinlichkeit um eine direkte Kopie der Ursprungsdatei. Analog zur Ähnlichkeitsberechnung durch Findlink[85] ist diese Funktion auch in der SENTRAX ihrem Charakter nach nicht zwingend symmetrisch (Bentz 2006, S. 24).

Wie Abb. 36 und Abb. 37 illustrieren, liefern die Visualisierung von Schreibvariationen (lexico-Funktion) und die Abbildung von Konzepten anhand von Wortwolken (context-Funktion) bereits wertvolle Informationen zum dahinter liegenden Dokumentbestand und seiner Struktur. Um solche aufschlussreichen Zusammenhänge z. B. auch in Präsentationen nutzen zu können, verfügt die SENTRAX für die lexico- und context-Funktionen über ein Feature namens **Mindshift**, das die erzeugten Screens einfriert und dem Anwender vielfältige Möglichkeiten zur Bearbeitung der erzeugten Übersicht bietet.

Während der Suche mit der SENTRAX erfährt der Nutzer Hilfestellung durch verschiedene, untereinander verzahnte Verfahren und Technologien. Wie die einzelnen Komponenten in den Suchprozess integriert und miteinander verbunden sind, veranschaulicht Abb. 38 auf der folgenden Seite:

---

[85]Zur Symmetrie in der Ähnlichkeitsberechnung durch Findlink siehe Kapitel 6.2.

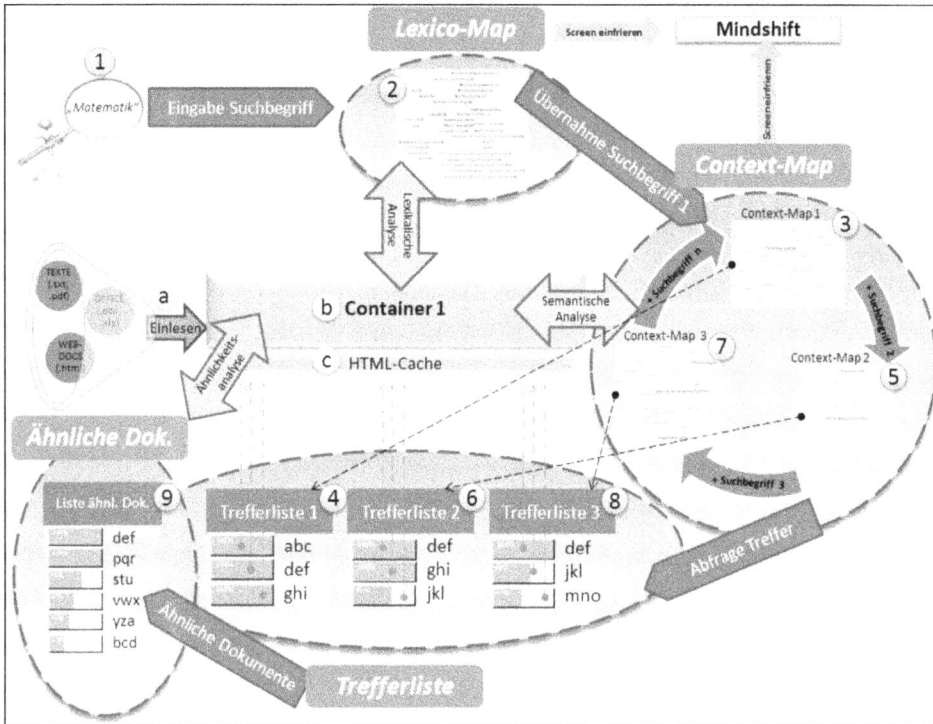

Abb. 38: Zusammenspiel der SENTRAX-Funktionen während des Suchprozesses

Zunächst liest die SENTRAX einmalig den zu bearbeitenden Dokumentbestand ein (a) und erstellt für diesen Korpus einen Container (b), aus dem die verschiedenen Funktionen später die benötigten Daten abrufen. Zusätzlich erstellt das Programm eine HTML-Version von jedem Dokument (c), so dass Suchwörter im Text hervorgehoben werden können, wenn der Anwender ein Dokument aus der Trefferliste aufruft.

Nach diesen Vorarbeiten gibt der Anwender als Ausgangspunkt seines Suchprozesses einen Suchbegriff ein (1), der von der SENTRAX lexikalisch analysiert wird. Die daraufhin erstellte Lexico-Map listet lexikalisch ähnliche Terme auf (2) und gruppiert diese Begriffe anhand ihrer Schreibweise. Aus der Auswahl der verschiedenen Schreibvariationen kann der Nutzer den gesuchten Begriff durch Anklicken in seinen Suchprozess übernehmen und die Context-Map zu diesem Eintrag aufrufen (3). Optional kann sich der Anwender über die Treffer-Funktion auch direkt die Trefferlisten zum aktuellen Suchbegriff anzeigen lassen (4). Die Screens sowohl der Lexico- als auch der Context-Map können während dieses Prozesses mittels des Mindshift-Features eingefroren und für eine spätere Verwendung abgespeichert werden.

Die Stärke der SENTRAX besteht in der einfachen sukzessiven Verfeinerung der Suchanfrage. Die Context-Map stellt Begriffe rund um das eingegebene Suchwort als Wortwolke dar, deren enthaltene Terme das dahinter liegende Konzept beschreiben. Durch Klicken auf einen weiteren Suchbegriff kann der relevante Dokumentbestand leicht weiter verringert werden (5), was sich auch in den Ergebnissen der zugehörigen Trefferliste widerspiegelt (6). Dieser Prozess kann solange wiederholt werden (7), bis die Trefferliste auf ein leicht zu überblickendes Maß reduziert wurde (8), aus dem der Nutzer seinen Informationsbedarf decken kann. Sollte ein aufgerufenes Dokument den Bedürfnissen des Nutzers nicht vollständig genügen, so kann er sich zusätzlich zu jedem Eintrag aus der Trefferliste weitere ähnliche Dokumente anzeigen lassen (9).

Neben der gezielten Unterstützung des Nutzers bei jedem Schritt des Suchprozesses bieten sich weitere Einsatzgebiete der SENTRAX (nach (Bentz 2006, S. 21-23)): Aufgrund der Kapazität der SENTRAX – mehrere Container können in einer Instanz verwaltet werden – kann sie beispielsweise als Werkzeug zur *Klassifizierung von Dokumenten* verwendet werden (vgl. hierzu die Arbeit von (Frobese 2009)).

Ein weiteres Einsatzgebiet umfasst die *bi- oder multilinguale Recherche*. Sollte jeder Sprachcontainer die gleichen Dokumente nur in anderen Sprachen enthalten, so sollten – bei ähnlicher Struktur der betrachteten Sprachen – kongruente Konzepte abgeleitet werden können, die die Struktur der Dokumentkorpora widerspiegeln. Bei der Suche nach einer bestimmten Übersetzung eines Ausgangsdokumentes können aufgrund von Mehrdeutigkeiten bei der Übersetzung einzelner Begriffe schnell Schwierigkeiten auftreten, wenn der in der Übersetzung genutzte Terminus nicht genau der Suchanfrage entspricht (zu weiteren sprachbezogenen Problemen vgl. Kapitel 7.2.1). Da die SENTRAX jedoch auf der Konzeptschicht und nicht auf der Wortschicht arbeitet (Marx, Na nhongkai 2006, S. 35), erhält der Anwender trotzdem Dokumente aus dem entsprechenden Bereich als Ergebnis. Zur weiteren Spezifizierung kann er auf einfache Weise zusätzliche Begriffe aus dem Konzept der Suche zuführen (für vertiefende Informationen zur bilingualen Recherche siehe (Na nhongkai 2006)).

Im Bereich *Wissensmanagement* sehen sich Unternehmen oft vor die Herausforderung gestellt, Daten aus vielen verschiedenen Bereichen schnell und effizient durchsuchen zu müssen. Die Technologie der SENTRAX stellt sicher, dass auch bei großen Datenmengen eine Suche schnell ausgeführt werden kann. Eine Aufteilung der Daten in verschiedene SENTRAX-Container (z. B. Gesetzestexte, Handbücher, Protokolle) erleichtert die Klassifizierung und verringert den Umfang des Dokumentkorpus.

Die Repräsentation von inhaltlichen Zusammenhängen über verschiedene Dokumente mit Hilfe von Konzeptwolken bietet einen Ansatz zur Nutzung der Technologie für die *Aus- und Weiterbildung*. In Prüfungen kann der Prüfling zu den Zusammenhängen einzelner Begriffe innerhalb eines Konzeptes befragt und bei Zuordnungsproblemen das Konzept durch Hinzuklicken zusätzlicher Begriffe weiter spezifiziert werden.

7.2.3 Ähnlichkeitsberechnung über die Sentrax

Für die Bestimmung der ähnlichsten Einträge zu einem bestimmten Artikel wurde auf die im vorherigen Abschnitt vorgestellte SENTRAX-Funktion *ähnliche Dokumente* zurückgegriffen. Zur Vergleichbarkeit wurden der SENTRAX als Dokumentkorpus die gleichen 20.000 Wikipedia-Artikel übergeben, die nach den in Kapitel 6 dargelegten Vorarbeiten als Dokumentbasis festgelegt wurden.

Die Gegenüberstellung der Ergebnisse der Ähnlichkeitsberechnung mittels Findlink bzw. SENTRAX liefert aufschlussreiche Hintergrundinformationen zu beiden Programmen. Die Erwartung, dass beide Programme recht ähnliche Ergebnisse berechnen würden, erwies sich als falsch. Stattdessen offenbart ein Vergleich der ersten sechs von beiden Systemen zu den jeweils 20.000 Ursprungsartikeln ermittelten ähnlichen Einträge, dass lediglich für 0,69% der Einträge die gleichen ähnlichen Artikel bestimmt wurden bzw. bei 4,82% immerhin fünf von sechs ähnlichen Artikeln deckungsgleich waren. Demgegenüber weisen jedoch fast 20% aller Einträge komplett unterschiedliche ähnliche Artikel auf. Tabelle 14 fasst die Ergebnisse des Vergleichs zusammen:

Zwei Erklärungsmuster lassen sich für die doch recht stark differierenden Ergebnisse anführen: Zum einen nutzen beide Systeme unterschiedliche Technologien zur Berechnung der Ähnlichkeit. Während Findlink lediglich die Häufigkeit von Bedeutung tragenden Begriffen analysiert und über statistische

gleiche Artikel	Summe gesamt	Summe in %
0	3947	19,74
1	5134	25,67
2	4378	21,89
3	3316	16,58
4	2123	10,62
5	964	4,82
6	138	0,69

Tabelle 14: Ähnlichkeitsberechnung Findlink und SENTRAX

Methoden einen Vergleich zwischen den Texten durchführt, betrachtet die SENTRAX auch das gleichzeitige Auftreten einzelner Wörter in diesen Texten und erschließt über eine Kookkurrenzanalyse weiterführende semantische Zusammenhänge. Zum anderen bietet der Dokumentkorpus mit 20.000 Einträgen eine umfangreiche Auswahl von Artikeln, die für die Ähnlichkeitsberechnung maßgeblich sind. Eine Verringerung des Korpus oder eine Erweiterung der in die Betrachtung einfließenden ähnlichen Artikel würde die gemessenen Differenzen höchstwahrscheinlich reduzieren. Die detaillierte Betrachtung der ermittelten ähnlichen Artikel offenbart zudem, dass beide Systeme sinnvolle Einträge mit verwandtem Inhalt bestimmen; Ausreißer sind kaum zu beobachten.

Eine konkrete Aussage, welches System die „besseren" Daten liefert, lässt sich schwer treffen, da beide sehr valide Ergebnisse berechnen. Eine vergleichende Gegenüberstellung der Bereiche, aus dem die ermittelten ähnlichen Artikel stammen, mit dem Bereich, dem der Ursprungsartikel zuzuordnen ist, zeigt weitere Anhaltspunkte auf. Als *Bereich* werden dabei jeweils die zwei Hauptkategorien des Ursprungsartikels herangezogen, die beim Herunterbrechen der dem Artikel zugeordneten Unterkategorien die meisten Zuordnungen erhielten (vgl. Abb. 14). Diese beiden Einträge werden mit den zwei höchstgewerteten Hauptkategorien der ersten sechs ähnlichen Artikel verglichen; bei mindestens einer Übereinstimmung werden sie als aus dem gleichen Bereich stammend eingestuft. Für die Ähnlichkeitsberechnung durch Findlink und SENTRAX konnten folgende Daten ermittelt werden:

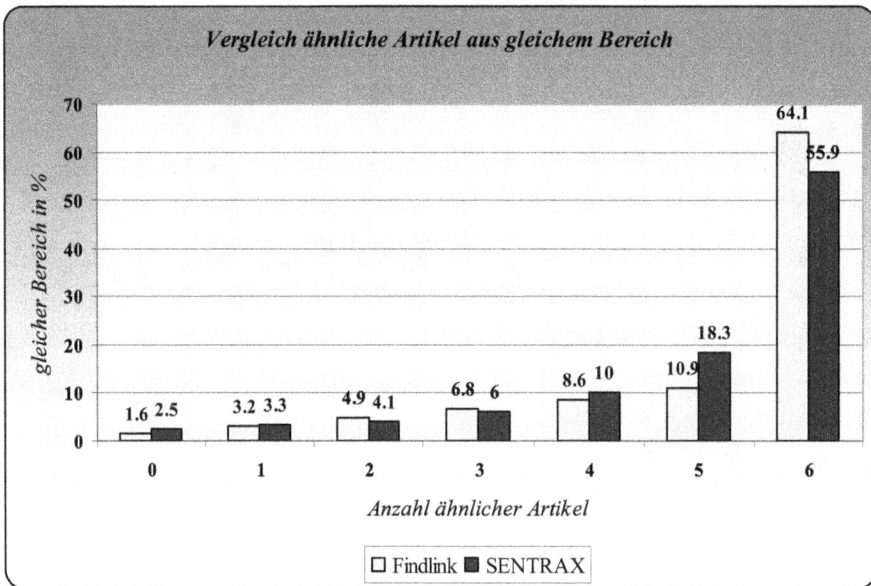

Abb. 39: Vergleich der ähnlichen Artikel aus gleichem Bereich

Beim Vergleich der Ergebnisse beider Programme ist festzustellen, dass Einträge, denen ausschließlich ähnliche Artikel aus anderen Bereichen zugewiesen wurden (Findlink: 1,6%, SENTRAX: 2,5%), kaum vorliegen, der Großteil der Ursprungsartikel jedoch jeweils ähnliche Einträge zugeordnet hat, die fast alle aus dem gleichen Bereich stammen. Bei Findlink fällt dieser Anteil mit 64,1% deutlich höher aus als bei der SENTRAX mit 55,9%.

Während Findlink bei der Gegenüberstellung „6 der 6 ähnlichen Artikel entstammen dem gleichen Bereich" deutlich höhere Werte aufweist, sind bei den Vergleichswerten im unteren Skalenbereich keine großen Unterschiede messbar. Erklären lässt sich dies evtl. durch die Tatsache, dass die Kookkurrenzanalyse der SENTRAX ein etwas weiteres Feld ähnlicher Artikel umfasst, während die Häufigkeitsanalyse in Findlink lediglich das Auftreten einzelner Schlagworte abgleicht, so dass häufiger ähnliche Artikel aus dem gleichen Bereich bestimmt werden.

Ein weiterer zu vergleichender Parameter stellt die Fähigkeit zur Berechnung der maximal zu ermittelnden ähnlichen Artikel dar. Wie in Kapitel 6.12 gefordert, soll die Liste der ähnlichen Artikel auf maximal 12 Einträge begrenzt sein. Vor diesem Hintergrund kann es sich als aufschlussreich erweisen, in welchem Umfang beide Systeme die maximal geforderte Anzahl ähnlicher Artikel berechnen können. Mittels selbst programmierter Datenanalyseskripte konnten folgende Werte ermittelt werden:

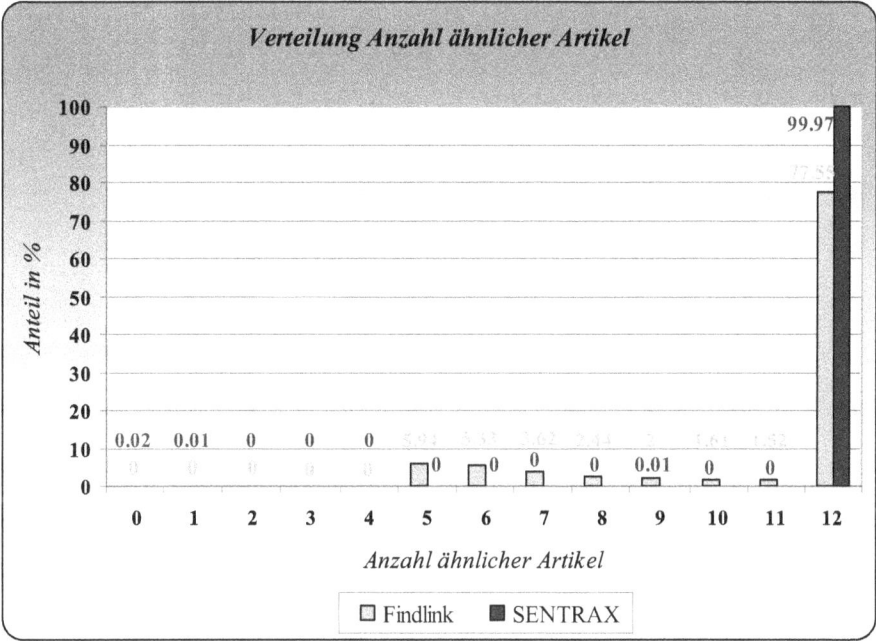

Abb. 40: Verteilung der Anzahl ähnlicher Artikel

Für rund 6% der Einträge konnte Findlink 5 ähnliche Artikel ermitteln; Einträge mit weniger ähnlichen Artikeln liegen für Findlink nicht vor. Mit zunehmender Anzahl ähnlicher Artikel schrumpft der Prozentwert von 6% (5 ähnliche Einträge) auf 1,5% (11 ähnliche Artikel) Das Maximum von 12 Einträgen konnte Findlink für 77,55% aller Artikel bestimmen.

Bei der SENTRAX stellt sich die Verteilung divergierend dar: Es existieren 4 Artikel, denen das System keine ähnlichen Einträge zuordnen kann sowie 1 Artikel mit nur einem und ein weiterer Artikel mit 9 als ähnlich bestimmten Einträgen. Für alle anderen Artikel (99,97%) konnte die SENTRAX die gewünschte Höchstanzahl berechnen.

Der Umstand, dass bei den Ergebnissen der SENTRAX Einträge existieren (wenn auch sehr wenige), denen keine ähnlichen Artikel zugeordnet werden konnten, würde bei Einbindung dieser Daten in den Prototyp zu schwerwiegenden Problemen führen. Der Nutzer würde bei Aufruf eines solchen Artikels plötzlich in einer Sackgasse enden, da die Liste der für den nächsten Schritt verfügbaren Artikel keine Einträge enthielte.

Aufgrund der prinzipiell sehr gut arbeitenden Ähnlichkeitsberechnung der SENTRAX kann spekuliert werden, ob sich die identifizierten Ausreißer möglicherweise auf Fehler im System zurückführen lassen. Auffällig ist, dass drei der vier Einträge ohne ähnliche Artikel miteinander korrespondieren. Sie tragen die Artikelnamen *Radikal 16*, *Radikal 18* und *Radikal 22* und bezeichnen traditionelle chinesische Schriftzeichen (der vierte Artikel behandelt das Volk der *Oromo*). Da die programmtechnischen Details der internen Arbeitsweise der SENTRAX nicht öffentlich dokumentiert sind, kann an dieser Stelle nur gemutmaßt werden, dass evtl. spezielle Sonderzeichen im Artikeltext einen Abbruch des Berechnungsalgorithmus bewirken oder eine ungewöhnliche Zeichencodierung die Probleme verursacht. Ein Blick auf den Inhalt des Lexikoneintrags zu *Radikal 22* untermauert diese These:

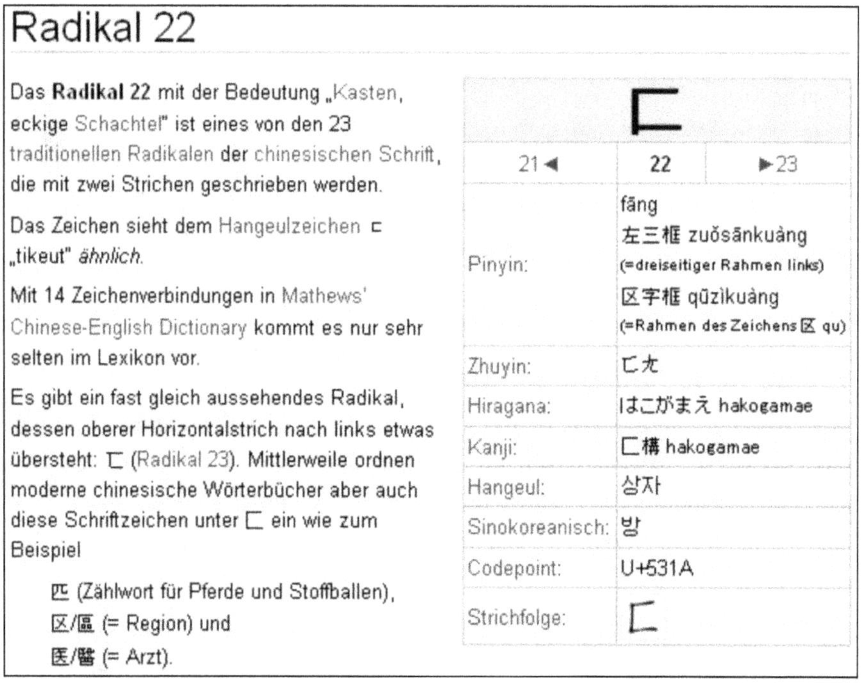

Radikal 22

Das **Radikal 22** mit der Bedeutung „Kasten, eckige Schachtel" ist eines von den 23 traditionellen Radikalen der chinesischen Schrift, die mit zwei Strichen geschrieben werden.

Das Zeichen sieht dem Hangeulzeichen ㄷ „tikeut" *ähnlich*.

Mit 14 Zeichenverbindungen in Mathews' Chinese-English Dictionary kommt es nur sehr selten im Lexikon vor.

Es gibt ein fast gleich aussehendes Radikal, dessen oberer Horizontalstrich nach links etwas übersteht: 匸 (Radikal 23). Mittlerweile ordnen moderne chinesische Wörterbücher aber auch diese Schriftzeichen unter 匚 ein wie zum Beispiel

匹 (Zählwort für Pferde und Stoffballen),
区/區 (= Region) und
医/醫 (= Arzt).

匚		
21◄	22	►23
Pinyin:	fāng 左三框 zuǒsānkuàng (=dreiseitiger Rahmen links) 区字框 qūzìkuàng (=Rahmen des Zeichens 区 qu)	
Zhuyin:	ㄈㄤ	
Hiragana:	はこがまえ hakogamae	
Kanji:	匚構 hakogamae	
Hangeul:	상자	
Sinokoreanisch:	방	
Codepoint:	U+531A	
Strichfolge:	匚	

Abb. 41: Ausschnitt Wikipedia-Artikel *Radikal 22*[86]

[86] Quelle: http://de.wikipedia.org/w/index.php?title=Radikal_22&oldid=86313074

Abb. 41 belegt, dass der Artikelinhalt verschiedenartige Sonderzeichen enthält, die eine mögliche Quelle von Kodierungsproblemen darstellen können. Die Annahme, dass während der Portierung des Artikeltextes von der Wikipedia-Datenbank in die später von der SENTRAX eingelesene Textdatei Zeichensatzprobleme auftreten, erweist sich als falsch. Findlink fand für den gleichen Artikel zwölf nachvollziehbare ähnliche Einträge und nutzte die gleiche Datensammlung als Ausgangsbasis für die Ähnlichkeitsberechnung (vgl. Abb. 18). Es ist daher zu vermuten, dass hier ein Problem der SENTRAX mit seltenen Sonderzeichen vorliegt.

Nur aufgrund der in der Grundgesamtheit kaum ins Gewicht fallenden Ausreißer die SENTRAX nicht als Alternative für die Berechnung der Ähnlichkeiten ins Auge zu fassen, erscheint mit Blick auf die Qualität der Ergebnisse insgesamt als falsche Schlussfolgerung. Eine Analyse der ermittelten ähnlichen Artikel deckt auf, dass diese inhaltlich meistens sehr gut mit dem Ursprungsartikel korreliert; die Fähigkeit der SENTRAX, zu nahezu jedem Eintrag die gewünschte maximale Anzahl ähnlicher Artikel zu bestimmen, muss als Vorteil gegenüber Findlink ausgelegt werden. Insbesondere bei einer umfassenden Analyse von Navigationsdaten stellt die durchgehende Zuweisung einer gleichen Anzahl ähnlicher Artikel die Daten auf eine solidere Basis. Werden dem Anwender bei bestimmten Navigationsschritten nur wenige Alternativen in der Liste der ähnlichen Artikel angeboten und sollte ihm von diesen Einträgen keiner geläufig sein, so kann als denkbare Folge ein nächster Navigationsschritt durch Klicken auf das ⊖-Symbol als Nicht-Wissen ausgelegt wird. Bei Nutzung der SENTRAX-Daten lägen jedoch stets 12 ähnliche Artikel vor, so dass sich die Wahrscheinlichkeit erhöht, dass der Benutzer einen geeigneteren Eintrag nutzen kann. Eine zusätzliche Normierung der Trackingdaten auf Basis der zum aktuellen Navigationsschritt angezeigten Anzahl ähnlicher Einträge könnte somit entfallen.

7.3 Zusammenfassung

Bei der Entwicklung des Prototyps konnte in geringem Umfang auf bereits bestehende Benutzermanagement-Funktionen zurückgegriffen werden. Es zeichnete sich jedoch bald ab, dass dieses Mediawiki-Modul nicht allen Anforderungen genügte. Um die benötigte Gesamtfunktionalität zur Verfügung zu stellen, erwies sich das Programmieren eigener Erweiterungen als erforderlich. Nachdem die selbst entwickelten Add-Ons allen Mediawiki-Nutzern im Internet frei zur Verfügung gestellt wurden, zeigte sich bald, dass diese Erweiterungen eine in der Ursprungssoftware fehlende Funktionalität bereitstellen, da sie häufig von anderen Anwendern heruntergeladen und in ihre Systeme eingebunden wurden.

Eine weitere Kernkomponente der Benutzeroberfläche stellt die Liste der ähnlichen Artikel dar. Ihre Integration in das System erwies sich nur bei gleichzeitiger Deaktivierung vorhandener Navigationselemente als erfolgversprechend; nur auf diese Weise wird sichergestellt, dass die Navigation des Nutzers in einem kontrollierbaren, vordefinierten Rahmen verläuft. Diesen beiden eng verzahnten Anforderungen konnte durch Umprogrammierung der Mediawiki-Software Rechnung getragen werden, so dass Simpedia nun eine in sich geschlossene Testumgebung bildet, die die Abarbeitung vorgegebener Navigationsaufgaben ermöglicht.

Das Tracken der Benutzerinteraktion während der Bearbeitung der Navigationsaufgaben geschieht vom Benutzer unbemerkt im Hintergrund. Hierzu wurden verschiedene Navigationselemente (vgl. Abschnitt 7.1.3) in den Prototyp eingebunden, denen jeweils ein frei definierbares Gewicht zugewiesen werden kann. Das Trackingverfahren wurde so angelegt, dass sich die während der Navigation aufgezeichneten Informationen schnell zu einem umfassenden Datenbestand summieren, der später als Basis für verschiedene benutzer-, gruppen- oder aufgabenbezogene Auswertungsverfahren herangezogen werden kann.

Als Schlussfolgerung der Betrachtung der SENTRAX-Funktionen lässt sich resümieren, dass das Ziel bei der Entwicklung der SENTRAX – die Schwächen herkömmlicher Suchalgorithmen (vgl. Kapitel 7.2.1) durch neuartige Technologien zu überwinden – auf überzeugende Weise erreicht wird. In Kombination mit der innovativen Ergebnisdarstellung über eine neuartige Oberfläche (lexico-Map und context-Map) leistet das System dem Nutzer eine große Hilfestellung bei der sukzessiven Suche nach Informationen in einem umfassenden Datenbestand.

Die Ergebnisse der Vergleiche zwischen Findlink und SENTRAX lassen sich als durchaus aufschlussreich charakterisieren. Die These, dass beide Programme wohl sehr ähnliche Resultate liefern sollten, erwies sich in der absoluten Betrachtung als falsch. Stattdessen lässt sich zusammenfassend festhalten, dass beide Systeme bei der Ähnlichkeitsberechnung zwar sehr gute und valide Resultate liefern, die differierenden technischen Konzepte jedoch zu anders gelagerten Berechnungsergebnissen führen. Nur für sehr wenige Artikel fanden beide Programme die exakt gleichen ähnlichen Einträge. Auch bei der Berechnung der maximal zu ermittelnden ähnlichen Artikel lassen sich starke Abweichungen messen, da Findlink – im Gegensatz zur SENTRAX – nur für rund ¾ aller Einträge die geforderte maximale Anzahl ähnlicher Texte bestimmen konnte (vgl. Abschnitt 7.2.3). Eine weitere Schlussfolgerung aus der Betrachtung der Vergleichsergebnisse mündet in der noch zu verifizierenden Hypothese, dass spezielle Sonderzeichen zu Problemen bei der Ähnlichkeitsberechnung durch die SENTRAX führen, da lediglich für eine sehr spezifische Artikelgruppe (in der Mehrzahl chinesische Schriftzeichen) keine ähnlichen Einträge bestimmt werden konnten.

Die allgemeine Umsetzung des Prototyps betreffend konnte anhand der in diesem Kapitel zusammengefassten Ergebnisse aufgezeigt werden, dass die Zusammenführung von Wikipedia-Daten mit den selbst generierten Listen ähnlicher Artikel sowie die Kombination vorhandener Mediawiki-Module mit selbst programmierten Erweiterungen die benötigte Funktionalität zur Bearbeitung der Navigationsaufgaben zur Verfügung stellt und alle Komponenten reibungslos in dem erstellten Prototyp zusammenarbeiten.

8 Zusammenfassung und Ausblick

> *„Wir können nur eine kurze Distanz in die Zukunft blicken,*
> *aber dort können wir eine Menge sehen,*
> *was getan werden muss. "*
> *(Alan Turing[87])*

Als abschließendes Kapitel fasst dieser Abschnitt die erzielten Ergebnisse zusammen. Im Rahmen dieser Arbeit wurden Grenzen und Möglichkeiten des informationsreichen Wikipedia-Kategoriesystems abgesteckt und evaluiert. Durch die Umsetzung des Prototyps wurde ferner ein didaktisches Konzept zum Lernen von Zusammenhängen eingeführt, für das Ähnlichkeiten zwischen Artikeln ermittelt wurden, ein bisher in der Wikipedistik kaum bearbeitetes Forschungsfeld. Neben der Zusammenfassung der einzelnen Teilergebnisse und der Betrachtung des insgesamt erreichten Status Quo beinhaltet dieses Kapitel einen Ausblick, der mögliche Ansätze zur Weiterentwicklung von Simpedia aufzeigt.

8.1 Ergebnisse

Die nach Evaluation verschiedener Forschungsmethoden (vgl. Kapitel 2.5) getroffene Entscheidung einen Prototyp zu entwickeln, ermöglichte die Bearbeitung aller in Kapitel 2.4 aufgeworfenen Fragestellungen. Durch die Programmierung einer eigenen Anwendung auf Basis der in der Wikipedia genutzten Mediawiki-Software gelang es, die erarbeiteten theoretischen Ergebnisse in einen praxisbezogenen Kontext zu setzen. Die Einbindung der für den Forschungsaufbau grundlegenden Daten in die Anwendung erfolgte dabei zeitlich nachgelagert.

Bei der Entwicklung von Simpedia spielten der zukunftsgerichtete Gedanke einer späteren Auswertung von Trackingdaten sowie die daraus resultierende Bewertung von Benutzerwissen stets eine wichtige Rolle. Die in Kapitel 4.1 aufgestellte Zielsetzung einer „Untersuchung der Messbarkeit ‚persönlicher Kenntnisse' (…) zusammen mit der Eruierung, auf welcher Basis eine Einordnung in verschiedene Wissenskategorien stattfinden kann", wurde innerhalb dieser Arbeit stets berücksichtigt und stringent verfolgt. Auf Basis des Wikipedia-Kategoriesystems konnten Algorithmen entwickelt und implementiert werden, die

1. Daten auf frei definierbare Hauptelemente aggregieren können,

---

[87] 1912 - 1954, britischer Logiker, Mathematiker und Kryptoanalytiker

2. in den manuell erstellten Kategoriestrukturen möglicherweise vorhandene Endlosschleifen (vgl. Kapitel 4.4.2, insbesondere Abb. 15) erkennen und gesondert behandeln,

3. sich – bis zur Erfüllung vordefinierter Abbruchkriterien – rekursiv aufrufen können,

4. in der Lage sind, Inhalt kennzeichnende Notationen (Unterkategorien) sowohl von einer flachen Hierarchie als auch von einer vielschichtigen Kategoriestruktur auf vordefinierte Kernelemente zusammenzuführen.

Diese Methoden können auch über das bearbeitete Themenfeld hinaus auf andere Forschungszusammenhänge angewandt werden, bei denen eine Aggregation von hierarchischen Daten auf einer vorgegebenen Grundstruktur verfolgt wird. Eine Analyse von Wissenskollektionen bezüglich der Abdeckung bestimmter Themenspektren stellt ein zweites Feld dar, auf dem die entwickelten problemspezifischen Konzepte auch allgemeingültig zur Anwendung gelangen können.

Als weiteres Ergebnis konnte die Eignung der Wikipedia-Hauptkategorien zur Abbildung von Wissensdomänen eines Benutzers nachgewiesen werden (vgl. Kapitel 4.5). Die Protokollierung der Benutzerinteraktionen baut auf diesen Merkmalen auf und stellt die Vergleichbarkeit späterer Auswertungsergebnisse sicher.

Das Ziel, eine Liste ähnlicher Artikel in die Oberfläche der Wikipedia zu integrieren, setzte die Berechnung der Ähnlichkeit zwischen allen Dokumenten im Korpus voraus. Dies erfolgte durch Einbindung des Findlink-Programms in den Versuchsaufbau (zu den Details siehe Abb. 18). Die hierzu erarbeiteten Schnittstellen und Datenaustauschformate sowie die Einbettung eigener Skripte in den Berechnungsablauf formen zusammen eine Softwarekomponente, die – unter Berücksichtigung der Eigenheiten der Wikipedia-Daten – den gegebenen Anforderungen Rechnung trägt.

Eine Vielzahl von Problemen warf die Mischung von Artikeltext und Layoutinformationen auf. Nach Zerlegung in kleinere Teilaspekte wurden mehrere Programmmodule entwickelt, die jeweils einen Ausschnitt (z. B. Filterung von HTML-Tags, Ersetzen/Löschen von Steuer- und Sonderzeichen, Ausschluss spezieller Begriffsklärungsseiten etc.) des Gesamtproblems behandeln und in der Summe dieses Defizit der Mediawiki-Software auflösen.

Die Bestimmung der Ähnlichkeit zwischen den Artikeln trat schnell als eine der zentralen zu bewältigenden Aufgaben hervor. Es handelte sich dabei um eine von einer Vielzahl von Parametern abhängige Berechnung, für die diverse Versuchskonstellationen untersucht werden mussten. Der Umstand, dass eine solche Ähnlichkeitsbestimmung für den umfangreichen Artikelkorpus der Wikipedia bisher noch nicht vorgenommen wurde, führte zu einer schrittweisen Annäherung an die für den Aufgabenkontext ideale Parameterkombination. Hinzu kam die Schwierigkeit, dass sowohl die Arbeitsweise der Findlink-Software als auch der Einfluss ihrer wesentlichen Parameter nicht dokumentiert sind, daher prozessbegleitend eine Analyse dieser Black-Box durchzuführen war. Bezüglich Findlink konnten neue Einsichten in die Korrelation von Korpusumfang und Dauer der Ähnlichkeitsberechnung[88] gewonnen werden. Als Ergebnis der verschiedenen Versuchskonstellationen wurden folgende Parameterausprägungen für den Prototyp übernommen:

1. Die Liste der ähnlichen Artikel wurde auf einen Umfang von maximal 12 Einträgen beschränkt, da diese zum einen im Rahmen der Navigationsaufgabe von dem Benutzer noch zu überblicken sind, zum anderen eine ausreichende Anzahl von Handlungsalternativen gewährleisten (vgl. Kapitel 6.8).

2. Das Ähnlichkeitsmaß *MIN_SIM* der Findlink-Software wurde auf den höchstmöglichen Wert von 250 festgelegt, um die Bestimmung der gewünschten Quantität von 12 ähnlichen Einträgen für möglichst viele Artikel sicherzustellen.

3. Die maximale Anzahl der zu berechnenden ähnlichen Einträge (*MAX_HITS*-Einstellung in Findlink) wurde auf 100 Artikel begrenzt, aus denen später nach weiteren Kriterien maximal 12 Einträge selektiert werden (vgl. Kapitel 6.11). Die Ausprägung dieses Parameters wurde in fast jedem Versuchsdurchlauf verändert, da er wesentlichen Einfluss auf den Umfang der Ergebnismenge ausübt. Das Resultat ist als Kompromiss zwischen Berechnungsdauer (steigt für größere Werte von *MAX_HITS* rasch an) und Umfang der für die weitere Bearbeitung verfügbaren Einträge anzusehen.

4. Mit dem Fokus auf die Begrenzung der zu bearbeitenden Datenmenge wurden Findlink für die Berechnung der Ähnlichkeit nur die jeweils ersten 2.000 Bytes eines Artikeltextes übergeben. Für die spezielle Textart der Lexikonartikel ist dies ohne gravierende Auswirkungen auf die Ergebnismenge möglich, da sich am Anfang eines Wikipedia-Artikels meist ein Teaser befindet, der die essentiellen Inhalte des Eintrages zusammenfasst. Bei Reduktion des Textumfangs auf diesen Wert konnten empirisch keine wesentlichen negativen Auswirkungen auf die Berechnungsgüte gemessen werden, die Performance der Ähnlichkeitsberechnungen wurde durch diesen Schritt jedoch signifikant verbessert.

---

[88] Solche Daten sind bei späteren Vergleichen immer in Relation zur genutzten Hardware zu setzen (siehe hierzu die Ausführungen in Kapitel 6.2).

5. Zur Erlangung weiterer Erkenntnisse bezüglich der internen Arbeitsweise von Findlink wurden mehrere Versuchsaufbauten auf Basis verschiedener, in Findlink vordefinierter Konfigurationsdateien erstellt. Es ergab sich, dass – für sich allein genommen – keine der verfügbaren Konfigurationen befriedigende Ergebnisse lieferte. Erst durch eine softwareseitig implementierte Kombination der über die Konfigurationsdateien *WR_Config.std* und *WR_Config.lex* berechneten Daten konnte die Zusammenstellung nutzbarer Ähnlichkeitsrelationen realisiert werden (vgl. Kapitel 6.11).

Aus dem Korpusumfang resultierende Probleme bei Performance und Netzstruktur wurden durch systematische Reduktion der einbezogenen Dokumentmenge gelöst. Auf diese Weise wurde das zuvor durch eine Vielzahl von untereinander kaum verbundenen Teilnetzen charakterisierte Gefüge aufgebrochen und eine für die Bearbeitung von Navigationsaufgaben erforderliche Öffnung des Netzes erreicht. Die Ergebnisse der zu diesem Zweck durchgeführten Forschungsarbeiten lassen sich wie folgt zusammenfassen:

1. Aufgenommen wurden nur diejenigen Artikel, die eine Mindestgröße von 2.000 Bytes aufweisen. Zusammen mit der Vorgabe einer Mindestanzahl von 20 internen Verlinkungen wurden auf diese Weise kurze Nischenartikel ausgeschlossen (vgl. Kapitel 6.5).

2. Ein eingeführtes eigenes Gewichtungskriterium namens *Wertung* – definiert als Quotient aus Artikelgröße (in Bytes) und Anzahl interner Verlinkungen – relativiert diese beiden Bezugsgrößen und selektiert Einträge mit einer Wertung von 100 oder besser (vgl. Kapitel 6.5).

3. Aufgrund einer mangelnden inhaltlichen Tiefe wurden Artikel mit Bezug zu Jahreszahlen oder konkreten Datumsangaben von der Betrachtung ausgeschlossen (vgl. Kapitel 6.7).

4. Aus der verbleibenden Textmenge wurden – nach ihrer Wertung aufsteigend sortiert – lediglich die ersten 20.000 Artikel für die Zuführung zur Ähnlichkeitsberechnung aufgenommen.

5. Die Überwindung der eigentlich „zu gut" arbeitenden Ähnlichkeitsberechnung (vgl. Kapitel 6.8) gelang durch die vorgeschaltete Eliminierung der 20 häufigsten Substantive aus dem Artikeltext.

6. Im Hinblick auf die Lösung des Problems der Netzstruktur wurde die Aufnahme von ähnlichen Artikeln so konzipiert, dass bewusst sechs Einträge aus einem zum Ursprungsartikel themenfremden Bereich aufgenommen wurden, wodurch eine Öffnung des Netzes bewirkt wurde (vgl. Kapitel 6.10).

Die einzelnen Teilkomponenten wurden in einen auf die Aufgabenstellung zugeschnittenen Prototyp integriert. Durch die gezielte Manipulation vorhandener Navigationselemente in Kombination mit eigenen Erweiterungen der Oberfläche wurde ein System realisiert, das

1. die Abarbeitung vordefinierter Navigationsaufgaben vom Typ „Navigiere von Artikel X über die Liste der ähnlichen Artikel zu Artikel Z" erlaubt.

2. den Nutzer in seiner Navigation durch das Netz ähnlicher Artikel auf eigens erstellte Navigationselemente beschränkt. Damit wird ein (versehentliches) Verlassen des Trackingsystems unterbunden.

3. das spielerische Lernen neuer Zusammenhänge durch die Bearbeitung von vordefinierten Navigationsaufgaben unterstützt.

4. die Voraussetzungen für ein Tracken der Navigationsschritte eines Nutzers erfüllt.

5. die Grundlage für eine automatisierte Auswertung von Benutzerkenntnissen auf Basis verschiedener Trackingdaten legt.

Die freie Wertzuweisung für alle neu eingebetteten Navigationselemente ermöglicht dem Systemverantwortlichen dabei eine eigene Schwerpunktlegung und eine direkte Einflussnahme auf die Erfassungsweise der Trackingdaten für die spätere Auswertung.

Als mögliche Alternative zu Findlink wurde die SENTRAX-Engine evaluiert. Bezogen auf die Ergebnisse der Ähnlichkeitsberechnung durch die Findlink-Software und die SENTRAX-Engine konnte anhand verschiedener Versuche gezeigt werden, dass beide Systeme sehr gute und valide Resultate liefern (vgl. Kapitel 7.2.3). Auf den ersten Blick mag die Schlussfolgerung naheliegen, dass die Ergebnisse beider Programme sich sehr ähneln, doch gilt dies, wie anhand einer tiefergehenden Analyse gezeigt werden konnte, nur unter gewissen Einschränkungen: Einem Anteil von nur 0,69% der Artikel, für die beide Programme die genau gleichen ähnlichen Einträge berechnen, steht ein Wert von rund 20% der Artikel gegenüber, bei denen sich keine gleichen Einträge in der Liste der ähnlichen Artikel finden (vgl. Tabelle 14). Weitere Differenzen konnten für die maximale Anzahl der zu ermittelnden ähnlichen Artikel nachgewiesen werden. Während Findlink lediglich für ca. 75% aller Einträge in der Lage ist, die maximale Anzahl ähnlicher Artikel zu berechnen, gelingt dies der SENTRAX für nahezu alle Einträge. Ausreißer lassen diesbezüglich die noch zu verifizierende These eines Programmfehlers aufkommen (vgl. Kapitel 7.2.3).

Die zu Beginn in Kapitel 2.4 gestellte Frage nach der benutzerfreundlichen Integrierbarkeit von Softwaretechniken zur Ähnlichkeitsbestimmung in eine vorhandene Wissensbasis kann unter Verweis auf die vorgenommene Anpassung der Mediawiki-

Software positiv beantwortet werden. Weiterhin wurden neue didaktische Konzepte (resultierend im vorgestellten Software-Prototyp) zur Förderung von Wissenserwerb und damit indirekt zur Erhöhung des Produktionsfaktors Wissen erarbeitet: Die Implementierung von Assoziationslisten in eine Online-Enzyklopädie und damit die Schaffung einer Umgebung zum spielerischen Lernen durch die Bearbeitung von Navigationsaufgaben ermöglicht es den Anwendern, ihr Wissen in vordefinierten Themengebieten auszubauen und mit den Leistungen anderer Teilnehmer zu messen. Die Assoziativität des Versuchsaufbaus erschließt dem Benutzer dabei bisher unbekannte Zusammenhänge und erweitert seine Kenntnisse im bearbeiteten Themenfeld.

Im Hinblick auf die Lösung des Problems der Analyse von Benutzerinteraktionen während der Abarbeitung von Navigationsaufgaben kann auf die Umsetzung des Trackingverfahrens verwiesen werden. Dieses legt die Basis für die Untersuchung der Hypothese, ob die Betrachtung der Benutzerinteraktionen evtl. Rückschlüsse auf das Hintergrundwissen eines Anwenders zulässt. Eine Implementierung von Auswertungsalgorithmen hätte den Rahmen dieser Arbeit gleichwohl überschritten; da jedoch alle Grundlagen für eine detaillierte Analyse der reichhaltig erfassten Trackingdaten gelegt wurden, können nachfolgende Untersuchungen direkt auf der erarbeiteten Datenstruktur aufbauen (siehe Kapitel 7.1.3).

8.2 Ansätze zur Weiterentwicklung

Eine Erweiterung des Prototyps kann auf verschiedenen Ebenen erfolgen. Abgesehen von der im folgenden Unterkapitel behandelten Umsetzung anders lautender Aufgabenstellungen kann die Oberfläche unter mehreren Gesichtspunkten ausgeweitet werden, um dem Nutzer zusätzliche Hilfen während der Bearbeitung der Navigationsaufgaben zu gewähren (Kapitel 8.2.2).

Die in Abschnitt 8.2.3 vorgestellten Ansätze für eine spätere Datenauswertung sollten nicht als vollständiges Kompendium geeigneter Prozesse und Methoden interpretiert werden, sondern sprechen in erster Linie spezielle simpedia-spezifische Auswertungskonzepte an.

8.2.1 Variationen der Aufgabenstellung

Der modulare Aufbau des Prototyps und die gewonnenen Erkenntnisse über Struktur und Umfang der Wikipedia schaffen Raum für verschiedene Weiterentwicklungen; die Variation der Aufgabenstellung stellt dabei einen möglichen Ansatz dar. Die aktuelle Konzeption der Anwendung strebt an, Kenntnisse auf Basis verschiedener Wissensdomänen evaluieren zu können. Zur Nutzung des Systems in einem Prüfungskontext wäre eine Aufgabenstellung denkbar, deren Umfang sich auf ein eingegrenztes Themengebiet beschränkt (z. B. „europäische Hauptstädte", „organische Chemie", „analytische Geometrie" oder „serverseitige Programmiersprachen"). Eine solche Variation wäre direkt umsetzbar, da durch das gewonnene Wissen um die Struktur der Wikipedia-Kategorien und die darauf aufbauenden Algorithmen die Grundlagen bereits bestehen: Die entwickelten Software-Module sind in der Lage, nur diejenigen Artikel in den Versuchskontext einzubeziehen, die einer vordefinierten Kategorie auf beliebiger Ebene zugeordnet wurden. Das Skript zur automatischen Generierung der Navigationsaufgaben (vgl. Kapitel 7.1.1) würde nach einer Anpassung dann ebenfalls ausschließlich Aufgaben auf Basis von Artikeln aus diesem Ausschnitt erstellen.

Eine Nutzung als onlinebasiertes Lernsystem, in dem die Aufgabe des Prüflings lediglich in der unmoderierten Abarbeitung dieser speziellen Navigationsaufgaben bestünde, wäre zwar denkbar, als aufschlussreicher würde sich jedoch der Einsatz im Rahmen einer mündlichen Prüfung gestalten. Die spezielle Prüfungssituation würde es dem Prüfer erlauben, die durch das Programm erstellten Assoziationen zwischen den einzelnen Artikeln als Grundlage für Fragen nach bestehenden Zusammenhängen zu nutzen; bei evtl. auftretenden Wissenslücken könnten dem Prüfling durch Einblick in den Artikeltext weiterführende Informationen angeboten werden. Außerdem bestünde die Möglichkeit, die Einträge in der Liste ähnlicher Artikel zur Vertiefung bestimmter Fragestellungen heranzuziehen und so Aspekte aus verschiedenen Bereichen des Prüfungsthemas abzufragen.

Anstatt komplexe Navigationsaufgaben zugrunde zu legen, könnten Prüfungen auch auf erstellten Multiple-Choice-Tests aufbauen. Hierzu könnte zu einem Ursprungsartikel eine Liste von Antwortoptionen erstellt werden, die sich sowohl aus den ermittelten ähnlichen Einträgen als auch aus Artikeln ohne Bezug zum Thema zusammensetzen kann. Aufgabe des Benutzers wäre die Identifikation der ähnlichen Artikel bzw. das Erkennen falscher Einträge. Solche Aufgaben könnten voll automatisiert erstellt werden und beliebige vordefinierte Themenfelder behandeln.

8.2.2 Erweiterung der Oberfläche

Da es sich bei der vorgestellten Software lediglich um einen im Rahmen einer Machbarkeitsstudie entwickelten Prototyp handelt, ergeben sich insbesondere in Bezug auf die Gestaltung der Benutzeroberfläche Verbesserungsansätze. Die Illustration der Verteilung auf die Oberkategorien für den aktuellen Artikel würde eine Anpassung darstellen, deren Umsetzbarkeit betrachtenswert erscheint. Bisher werden während der Navigation lediglich die dem Zielartikel zugewiesenen Unterkategorien als Hilfestellung eingeblendet (vgl. Abb. 35). Der Aufwand einer solchen Erweiterung wäre überschaubar, da die Algorithmen zur Bestimmung dieser Verteilung bereits vorliegen (vgl. Abb. 17). Unter Performancegesichtspunkten sollte eine Abwägung vorgenommen werden, ob die Generierung einer solchen Grafik zur Laufzeit möglich ist oder ob sich – wie für den Parameter Wertung durchgeführt – eine einmalige Berechnung mit späterer direkter Einbindung der Ergebnisse als performanter erweist.

Sobald in einem System eine hinreichende Anzahl von Navigationsaufgaben bearbeitet wurde, könnte anhand der durch das Tracken der Benutzerinteraktionen erhobenen Daten zu den einzelnen Navigationsschritten eine Analyse der meist gewählten Pfade erfolgen. Darauf aufbauend könnten z. B. die einzelnen Einträge in der Liste ähnlicher Artikel farblich nach der Häufigkeit ihrer Nutzung hervorgehoben werden, um dem Anwender die Orientierung im System zu erleichtern. Die durch eine derartige Beeinflussung des Anwenders möglicherweise hervorgerufene Verzerrung der Abgrenzung Wissen ↔ Nicht-Wissen sollte dabei nicht außer Acht gelassen werden; eine Abwägung möglicher negativer Auswirkungen mit dem Zusatznutzen für den Anwender ist zwingend notwendig.

Eine alternative Erweiterung der Oberfläche kann durch die Visualisierung der Verbindungen der Artikel untereinander umgesetzt werden. Die Vernetzung der ähnlichen Artikel wurde in der Theorie bereits ausführlich erörtert (siehe u. a. Kapitel 6.8-6.10 sowie Tabelle 12 und Abb. 27). Eine zusätzliche Skizzierung der Netzstruktur könnte den Benutzer in der Praxis davor bewahren, während seiner Navigation in einem in sich geschlossenen Teilnetz zu enden. Während verschiedener Untersuchungen wurde zwar an der Eliminierung solcher Sackgassen gearbeitet, doch kann ihre Existenz nicht gänzlich ausgeschlossen werden. Würde dem Benutzer hingegen eine kontextbezogene Visualisierung der Assoziationen zur Verfügung gestellt, sollte ihm dies die Orientierung im Netz erleichtern. In diesem Zusammenhang sei auf die context-Map der SENTRAX verwiesen (vgl. Kapitel 7.2.2 sowie Abb. 37), die solche Strukturen in einem gewissen Umfang bereits abzubilden vermag. Eine 3D-Darstellung der Netzstruktur mit Zoom- und Rotationsfunktionen würde eine optimale Lösung darstellen, muss für Webanwendungen aber aus derzeitiger technischer Sicht als Zukunftsvision bezeichnet werden.

8.2.3 Betrachtungsperspektiven für eine spätere Auswertung

Ergänzend zu der in dieser Arbeit nicht weiter vertieften benutzerspezifischen Datenanalyse mit Fokus auf Aussagen zu Kenntnissen in speziellen Wissensdomänen können
aus dem erstellten Datenbankaufbau weitere, sich aus der Architektur des System erge-
bende Informationen extrahiert werden. Die Erhebung dieser speziellen Daten soll daher
abschließend skizziert werden, um evtl. später auf dieser Arbeit aufbauende Auswertungsalgorithmen zielgerichtet implementieren zu können.

Im Gegensatz zur rein benutzerspezifischen Datenanalyse eröffnet Simpedia auch Möglichkeiten zu vergleichenden Auswertungen; unter dem Gesichtspunkt der Einordnung
einzelner Ergebnisse in einen Gesamtzusammenhang kann dieser Aspekt von großer
Bedeutung sein. Funktionen zur Identifikation und Gruppierung gleicher Navigationsaufgaben, die den Vergleich der Navigationspfade verschiedener Nutzer ermöglichen,
stellt der Prototyp bereits zur Verfügung (siehe Abb. 34). Denkbar wäre z. B. eine grafische Darstellung der von verschiedenen Anwendern genutzten Navigationspfade, so
dass Knotenpunkte identifiziert und von anscheinend weniger wichtigen Artikeln abge-
grenzt werden können, ähnlich der kürzlich in Google Analytics eingeführte Besucher-
flussanalyse[89].

Bei einem Einsatz als Lernsystem erscheint neben der Abfrage von Benutzerwissen ggf.
auch eine Messung des Erfolgs der Wissensvermittlung betrachtenswert: Die Inhalte
einer Vorlesung oder eines Weiterbildungskurses lassen sich zumeist über eine Anzahl
Schlagworte charakterisieren, zu denen größtenteils Wikipedia-Artikel existieren sollten. Diese Artikel und die ihnen zugeordneten ähnlichen Einträge könnten als Ausgangsbasis für Navigationsaufgaben herangezogen werden. Nach Bearbeitung solcher
Aufgaben durch eine hinreichende Zahl von Nutzern könnte eine zielgerichtete Analyse
der Benutzerinteraktion durchgeführt werden. Da Simpedia jeden einzelnen Navigationsschritt detailliert aufzeichnet, ließen sich aus der Ergebnismenge Aussagen ableiten,
welche Artikel vermehrt Rücksprünge oder Abbrüche verzeichnen. Sollten auffällige
Häufungen bei einzelnen Einträgen beobachtet werden, könnte womöglich eine unzureichende Wissensvermittlung in diesem Teilbereich deduziert werden, da den Anwendern die Einordnung gewisser Inhalte in die Problemstellung offensichtlich Probleme
bereitete.

Die in Simpedia eingebettete Selbsteinschätzung (vgl. Abb. 32) dient vor allem der
Gegenüberstellung der durch Auswertungsverfahren dem Benutzer zugeschriebenen
Kenntnisse mit den vom Anwender selbst angegebenen Einschätzungen. Identifizierte

---

[89] Ankündigung und weiterführende Informationen finden sich im Google Analytics Blog unter
http://analytics.blogspot.com/2011/10/introducing-flow-visualization.html.

Ausreißer könnten auf Fehler in den Auswertungsalgorithmen hindeuten und daher eine nützliche Hilfestellung bei der späteren Entwicklung derartiger Analysefunktionen bieten.

Insgesamt lässt sich sagen, dass durch die Entwicklung des Prototyps die Grundlagen zur Verifizierung der zu Beginn dieser Arbeit aufgestellten Thesen gelegt wurden. Die auf verschiedenen Themenfeldern erarbeiteten Konzepte und Methoden konnten in einem Softwareprodukt zusammengeführt werden, dessen Datenbankdesign zukünftige Anpassungen begünstigt. Aufgrund des modularen Aufbaus können die einzelnen Software-Komponenten leicht aus dem wikipediabezogenen Forschungsaufbau gelöst und zur Anwendung auf ähnlich gelagerte Problemstellungen herangezogen werden.

9   Anhang

9.1   Zu Kapitel 3.1.1: Wikipedia in Zahlen

9.1.1   Serverstatistiken Seitenzugriffe/Sekunde

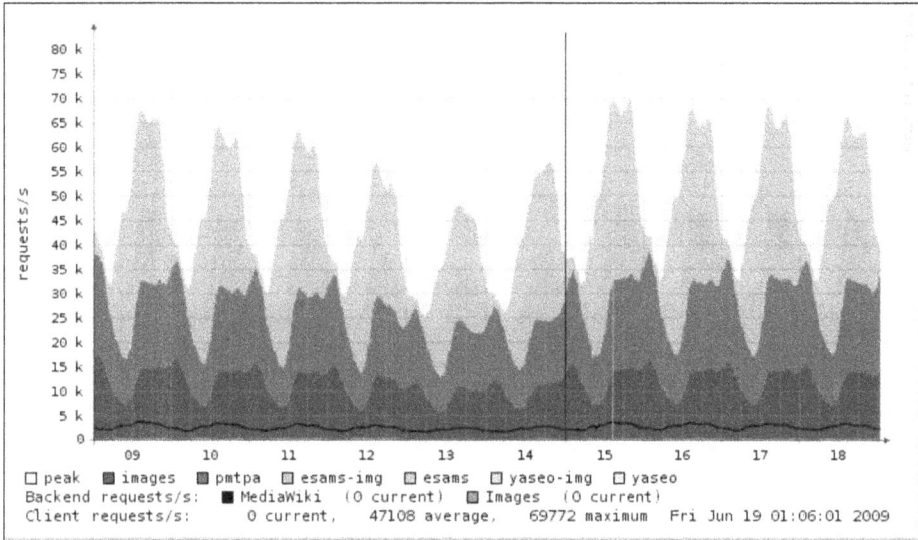

Abb. 42: Wöchentliche Statistik Serverzugriffe/Sekunde, Datum: 19.06.2009
Quelle: http://www.nedworks.org/~mark/reqstats//reqstats-weekly.png

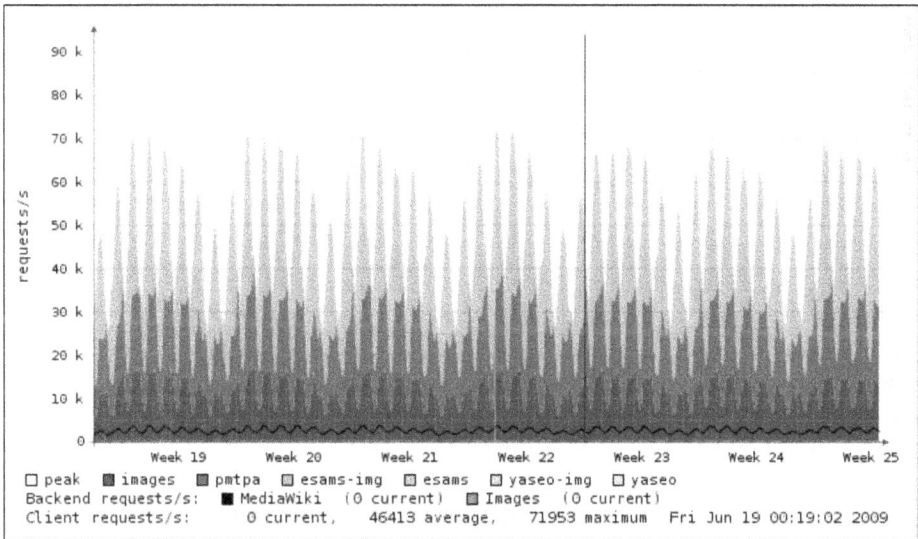

Abb. 43: Monatliche Statistik Serverzugriffe/Sekunde, Datum: 19.06.2009
Quelle: http://www.nedworks.org/~mark/reqstats//reqstats-monthly.png

9.1.2 Serverstatistiken Datendurchsatz/Sekunde

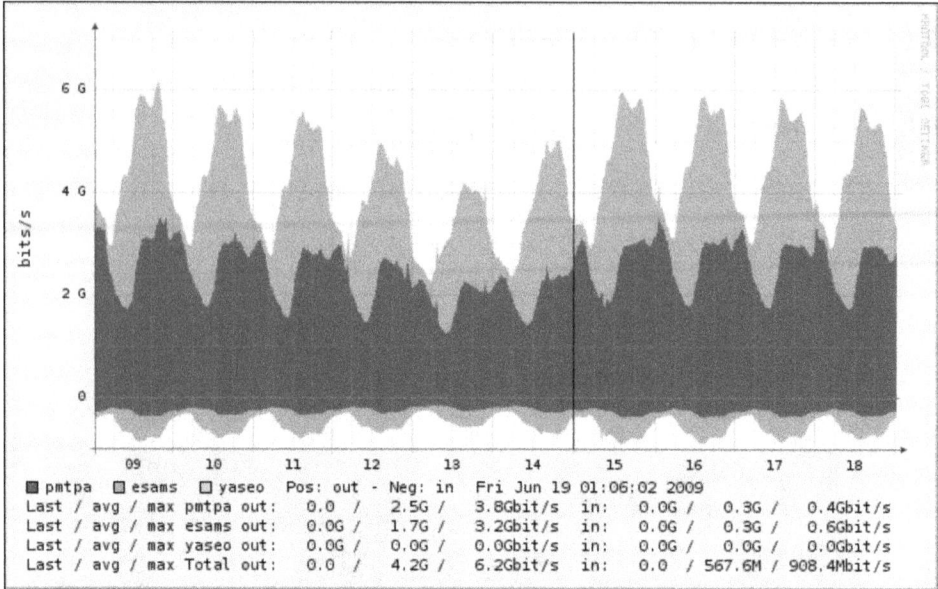

Abb. 44: Wöchentliche Statistik Datendurchsatz/Sekunde, Datum: 19.06.2009
Quelle: http://www.nedworks.org/~mark/reqstats//trafficstats-weekly.png

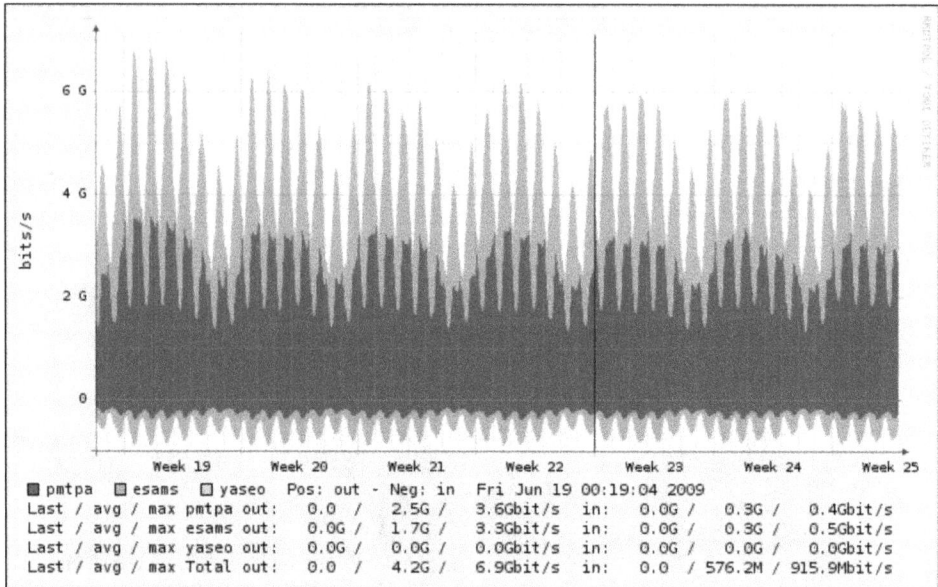

Abb. 45: Monatliche Statistik Datendurchsatz/Sekunde, Datum: 19.06.2009
Quelle: http://www.nedworks.org/~mark/reqstats//trafficstats-monthly.png

168

10 Literaturverzeichnis

A:

Ackermann, M. (2000): Statistische Korpusanalyse zum Extrahieren von semantischen Wortrelationen. Dissertation. Hildesheim. Universität Hildesheim, Institut für Mathematik, Informatik und Naturwissenschaften.

Adler, B. T.; de Alfaro, L. (2007): A content-driven reputation system for the Wikipedia. In: WWW '07: Proceedings of the 16th international conference on World Wide Web. New York, NY, USA: ACM, S. 261-270.

Alexa Internet (2009): wikipedia.org. An online collaborative encyclopedia.
Online verfügbar unter http://www.alexa.com/siteinfo/wikipedia.org, zuletzt aktualisiert am 14.06.2009, zuletzt geprüft am 14.06.2009.

Anthony, D.; Smith, S.; Williamson, T. (2005): Explaining Quality in Internet Collective Goods: Zealots and Good Samaritans in the Case of Wikipedia. MIT.
Online verfügbar unter http://web.mit.edu/iandeseminar/Papers/Fall2005/anthony.pdf, zuletzt geprüft am 19.10.2011.

B:

Banerjee, S. (2007): Boosting Inductive Transfer for Text Classification Using Wikipedia. In: Proceedings of the Sixth International Conference on Machine Learning and Applications. Washington, DC, USA: IEEE Computer Society (ICMLA '07),
S. 148-153.

Becker, J.; Pfeiffer, D. (2006): Beziehungen zwischen behavioristischer und konstruktionsorientierter Forschung in der Wirtschaftsinformatik. In: Zelewski, S; Akca, N. (Hg.): Fortschritt in den Wirtschaftswissenschaften – Wissenschaftstheoretische Grundlagen und exemplarische Anwendungen. Wiesbaden: Deutscher Universitätsverlag, S. 39-57.

Bellomi, F.; Bonato, R. (2005): Lexical authorities in an encyclopedic corpus: A case study with Wikipedia. In: International Colloquium on 'Word structure and lexical systems: models and applications'.

Bentz, H.-J. (2002): Lernen und arbeiten in virtuellen Räumen – Bezüge zu Wissens-management, E-HRM & E-Business. In: Hohenstein, A.; Wilbers, K. (Hg.): Handbuch E-Learning. Expertenwissen aus Wissenschaft und Praxis. Köln: Fachverlag Deutscher Wirtschaftsdienst.

Bentz, H.-J. (2006): Die Suchmaschine Sentrax. Grundlagen und Anwendungen dieser Neuentwicklung. In: Womser-Hacker, C.; Mandl, T. (Hg.): Effektive Information Ret-rieval Verfahren in Theorie und Praxis. Proceedings Fünfter Hildesheimer Evaluie-rungs- und Retrieval (HIER) Workshop 11.10.2006. Hildesheim, S. 13-26.

Bentz, H.-J. (2009): Einführung in die Wirtschaftsinformatik: Document Retrieval, Information Retrieval. Vorlesungsmaterialien. Universität Hildesheim, Institut für Ma-thematik und Angewandte Informatik (IMAI). Hildesheim.

Bentz, H.-J.; Palm, G.; Hagström, M. (1989): Information Storage and Effective Data Retrieval in Sparse Matrices. In: Neural networks, H. 2, S. 289-293.

Berners-Lee, T.; Hendler, J.; Lassila, O. (2001): The Semantic Web: A new form of Web content that is meaningful to computers will unleash a revolution of new possibili-ties. In: Scientific American, Jg. 284, H. 5, S. 34-43.
Online verfügbar unter http://www.sciam.com/article.cfm?id=the-semantic-web &print =true, zuletzt geprüft am 10.11.2009.

Bichlmeier, C. (2006): Wer sucht, der findet - oder auch nicht. Hilfsmittel, Methoden und Probleme bei der Online-Recherche im Fach Geschichte. Diplomarbeit. Universität Passau, Historische Hilfswissenschaften. Online verfügbar unter http://www.phil.uni-passau.de/histhw/TutSuch/recherche.pdf, zuletzt geprüft am 14.06.2009.

Bodrow, W.; Bergmann, P. (2003): Wissensbewertung in Unternehmen. Bilanzieren von intellektuellem Kapital. Berlin: Schmidt.

Bowman, J. (2008): Creating Interactive Visualization Software. Berkeley Universität. Online verfügbar unter http://vis.berkeley.edu/courses/cs294-10-fa08/wiki/index.php ?title=A3-JeffBowman&oldid=2807, zuletzt aktualisiert am 17.10.2008, zuletzt geprüft am 21.12.2011.

Brin, S.; Page, L. (1998): The anatomy of a large-scale hypertextual Web search engine. In: Proceedings of the seventh international conference on World Wide Web 7. Amster-dam, The Netherlands. Elsevier Science Publishers B. V. (WWW7), S. 107-117.

Bryant, S. L.; Forte, A.; Bruckman, A. (2005): Becoming Wikipedian: Transformation of participation in a collaborative online encyclopedia. In: Proceedings of the 2005 international ACM SIGGROUP conference on Supporting group work, S. 1-10.

C:

Cedergen, M. (2003): Open content and value creation. In: First Monday, Jg. 8, Ausgabe 8, 04.08.2003. Online verfügbar unter http://firstmonday.org/htbin/cgiwrap/bin/ojs/index.php/fm/article/view/1071, zuletzt geprüft am 21.12.2011.

Chan, E.; Garcia, S.; Roukos, S. (1996): TREC-5 Ad Hoc Retrieval Using K Nearest-Neighbors Re-Scoring. In: The 5th Text REtrieval Conference (TREC-5).

Chernov, S.; Iofciu, T.; Nejdl, W.; Zhou, X. (2006): Extracting semantic relationships between Wikipedia categories. In: 1st International Workshop "SEMWIKI2006 - From Wiki to Semantics". Online verfügbar unter http://www.l3s.de/~chernov/SEMWIKI 2006.pdf, zuletzt geprüft am 11.12.2009.

Ciffolilli, A. (2003): Phantom authority, self–selective recruitment and retention of members in virtual communities: The case of Wikipedia. In: First Monday, Jg. 8, Ausgabe 12. 01.12.2003. Online verfügbar unter http://www.firstmonday.org/htbin/cgiwrap/bin/ojs/index.php/fm/article/view/1108/102, zuletzt geprüft am 21.12.2011.

Cobb, L. (2009): Survival Time of Wikipedia Vandalism. Online verfügbar unter http://commons.wikimedia.org/w/index.php?title=File:Wikipedia-Vandalism-2009.png&oldid=22386887, zuletzt aktualisiert am 15.06.2009, zuletzt geprüft am 21.12.2011.

Cosley, D.; Frankowski, D.; Terveen, L.; Riedl, J. (2007): SuggestBot: Using intelligent task routing to help people find work in Wikipedia. In: Proceedings of the 12th international conference on intelligent user interfaces, S. 32-41.

D:

Danowski, P.; Voß, J. (2005): Bibliothek, Information und Dokumentation in der Wikipedia. In: Bibliotheksdienst, Jg. 39, H. 3, S. 346-361.

Dörre, J.; Gerstl, P.; Seiffert, R. (1999): Text mining: Finding nuggets in mountains of textual data. In: Proceedings of the fifth ACM SIGKDD international conference on Knowledge discovery and data mining. New York, NY, USA: ACM (KDD '99), S. 398-401.

Dourish, P.; Belotti, V. (1992): Awareness and coordination in shared workspaces. In: Proceedings of the 1992 ACM conference on Computer-supported cooperative work, S. 107-114.

Doyle, L. (1962): Indexing and Abstracting by Association. In: American Documentation, Bd. 13, S. 378-390.

E:

Encyclopædia Britannica, Inc (2006): Fatally Flawed. Refuting the recent study on encyclopedic accuracy by the journal Nature. Encyclopædia Britannica, Inc. Online verfügbar unter http://corporate.britannica.com/britannica_nature_response.pdf, zuletzt aktualisiert am 23.03.2006, zuletzt geprüft am 19.06.2009.

F:

Fayyad, U. M.; Piatetsky-Shapiro, G.; Smyth, P. (1996): From data mining to knowledge discovery: An overview. In: Advances in knowledge discovery and data mining, S. 1-34.

Feldman, R.; Dagan, I. (1995): Knowledge Discovery in Textual Databases (KDT). In: Proceedings of the First International Conference on Knowledge Discovery and Data Mining (KDD), S. 112-117.

Frobese, D. (2009): E-Mail Kategorisierung und Spam-Detektion mit SENTRAX. 1. Aufl.: Franzbecker Kg.

Future Management Group AG (2009): Gesellschaftliche Zukunftsfaktoren - Wissenswachstum. Online verfügbar unter http://www.futuremanagementgroup.com/Zukuenfte/Ges-ZF-Wissenswachstum, zuletzt geprüft am 03.02.2009.

G:

Giles, J. (2005): Internet encyclopaedias go head to head. In: Nature, Jg. 438, H. 7070, S. 900-901. Online verfügbar unter http://www.nature.com/nature/journal/v438/n7070 /full/438900a.html, zuerst veröffentlicht: 14.12.2005, zuletzt geprüft am 21.12.2011.

Giuliano, V. (1964): The Interpretation of Word Associations. In: Stevenson et al. (Hg.): Statistical Association Methods for Mechanized Documentation. Washington D.C., Bd. 269, S. 25-32.

H:

Hackman, J. R.; Oldham, G. R. (1974): The Job Diagnostic Survey. An instrument for the diagnosis of jobs and the evaluation of job redesign projects. In: Catalog of Selected Documents in Psychology, Jg. 4, S. 148-149.

Hackman, J. R.; Oldham, G. R. (1980): Work redesign. Reading, Mass.: Addison-Wesley.

Hagström, M. (1996): Textrecherche in großen Datenmengen auf der Basis spärlich codierter Assoziativmatrizen. Dissertation. Hildesheim. Universität Hildesheim, Fachbereich IV - Mathematik, Informatik und Naturwissenschaften.

Hagström, M. (2009): Findlink. Fehlertolerantes Information Retrieval. Online verfügbar unter http://www.hagstroem-it.de/resources/FL-Produktinformationen.pdf, zuletzt aktualisiert am 12.08.2009, zuletzt geprüft am 31.07.2011.

Hahn, U.; Schnattinger, K. (1998): Towards text knowledge engineering. In: Proceedings of the fifteenth national/tenth conference on Artificial intelligence/Innovative applications of artificial intelligence. Menlo Park, CA, USA: American Association for Artificial Intelligence (AAAI '98/IAAI '98), S. 524-531.

Halavais, A.; Lackaff, D. (2008): An Analysis of Topical Coverage of Wikipedia. In: Journal of Computer-Mediated Communication, Jg. 13, H. 2, S. 429-440. Online verfügbar unter http://www3.interscience.wiley.com/cgi-bin/fulltext/119414148 /PDFSTART, zuletzt geprüft am 21.12.2011.

Harman, D. (1992): Ranking Algorithms. In: Information Retrieval: Data Structures & Algorithms, S. 363-392.

Hearst, M. (1999a): Untangling text data mining. In: Proceedings of the 37th annual meeting of the Association for Computational Linguistics on Computational Linguistics. Morristown, NJ, USA: Association for Computational Linguistics, S. 3-10.

Hearst, M. (1999b): User Interfaces and Visualization. In: Modern Information Retrieval, S. 257-232.

Hein, P. (1992): Grooks. 2. Aufl. Copenhagen, Denmark: Borgens Forlag.

Heitland, M. (1994): Einsatz der SpaCAM-Technik für ausgewählte Grundaufgaben der Informatik. Dissertation. Hildesheim. Universität Hildesheim, Fachbereich IV - Mathematik, Informatik und Naturwissenschaften.

Holloway, T.; Bozicevic, M.; Börner, K. (2007): Analyzing and visualizing the semantic coverage of Wikipedia and its authors: Research Articles. In: Complex., Jg. 12, H. 3, S. 30-40.

Hu, M.; Lim, E.-P.; Sun, A.; Lauw, H. W.; Vuong, B.-Q. (2007a): On improving Wikipedia search using article quality. In: WIDM '07: Proceedings of the 9th annual ACM international workshop on Web information and data management. New York, NY, USA: ACM, S. 145-152.

Hu, M.; Lim, E.-P.; Sun, A.; Lauw, H. W.; Vuong, B.-Q. (2007b): Measuring article quality in Wikipedia: Models and evaluation. In: CIKM '07: Proceedings of the sixteenth ACM Conference on information and knowledge management. New York, NY, USA: ACM, S. 243-252.

9:

ICMR (2008): Wikipedia's Growth Story. The Success Mantras. Herausgegeben von ICMR - Center for Management Research. Online verfügbar unter http://www.icmrindia.org/casestudies/catalogue/Business%20Strategy/Wikipedia%20G rowth%20Story-Business%20Strategy%20Case%20Study.htm#The_Success_Mantras, zuletzt geprüft am 01.12.2011.

Itzhack, R.; Solomon, S.; Louzoun, Y.; Muchnik, L. (2007): Self-emergence of knowledge trees: Extraction of the Wikipedia hierarchies. In: Physical Review E (Statistical, Nonlinear, and Soft Matter Physics), Jg. 76, H. 1.

J:

Jacobs, P. S (1992).: Introduction: Text power and intelligent systems. In: Text-Based Intelligent Systems: Current Research and Practicse in Information Extraction and Retrieval, S. 1-8.

K:

Kittur, A.; Chi, E. H.; Suh, B. (2009): What's in Wikipedia?: Mapping topics and conflict using socially annotated category structure. In: CHI '09: Proceedings of the 27th international conference on Human factors in computing systems. New York, NY, USA: ACM, S. 1509-1512.

Kleinz, T. (2008): Freie Online-Enzyklopädie Wikipedia führt "gesichtete Artikel-Versionen" ein. Heise Online. Online verfügbar unter http://www.heise.de/newsticker /Freie-Online-Enzyklopaedie-Wikipedia-fuehrt-gesichtete-Artikel-Versionen-ein-- /meldung/107465, zuletzt aktualisiert am 06.05.2008, zuletzt geprüft am 12.09.2011.

Kobayashi, M.; Takeda, K. (2000): Information Retrieval on the Web. In: ACM Computing Surveys, Jg. 32, S. 144-173.

Kodratoff, Y. (1999): Knowledge Discovery in Texts: A Definition, and Applications. In: Proc. of the 11th International Symposium on Foundations of Intelligent Systems (ISMIS-99): Springer, S. 16-29.

König, R. (2009): Wissenschaft in Wikipedia und anderen Wikimedia-Projekten. Steckbrief 2 im Rahmen des Projekts Interactive Science. Arbeitspapier. Wien. Österreichische Akademie der Wissenschaften, Institut für Technikfolgenabschätzung. Online verfügbar unter http://epub.oeaw.ac.at/ita/ita-projektberichte/d2-2a52-2.pdf, zuletzt geprüft am 15.05.2009.

Korfiatis, N.; Poulos, M.; Bokos, G. (2006): Evaluating authoritative sources using social networks: An insight from Wikipedia. In: Online Information Review, Jg. 30, H. 3, S. 252-262. Online verfügbar unter http://www.korfiatis.info/papers/OISJournal _final.pdf, zuletzt geprüft am 21.12.2011.

Kosala, R.; Blockeel, H. (2000): Web mining research: a survey. In: SIGKDD Explorations Newsletter, Jg. 2, S. 1-15. Online verfügbar unter http://doi.acm.org /10.1145/360402.360406, zuletzt geprüft am 21.12.2011.

Kozák, M. (2009): Wikimedia Projects Graphics Statistics. Online verfügbar unter http://cloudy.martinkozak.net/wikisupport/statistics/, zuletzt aktualisiert am 19.06.2009, zuletzt geprüft am 19.06.2009.

Kozlova, N. (2005): Automatic ontology extraction for document classification. Masterarbeit. Saarbrücken. Saarland University, Computer Science Department.

Krowne, A.; Bazaz, A. (2004): Authority models for collaborative authoring. In: Proceedings of the 37th Annual Hawaii International Conference on System Science, S. 18-24.

Kuznetsov, S. (2006): Motivations of contributors to Wikipedia. In: SIGCAS Comput. Soc., Jg. 36, H. 2, S. 1.

L:

Lackes, R.; Siepermann, M. (2009): Gabler Wirtschaftslexikon - Wiki. Gabler Wirtschaftsverlag. Online verfügbar unter http://wirtschaftslexikon.gabler.de/Archiv/76615 /wiki-v6.html, zuletzt geprüft am 21.10.2011.

Laudon, K. C.; Laudon, J. P. (2006): Management Information Systems. Managing the digital firm. 9. ed. Upper Saddle River, NJ: Pearson/Prentice Hall.

Laudon, K. C.; Laudon, J. P.; Schoder, D. (2010): Wirtschaftsinformatik. Eine Einführung. 2., aktualisierte Aufl. München: Pearson Studium.

Lay, R.; Posé, U. D. (2006): Die neue Redlichkeit. Werte für unsere Zukunft. 1. Aufl. Frankfurt am Main: Campus-Verlag.

Le Hegaret, P. (2005): Document Object Model (DOM). World Wide Web Consortium (W3C). Online verfügbar unter http://www.w3.org/DOM/, zuletzt aktualisiert am 06.01.2009, zuletzt geprüft am 30.08.2011.

Losiewicz, P.; Oard, D. W.; Kostoff, R. N. (2000): Textual Data Mining to Support Science and Technology Management. In: Journal of Intelligent Information Systems, Jg. 15, S. 99-119. Online verfügbar unter http://portal.acm.org/citation.cfm?id=353949.353950.

Lotka, A. E. (1926): The frequency distribution of scientific productivity. In: Journal of the Washington Academy of Science Jg. 16, H. 12, S. 317-323, 1926.

M:

Markovitch, S.; Gabrilovich, E. (2006): Overcoming the brittleness bottleneck using Wikipedia: Enhancing text categorization with encyclopedic knowledge. In: Proceedings of the Twenty-First National Conference on Artificial Intelligence, Boston, MA, S. 1301-1306.

Marx, M.; Na nhongkai, S. (2006): Bilinguale Suche mit der SENTREAX-Technologie. In: Womser-Hacker, C.; Mandl, T. (Hg.): Effektive Information Retrieval Verfahren in Theorie und Praxis. Proceedings Fünfter Hildesheimer Evaluierungs- und Retrieval (HIER) Workshop 11.10.2006. Hildesheim, S. 33-42.

Medelyan, O.; Milne, D.; Legg, C.; Witten, I. H. (2009): Mining Meaning from Wikipedia. Online verfügbar unter http://arxiv.org/abs/0809.4530, zuletzt aktualisiert am 10.05.2009, zuletzt geprüft am 15.11.2011.

Merkl, D. (2000): Text Data Mining. In: Handbook of Natural Language Processing, S. 889-903.

Merton, R. K. (1957): Social Theory and Social Structure. New York: The Free Press.

Meyer, P. (2001): Fact-Driven? Collegial? This Site Wants You. In: The New York Times, 20.09.2001. Online verfügbar unter http://www.nytimes.com/2001/09/20/technology/fact-driven-collegial-this-site-wants-you.html, zuletzt geprüft am 01.12.2011.

Miller, B. X.; Helicher, K.; Berry, T. (2006): I Want My Wikipedia! In: Library Journal, Jg. 131, H. 6, S. 122-124. Online verfügbar unter http://www.libraryjournal.com/article /CA6317246.html, zuerst veröffentlicht: 04.01.2006, zuletzt geprüft am 10.12.2011.

Miller, N. (2005): Wikipedia and the Disappearing Author. In: ETC, Jg. 62, H. 1, S. 37-40.

Milne, D. (2007): Computing Semantic Relatedness using Wikipedia Link Structure. In: Proceedings of the New Zealand Computer Science Research Student Conference.

Minke, M. (2005): Analyse automatisch generierter Ähnlichkeitsstrukturen einschließlich einer Untersuchung der Navigation verschiedener Benutzer in dem erzeugten Gefüge. Seminararbeit. Universität Hildesheim, Institut für Mathematik und Angewandte Informatik (IMAI).

Minke, M. (2007): Datamining-Verfahren im E-Learning. Analyse, Auswertung, Praxisbeispiele. Saarbrücken: VDM Verlag Dr. Müller.

Müller-Soares, J. (2009): Anschwellende Informationsflut. In: Capital, Jg. 2009, H. 02, S. 53.

n:

Na nhongkai, S. (2006): Untersuchungen zur sprachübergreifenden, bilingualen Suche mit Hilfe der Konzeptnetz-Technologie der SENTRAX-Engine. Dissertation. Universität Hildesheim, Institut für Mathematik und Angewandte Informatik (IMAI).

nature Publishing Group (2006): Final Response. nature Publishing Group. Online verfügbar unter http://www.nature.com/nature/britannica/eb_advert_response_final.pdf, zuletzt aktualisiert am 30.03.2006, zuletzt geprüft am 19.06.2009.

Neuwirth, C. M.; Kaufer D. S.; Chandhok R.; Morris J. H. (1990): Issues in the design of computer support for co-authoring and commenting. In: Proceedings of the Conference on Computer-Supported Cooperative Work, S. 183-195.

Nonaka, I.; Takeuchi, H.; Mader, F. (1997): Die Organisation des Wissens. Wie japanische Unternehmen eine brachliegende Ressource nutzbar machen. Frankfurt/Main: Campus-Verlag.

North, K. (2005): Wissensorientierte Unternehmensführung. Wertschöpfung durch Wissen. 4., aktualisierte und erw. Aufl. Wiesbaden: Gabler (Gabler Lehrbuch).

O:

Ortega, F.; Gonzalez-Barahona, J. M.; Robles, G. (2007): The Top Ten Wikipedias: A Quantitative Analysis Using WikiXRay. In: Proceedings of the 2nd International Conference on Software and Data Technologies (ICSOFT 2007): Springer-Verlag.

Ortega, F.; Gonzalez-Barahona, J. M.; Robles, G. (2008): On the Inequality of Contributions to Wikipedia. In: 41st Hawaii International International Conference on Systems Science (HICSS-41 2008), Proceedings, 7-10 January 2008, Waikoloa, Big Island, HI, USA: IEEE Computer Society, S. 304.

Ortega, F. (2009): Wikipedia: A quantitative analysis. Dissertation. Madrid. Universidad Rey Juan Carlos, Escuela Superior de Ciencias Experimentales y Tecnologia.

P:

Pentzold, C.; Seidenglanz, S. (2006): Die aktuelle Enzyklopädie. Wikipedia im Spannungsfeld von Lexikaproduktion und Nachrichtenereignissen. In: Geier, R.; Wuttke, M.; Piehler, R. (Hg.): Medien und Wirklichkeit. Proceedings der 2. Studentischen Medientage. Chemnitz, S. 105-122.

Pfeil, U.; Zaphiris, P.; Ang, C. S. (2006): Cultural Differences in Collaborative Authoring of Wikipedia. In: Journal of Computer-Mediated Communication, Jg. 12, H. 1. Online verfügbar unter http://jcmc.indiana.edu/vol12/issue1/pfeil.html, zuletzt geprüft am 13.12.2011.

Ponzetto; S. P. (2007): Creating a Knowledge Base from a Collaboratively Generated Encyclopedia. In: Sidner, C. L.; Schultz, T.; Stone, M.; Zhai, C. (Hg.): Human Language Technology Conference of the North American Chapter of the Association of Computational Linguistics, Proceedings, April 22-27, 2007, Rochester, New York, USA: The Association for Computational Linguistics, S. 9-12.

Probst, G.; Raub, S.; Romhardt, K. (2003): Wissen managen. Wie Unternehmen ihre wertvollste Ressource optimal nutzen. 4., überarb. Aufl. Wiesbaden: Gabler.

Putzhammer, C. (2000): Softwaretechnologien zur Unterstützung des Knowledge-Managements. Diplomarbeit. Graz. Karl-Franzens-Universität. Online verfügbar unter http://www.diplom.de/Diplomarbeit-l5204/Softwaretechnologien_zur_Unterstuetzung_des_Knowledge-Managements.html, zuletzt geprüft am 20.12.2011.

R:

Rafaeli, S.; Hayat, T.; Ariel, Y. (2005a): Wikipedians' sense of community, motivations, and knowledge building. In: Proceedings of Wikimania 2005.

Rafaeli, S.; Hayat, T.; Ariel, Y. (2005b): Wikipedia participants as "Ba". Knowledge building and motivations. In: Cybernature 3rd Global Conference.

Rafaeli, S.; Hayat, T.; Ariel, Y. (2006): Wikipedians' Sense of (Virtual) Community. In: 8th International Conference General Online Research (GOR06).

Rajman, M.; Besançon, R. (1998): Text Mining - Knowledge extraction from unstructured textual data. In: 6th Conference of International Federation of Classification Societies (IFCS-98), S. 473-480.

Rapp, R. (1996): Die Berechnung von Assoziationen. Ein korpuslinguistischer Ansatz. Hildesheim: Olms (Sprache und Computer, 16).

Raymond, E. S. (2001): The cathedral and the bazaar. Musings on linux and open source by an accidental revolutionary. Rev. ed. Beijing: O'Reilly.

Reagle, J. M. (2005): A Case of Mutual Aid: Wikipedia, Politeness, and Perspective Taking. In: Proceedings of Wikimania 2005 - The First International Wikimedia Conference. Frankfurt, Germany.

Reagle, J. M. (2007): Do as I do: Authorial leadership in Wikipedia. In: WikiSym '07: Proceedings of the 2007 international symposium on Wikis. New York, NY, USA: ACM, S. 143-156.

Rosenzweig, R. (2006): Can History Be Open Source? Wikipedia and the Future of the Past. In: Journal of American History, Jg. 93, H. 1, S. 117-146.

S:

Schönhofen, P. (2006): Identifying Document Topics Using the Wikipedia Category Network. In: WI '06: Proceedings of the 2006 IEEE/WIC/ACM International Conference on Web Intelligence. Washington, DC, USA: IEEE Computer Society, S. 456-462.

Schönhofen, P. (2008): Annotating Documents by Wikipedia Concepts. In: WI-IAT '08: Proceedings of the 2008 IEEE/WIC/ACM International Conference on Web Intelligence and Intelligent Agent Technology. Washington, DC, USA: IEEE Computer Society, S. 461-467.

Schroer, J. (2005): Deutschsprachige Wikipedia: Erste Ergebnisse der Online-Befragung vom 18. März bis 8. April 2005. Universität Würzburg. Online verfügbar unter http://wy2x05.psychologie.uni-wuerzburg.de/ao/research/wikipedia /vorabergebnisse.pdf, zuletzt geprüft am 18.11.2011.

Schroer, J. (2008): Wikipedia: Auslösende und aufrechterhaltende Faktoren der freiwilligen Mitarbeit an einem Web-2.0-Projekt. Berlin: Logos.

Schubert, K.; Klein, M. (2006): Lexikoneintrag "Alliierte". In: Das Politiklexikon. 4. Aufl. Bonn: Dietz.

Sebastiani, F. (2002): Machine learning in automated text categorization. In: ACM Comput. Surv., Jg. 34, S. 1-47. Online verfügbar unter http://doi.acm.org/10.1145 /505282.505283, zuletzt geprüft am 20.12.2011.

Shannon, C. E. (1948): A Mathematical Theory of Communication: CSLI Publications.

Shannon, C. E. (1951): Prediction and entropy of printed English. In: The Bell System Technical Journal, Jg. 30, S. 50-64.

Sinclair, P. A. S.; Martinez, K.; Lewis, P. H. (2007): Dynamic link service 2.0: Using Wikipedia as a linkbase. In: HT '07: Proceedings of the eighteenth conference on Hypertext and Hypermedia. New York, NY, USA: ACM, S. 161-162.

Söllner, F. (2001): Die Geschichte des ökonomischen Denkens. 2., verb. Aufl. Berlin: Springer (Springer-Lehrbuch).

Spek, S.; Postma, E.; van den Herik, H. J. (2006): Wikipedia: Organisation from a bottom-up approach. Veranstaltung aus der Reihe "WikiSym 2006". Odense, Dänemark. Veranstalter: Wikimedia Foundation.

Spoerri, A. (2007): What is popular on Wikipedia and why? In: First Monday, Jg. 12, Ausgabe 4, 02.04.2007. Online verfügbar unter http://firstmonday.org/htbin/cgiwrap/bin/ojs/index.php/fm/article/view/1765/1645, zuletzt geprüft am 02.12.2011.

Staas, D. (2004): PHP Kit: Das Komplettpaket für dynamische Webseiten mit PHP. Poing: Franzis.

Stegbauer, C. (2008): Wikipedia und die Bedeutung der sozialen Netzwerke. Netzwerkanalyse liefert Einblick, wie soziale Prozesse das Handeln einzelner bestimmt. In: Forschung Frankfurt, H. 2, S. 12-18. Online verfügbar unter http://www.forschung-frankfurt.uni-frankfurt.de/dok/2008/2008-02/12-19IntensivWikipedia.pdf, zuerst veröffentlicht: 28.02.2008, zuletzt geprüft am 14.12.2011.

Stein, K.; Hess, C. (2007): Does it matter who contributes: A study on featured articles in the German Wikipedia. In: HT '07: Proceedings of the eighteenth conference on Hypertext and Hypermedia. New York, NY, USA: ACM, S. 171-174.

Strube, M.; Ponzetto, S. P. (2006): WikiRelate! Computing semantic relatedness using Wikipedia. In: proceedings of the 21st national conference on Artificial intelligence - Volume 2: AAAI Press, S. 1419-1424.

Surowiecki, J. (2004): The Wisdom of Crowds: Why the Many are Smarter Than the Few and How Collective Wisdom Shapes Business, Economies, Societies and Nations. Little, Brown Book Group.

7:

Takeuchi, H.; Nonaka, I. (2004): Hitotsubashi on knowledge management. Singapore: Wiley.

Thiemann, M. (2006): History of the OSI. Open Source Initiative. Online verfügbar unter http://www.opensource.org/history, zuletzt aktualisiert am 19.09.2006, zuletzt geprüft am 23.06.2009.

Toffler, A. (1970): Future Shock. New York: Random House.

V:

Viégas, F. B.; Wattenberg, M. (2003): History Flow. Herausgegeben von IBM Research Lab. Online verfügbar unter http://www.research.ibm.com/visual/projects/history_flow /gallery.htm, zuletzt geprüft am 01.12.2011.

Viégas, F. B.; Wattenberg, M.; Dave, K. (2004): Studying cooperation and conflict between authors with history flow visualizations. In: Dykstra-Erickson, E.; Tscheligi, M. (Hg.): Proceedings of the 2004 Conference on Human Factors in Computing Systems, CHI 2004, Vienna, Austria, April 24 - 29, 2004: ACM, S. 575-582.

Viégas, F. B.; Wattenberg, M.; McKeon, M. (2007): The Hidden Order of Wikipedia. Visual Communication Lab, IBM Research. Online verfügbar unter http://www.research.ibm.com/visual/papers/hidden_order_wikipedia.pdf, zuletzt geprüft am 17.12.2011.

Vise, D. A.; Malseed, M. (2005): The Google Story. New York: Delacorte Press.

W:

Wang, Y.; Wang, H.; Zhu, H.; Yu, Y. (2007): Exploit Semantic Information for Category Annotation Recommendation in Wikipedia. In: Kedad, Z.; Lammari, N.; Métais; E.; Meziane, F.; Rezgui, Y. (Hg.): Natural Language Processing and Information Systems, 12th International Conference on Applications of Natural Language to Information Systems, NLDB 2007, Paris, France, June 27-29, 2007, Proceedings: Springer (Lecture Notes in Computer Science, 4592), S. 48-60.

Wannemacher, K. (2008): Wikipedia - Störfaktor oder Impulsgeberin für die Lehre? In: Zauchner, S.; Baumgartner, P.; Blaschitz, E.; Weisenbäck, A. (Hg.): Offener Bildungsraum Hochschule. Freiheiten und Notwendigkeiten. Münster: Waxmann, S. 147-155.

Wettler, M.; Rapp, R.; Ferber, R. (1993): Freie Assoziation und Kontiguitäten von Wörtern in Texten. In: Zeitschrift für Psychologie (201), Bd. 201, S. 99-108.

Wettler, M.; Rapp, R.; Ferber, R. (1995): An associative model of word selection in the generation of search queries. In: Journal of the American Society for Information Science, Jg. 46, S. 685-699. Online verfügbar unter http://portal.acm.org/citation.cfm? id=219638.219650, zuletzt geprüft am 21.12.2011.

Wikimedia - Logo (2009): Wikimedia logo family. Wikimedia Foundation. Online verfügbar unter http://commons.wikimedia.org/w/index.php?title=File: Wikimedia_logo_family.png&oldid=18415538, zuletzt aktualisiert am 13.02.2009, zuletzt geprüft am 21.12.2011.

Wikimedia - Subversion user list (2009): Wikimedia Subversion user list. Online verfügbar unter http://svn.wikimedia.org/users.php, zuletzt geprüft am 04.06.2009.

Wikimedia Foundation (2009a): Wikimedia Servers. Wikimedia Foundation. Online verfügbar unter http://meta.wikimedia.org/wiki/Wikimedia_servers, zuletzt aktualisiert am 03.05.2009, zuletzt geprüft am 19.06.2009.

Wikimedia Foundation (2009b): Automatically updated statistics. Automatically updated statistics showing requests and traffic across all Wikimedia clusters. Wikimedia Foundation. Online verfügbar unter http://en.wikipedia.org/w/index.php?title= Wikipedia:Statistics&oldid=296647678, zuletzt aktualisiert am 19.06.2009, zuletzt geprüft am 21.12.2011.

Wikinews (2008): Ein Jahr Wikinews. Online verfügbar unter http://de.wikinews.org/w /index.php?title=Wikinews:Ein_Jahr_Wikinews&oldid=412454, zuletzt aktualisiert am 18.09.2008, zuletzt geprüft am 21.12.2011.

Wikipedia - FAQ Categorization (2010). Online verfügbar unter http://en.wikipedia.org /w/index.php?title=Wikipedia:FAQ/Categorization&oldid=337303791#State_of_the_C ategory_feature, zuletzt aktualisiert am 12.01.2010, zuletzt geprüft am 21.12.2011.

Wikipedia - Geprüfte Versionen (2009): Geprüfte Versionen. Online verfügbar unter http://de.wikipedia.org/w/index.php?title=Wikipedia:Gepr%C3%BCfte_Versionen&old id=60328830, zuletzt aktualisiert am 22.05.2009, zuletzt geprüft am 21.12.2011.

Wikipedia - Gesichtete Versionen (2009): Gesichtete Versionen. Online verfügbar unter http://de.wikipedia.org/w/index.php?title=Wikipedia:Gesichtete_Versionen&oldid=609 90455, zuletzt aktualisiert am 10.06.2009, zuletzt geprüft am 21.12.2011.

Wikipedia - History (2009): History of Wikipedia. Online verfügbar unter http://en.wikipedia.org/w/index.php?title=History_of_Wikipedia&oldid=287978716, zuletzt aktualisiert am 05.05.2009, zuletzt geprüft am 21.12.2011.

Wikipedia - Kategorien (2009): Richtlinien zu Kategorien in Wikipedia. Online verfügbar unter http://de.wikipedia.org/w/index.php?title=Wikipedia:Kategorien &oldid=67969779, zuletzt aktualisiert am 13.12.2009, zuletzt geprüft am 21.12.2011.

Wikipedia - Mediawiki (2009): Mediawiki. Online verfügbar unter http://de.wikipedia.org/w/index.php?title=MediaWiki&oldid=63944656, zuletzt aktualisiert am 30.08.2009, zuletzt geprüft am 21.12.2011.

Wikipedia - MediaWiki Namespace (2009): Hilfeseite der englischen Wikipedia über Namensräume in Mediawiki. Online verfügbar unter http://en.wikipedia.org/w/index.php?title=Help:MediaWiki_namespace&oldid=333846702, zuletzt aktualisiert am 24.12.2009, zuletzt geprüft am 21.12.2011.

Wikipedia - Statistics (2009): Wikipedia Statistics. Online verfügbar unter http://en.wikipedia.org/w/index.php?title=Wikipedia:Statistics&oldid=296647678, zuletzt aktualisiert am 15.06.2009, zuletzt geprüft am 21.12.2011.

Wikipedia - Wikimedia (2009): Wikimedia. Online verfügbar unter http://de.wikipedia.org/w/index.php?title=Wikimedia&oldid=60888724, zuletzt aktualisiert am 07.06.2009, zuletzt geprüft am 21.12.2011.

Wikipedia - Wikimedia Commons (2009): Wikimedia Commons. Online verfügbar unter http://en.wikipedia.org/w/index.php?title=Wikimedia_Commons&oldid=293301948, zuletzt aktualisiert am 30.05.2009, zuletzt geprüft am 21.12.2011.

Wikipedia - Wikipedistik/Soziologie (2009): Wikipedia: Wikipedistik/Soziologie. Online verfügbar unter http://de.wikipedia.org/w/index.php?title=Wikipedia:Wikipedistik/Soziologie&oldid=61423809, zuletzt aktualisiert am 22.06.2009, zuletzt geprüft am 21.12.2011.

Wikipedia - Wiktionary (2009): Wiktionary. Online verfügbar unter http://en.wikipedia.org/w/index.php?title=Wiktionary&oldid=293198694, zuletzt aktualisiert am 29.05.2009, zuletzt geprüft am 21.12.2011.

Wikiquote (2009): Wikipedia. Online verfügbar unter http://en.wikiquote.org/w/index.php?title=Wikipedia&oldid=964752, zuletzt aktualisiert am 07.09.2009, zuletzt geprüft am 21.12.2011.

Wikisource (2008): Über Wikisource. Online verfügbar unter http://de.wikisource.org/w/index.php?title=Wikisource:%C3%9Cber_Wikisource&oldid=447829, zuletzt aktualisiert am 17.09.2008, zuletzt geprüft am 21.12.2011.

Wikispecies (2009): Hauptseite. Online verfügbar unter http://species.wikimedia.org/w/index.php?title=Main_Page&oldid=681043, zuletzt aktualisiert am 10.04.2009, zuletzt geprüft am 21.12.2011.

Wikiversity (2009): Hauptseite. Online verfügbar unter http://de.wikiversity.org/w/index.php?title=Hauptseite&oldid=161033, zuletzt aktualisiert am 28.05.2009, zuletzt geprüft am 21.12.2011.

Wilde, T.; Hess, T. (2007): Forschungsmethoden der Wirtschaftsinformatik. Eine empirische Untersuchung. In: Wirtschaftsinformatik, H. 49, S. 280-287.

Wilkinson, D. M.; Huberman, B. A. (2007): Cooperation and quality in Wikipedia. In: WikiSym '07: Proceedings of the 2007 international symposium on Wikis. New York, NY, USA: ACM, S. 157-164.

Wissenschaftliche Kommission Wirtschaftsinformatik (1994): Profil der Wirtschaftsinformatik. In: Wirtschaftsinformatik, H. 36, S. 80-81.

Z:

Zachte, E. (2009a): Wikipedia Statistics All languages except English. Wikimedia Foundation. Online verfügbar unter http://stats.wikimedia.org/EN/TablesWikipediaZZZ.htm, zuletzt aktualisiert am 07.06.2009, zuletzt geprüft am 19.06.2009.

Zachte, E. (2009b): Wikiquote Statistics. Wikimedia Foundation. Online verfügbar unter http://stats.wikimedia.org/wikiquote/EN/Sitemap.htm, zuletzt aktualisiert am 31.05.2009, zuletzt geprüft am 18.06.2009.

Zachte, E. (2009c): Wiktionary Statistics. Wikimedia Foundation. Online verfügbar unter http://stats.wikimedia.org/wiktionary/EN/Sitemap.htm, zuletzt aktualisiert am 31.05.2009, zuletzt geprüft am 18.06.2009.

Zachte, E. (2009d): Wikipedia Statistics All languages. Wikimedia Foundation. Online verfügbar unter http://stats.wikimedia.org/EN/TablesWikipediaZZ.htm, zuletzt aktualisiert am 07.06.2009, zuletzt geprüft am 19.06.2009.

Zachte, E. (2009e): Wikimedia Growth. Wikimedia Foundation. Online verfügbar unter http://meta.wikimedia.org/w/index.php?title=Template:Wikimedia_Growth&oldid=1500228, zuletzt aktualisiert am 01.06.2009, zuletzt geprüft am 21.12.2011.

Zachte, E. (2009f): Wikinews Statistics. Wikimedia Foundation. Online verfügbar unter http://stats.wikimedia.org/wikinews/EN/Sitemap.htm, zuletzt aktualisiert am 31.05.2009, zuletzt geprüft am 18.06.2009.

Zachte, E. (2009g): Wikipedia Statistics. Wikimedia Foundation. Online verfügbar unter http://stats.wikimedia.org/EN/Sitemap.htm, zuletzt aktualisiert am 07.06.2009, zuletzt geprüft am 14.06.2009.

Zesch, T.; Gurevych, I.; Mühlhäuser, M. (2007): Analyzing and Accessing Wikipedia as a Lexical Semantic Resource. In: Biannual Conference of the Society for Computational Linguistics and Language Technology, S. 213-221.

Zirn, C.; Nastase, V.; Strube, M. (2008): Distinguishing between Instances and Classes in the Wikipedia Taxonomy. In: ESWC, S. 376-387.

www.ingramcontent.com/pod-product-compliance
Lightning Source LLC
Chambersburg PA
CBHW081529220326
41598CB00036B/6372